Educação especial

CB040032

eu também quero brincar!

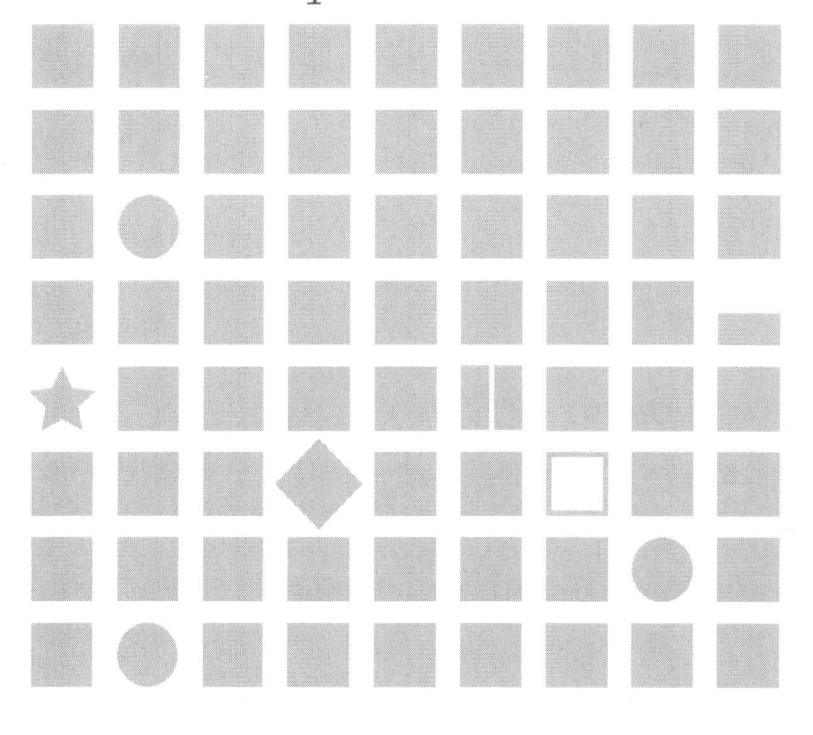

O selo DIALÓGICA da Editora InterSaberes faz referência às publicações que privilegiam uma linguagem na qual o autor dialoga com o leitor por meio de recursos textuais e visuais, o que torna o conteúdo muito mais dinâmico. São livros que criam um ambiente de interação com o leitor – seu universo cultural, social e de elaboração de conhecimentos –, possibilitando um real processo de interlocução para que a comunicação se efetive.

Educação especial

eu também quero brincar!

Maria Cristina Trois Dorneles Rau

EDITORA
intersaberes

EDITORA intersaberes

Rua Clara Vendramin, 58 . Mossunguê . CEP 81200-170 . Curitiba . PR . Brasil
Fone: (41) 2106-4170 . www.intersaberes.com . editora@editoraintersaberes.com.br

Conselho editorial
Dr. Ivo José Both (presidente)
Drª Elena Godoy
Dr. Neri dos Santos
Dr. Ulf Gregor Baranow

Editora-chefe
Lindsay Azambuja

Gerente editorial
Ariadne Nunes Wenger

Preparação de originais
Thayana de Souza Araujo Dantas

Edição de texto
Arte e Texto
Camila Rosa

Capa e projeto gráfico
Bruno Palma e Silva (design)
Photo Melon e YamabikaY/
Shutterstock (imagem de capa)

Diagramação
Rafael R. Zanellato

Equipe de design
Iná Trigo
Sílvio Gabriel Spannenberg

Iconografia
Sandra Lopis da Silveira
Regina Claudia Cruz Prestes

Dados Internacionais de Catalogação na Publicação (CIP)
(Câmara Brasileira do Livro, SP, Brasil)

Rau, Maria Cristina Trois Dorneles
  Educação especial: eu também quero brincar!/Maria Cristina Trois Dorneles Rau.
Curitiba: InterSaberes, 2020. (Série Pressupostos da Educação Especial)

  Bibliografia.
  ISBN 978-85-227-0292-3

  1. Atividades lúdicas 2. Brincadeiras infantis 3. Crianças – Desenvolvimento
4. Educação especial 5. Educação inclusiva I. Título II. Série.

20-32569   CDD-371.9

Índices para catálogo sistemático:
1. Educação especial   371.9

Maria Alice Ferreira – Bibliotecária – CRB-8/7964

1ª edição, 2020.

Foi feito o depósito legal.

Informamos que é de inteira responsabilidade da autora a emissão de conceitos.

Sumário

Dedico este livro aos meus queridos educandos: Gustavo, Vítor, Alexsandro, Milena (*in memoriam*) e Giórgia; às alunas do curso de Formação de Docentes, que participaram dos estudos e das práticas lúdicas nas oficinas na brinquedoteca da escola com entusiasmo e dedicação; e à querida professora Maria Doraci Nitz, a Dora, pela oportunidade de atuar como professora brinquedista, experiência por meio da qual me proporcionou aprofundar a prática e o conhecimento sobre o brincar e as diferentes realidades inseridas na escola. Dedico esta obra também às alunas da graduação em Pedagogia da Faculdade Bagozzi (PR), que confiaram a sua formação às propostas lúdicas, às pesquisas e à criação de uma brinquedoteca para a formação de docentes, na qual tantos recursos e encaminhamentos foram experienciados, ilustrando a prática pedagógica na brinquedoteca.

Acredito que nossas conquistas são construídas em parcerias e na relação com os outros, por isso agradeço aos professores do Instituto de Educação do Paraná Professor Erasmo Pilotto, e especialmente à coordenadora do curso de Formação de Docentes em Educação Infantil e Anos Iniciais do Ensino Fundamental, professora Maria Doraci Nitz, por sua dedicação ao criar e aperfeiçoar uma experiência educacional para a formação de docentes que inspirou muitos professores por décadas a trabalhar com propostas lúdicas e ousadas como a brinquedoteca. Agradeço imensamente aos estudantes Milena (*in memoriam*), Giórgia, Gustavo, Vítor e Alexsandro, que participaram com entusiasmo das oficinas lúdicas na brinquedoteca da escola e, com sua generosidade, nos ensinaram que as diferenças estão na intencionalidade de quem ensina e aprende. Sou grata às suas famílias, pessoas maravilhosas, que, sempre presentes na escola, compartilharam a educação dos seus filhos conosco e, com alegria e simplicidade, possibilitaram o desenvolvimento do meu trabalho com os jogos e as brincadeiras na brinquedoteca. Agradeço também ao meu esposo, João Carlos, que me apoiou enquanto me dediquei temporalmente e afetivamente à escrita dessa obra, e à minha filha, Ingrid, pelas memórias de sua infância alegre e sorridente, que me fortalecem para fazer a diferença na educação do nosso país.

Apresentação

É com imensa satisfação que apresentamos às professoras e aos professores da educação especial o conhecimento teórico e prático sobre a ludicidade, enfocando o brincar e o brincar para aprender na escola à luz da educação especial. O texto está organizado em seis capítulos e a prática lúdica proposta pretende dar base para a atuação pedagógica aos professores de educação infantil no ensino fundamental sobre as práticas lúdicas para estudantes com deficiências e transtornos globais do desenvolvimento, altas habilidades ou superdotação. Porém, é importante destacar que, na prática pedagógica inclusiva, você deverá, inicialmente, conhecer a realidade da escola em que atuará, pois será distinta nos aspectos sociais e culturais, o que desafia os professores a buscar metodologias que compreendam os estudantes como um todo. A inclusão não é somente uma realidade nas escolas públicas e privadas, mas também uma conquista para educadores, familiares e, principalmente, para os estudantes. Com efeito, o brincar como linguagem socializadora poderá ser um elo entre os educandos, uma vez que a proposta inclusiva está justamente na possibilidade de que interajam durante as brincadeiras, respeitando suas características e individualidades. Algumas vezes, você precisará adaptar o espaço, o ambiente, os recursos lúdicos e as práticas para os estudantes com deficiências ou transtornos globais do desenvolvimento e altas habilidades ou superdotação. Em outros momentos, eles próprios criarão seu modo de participar. Talvez aí esteja a concepção educacional da prática inclusiva: deixar que todos os estudantes, juntos, elaborem novas formas de brincar. O brincar na inclusão não tem apenas regras, e sim afeto, cooperação e empatia.

Aprender a brincar envolve o ato de conhecer-se e conhecer o outro, cuidar de si e do outro, experimentar ações e sensações, pensar e construir regras juntos e, assim, desenvolver atitudes colaborativas para o processo de humanização. Isso faz parte do processo ensino e aprendizagem, no qual o educador encontrará muitos desafios, seja na definição dos objetivos, seja na organização do espaço e do tempo, seja no planejamento de atividades e seleção de recursos pedagógicos. Contudo, é importante que haja a compreensão de que professores e estudantes fazem parte desse processo e, juntos, poderão encontrar formas criativas que levem a aprendizagens significativas; que os desafios são muitos e vão além da inclusão, mas envolvem dificuldades presentes na vida de qualquer ser humano.

Contudo, ao iniciar a leitura desta obra, é preciso despir-se de preconceitos, ou de conceitos preestabelecidos, que apenas sirvam para enrijecer seu olhar sobre o ato de ensinar e aprender. Os estudantes com deficiências e transtornos globais do desenvolvimento, altas habilidades ou superdotação têm o direito de conhecer o mundo e nele expressar suas opiniões, seus pensamentos e organizar suas atitudes. Por isso, justificamos o título desta obra: *Educação especial: eu também quero brincar!*

No primeiro capítulo deste livro, intitulado "Ludicidade: o brincar e o brincar para aprender", as concepções sobre a prática lúdica serão apresentadas com o intuito de explicar a relação entre as experiências dos estudantes com deficiências e transtornos globais do desenvolvimento com o brincar e a mediação do adulto na escola.

No segundo capítulo, vamos destacar os conceitos de lúdico–função lúdica e educativa – e como é apresentada a classificação dos jogos, a organização do espaço e do tempo, objetivando destacar o conhecimento sobre o jogo, a brincadeira e o brinquedo. Também trataremos dos recursos lúdicos utilizados na prática lúdica e, por fim, descreveremos o encaminhamento didático das oficinas lúdicas.

O terceiro capítulo será o primeiro a enfocar o trabalho pedagógico com as oficinas lúdicas e suas temáticas. A oficina de jogos tradicionais objetiva o resgate da cultura lúdica para os estudantes. Esse tema vem sendo discutido entre pais e educadores à exaustão, mas observamos que poucos adultos encontram soluções para oportunizar tempo e qualidade para a brincadeira na vida das crianças e dos adolescentes. Assim, as sugestões de brincadeiras e brinquedos tradicionais exemplificarão como o educador poderá desenvolver as práticas lúdicas de forma significativa no contexto escolar. Mas lembre-se: na escola, você, como educador, estará inserido na realidade social e cultural dos educandos e, dessa forma, é importante que desenvolva um olhar atento às manifestações e aos interesses dos estudantes. O brincar desenvolve a socialização dos educandos, mas será necessário um conjunto de práticas lúdicas para que se obtenha sucesso ou avanços.

No quarto capítulo, apresentaremos os jogos cooperativos e sua importância no contexto social atual. A reflexão sobre a competição e a cooperação nas brincadeiras entre pares é fundamental no processo de socialização. Sobre a competição e cooperação, iremos propor sugestões de práticas de jogos cooperativos e como estes foram criados a partir dos jogos tradicionais considerando seus objetivos. Competir ou cooperar? Qual a função da cooperação no contexto escolar? A vivência de jogos cooperativos fortalece a ideia de equipe, pois cada um poderá contribuir para o sucesso de todos oferecendo o que sabe fazer. Essa descoberta melhora a autoestima e a confiança em si e no outro.

No quinto capítulo, "Oficinas: o brincar e a psicomotricidade", destacaremos a prática lúdica para o desenvolvimento neurossensoriomotor dos estudantes com deficiências e transtornos globais do desenvolvimento na escola. A área funcional da Psicomotricidade será abordada apontando a relevância de sua prática para o processo de desenvolvimento e aprendizagem. Ao final da abordagem, trataremos da explicação sobre a organização dos ambientes e das atividades lúdicas que compõem o cenário das oficinas, forneceremos uma sugestão de oficina lúdica e, para completar, descreveremos e elaboraremos um projeto pedagógico, apontando alguns jogos para a inclusão dos educandos com altas habilidades ou superdotação.

No capítulo seis, denominado "Oficinas: jogos de faz de conta", discutiremos o lugar da imaginação no processo de desenvolvimento e aprendizagem dos estudantes, analisando a expressão de emoções, sentimentos e sensações que mais tarde auxiliarão no ato de aprender na escola – aspectos contribuem para a construção da autonomia dos estudantes. Por fim, as discussões por nós apresentadas objetivam refletir sobre o olhar adulto nas vivências com o faz de conta, já que na sua prática os estudantes nos revelam seus desejos, intenções, conflitos e frustrações. Porém, fique atento ao seu papel de educador neste olhar. É comum que, ao observar as crianças e jovens verbalizando e expressando corporalmente seus desejos, intenções e emoções, os adultos sintam-se aptos a diagnosticar problemas. Isso não é adequado, uma vez que o professor não é um psicólogo. O objeto de estudo do professor é a educação, o ato de aprender e o de ensinar. Com efeito, a expressão dos sentimentos e emoções nos jogos e brincadeiras de faz de conta serve para identificar as relações com a aprendizagem. Quando observamos comportamentos agressivos ou passivos em excesso, podemos descrever as intenções e solicitar que a coordenação pedagógica entre em contato com a família para decidir sobre outros encaminhamentos.

Contudo, gostaríamos que o educador ou o leitor interessado pela ludicidade na educação reflita sobre a relevância da prática de jogos e brincadeiras como ação educativa no processo de inclusão escolar. A escola é o primeiro ambiente diferente do familiar em que o educando convive; dessa forma, além de ser um espaço educativo também é um espaço de cuidado. Assim, reconhecemos a importância da ação educativa para a formação humana e para uma sociedade mais igualitária no que se refere à oportunidade, à autonomia e à interação social dos estudantes com deficiências e transtornos globais do desenvolvimento, altas habilidades ou superdotação.

Enfim, destacaremos os aspectos reflexivos sobre a ludicidade na educação especial, buscando sugerir e exemplificar alguns caminhos que poderão compor a atuação docente. Porém, consideramos relevante que você reflita sobre a intenção desse livro, que é contribuir para a construção do conhecimento sobre a prática dos jogos e das brincadeiras no processo de inclusão na escola, mas de forma despretensiosa, pois acreditamos que nenhuma obra poderá definir como cada um de nós, educadores, deverá agir em sua prática. Muitos desafios lhes serão apresentados e precisarão ser superados. Inúmeras perguntas inquietarão a sua mente. Acreditamos que as respostas a estas perguntas serão temas problematizadores de sua prática e apenas se responderão pelo constante processo de pesquisa e estudo na área e também pela sensibilidade do educador que se identificar com a educação especial.

Como aproveitar ao máximo este livro

Empregamos nesta obra recursos que visam enriquecer seu aprendizado, facilitar a compreensão dos conteúdos e tornar a leitura mais dinâmica. Conheça a seguir cada uma dessas ferramentas e saiba como elas estão distribuídas no decorrer deste livro para bem aproveitá-las.

Introdução do capítulo

Logo na abertura do capítulo, informamos os temas de estudo e os objetivos de aprendizagem que serão nele abrangidos, fazendo considerações preliminares sobre as temáticas em foco.

Síntese

Ao final de cada capítulo, relacionamos as principais informações nele abordadas a fim de que você avalie as conclusões a que chegou, confirmando-as ou redefinindo-as.

Indicações culturais

Para ampliar seu repertório, indicamos conteúdos de diferentes naturezas que ensejam a reflexão sobre os assuntos estudados e contribuem para seu processo de aprendizagem.

Atividades de autoavaliação

Apresentamos estas questões objetivas para que você verifique o grau de assimilação dos conceitos examinados, motivando-se a progredir em seus estudos.

Atividades de aprendizagem

Aqui apresentamos questões que aproximam conhecimentos teóricos e práticos a fim de que você analise criticamente determinado assunto.

Bibliografia comentada

Nesta seção, comentamos algumas obras de referência para o estudo dos temas examinados ao longo do livro.

Introdução

A história da humanidade demonstra que o brincar fez parte da vida da criança em diferentes momentos históricos. No entanto, nem sempre o direito de brincar foi considerado um aspecto da infância, já que esta envolve também as concepções de homem e sociedade. Os estudos sobre a criança, desenvolvidos no decorrer da história, proporcionaram efeitos sociais, políticos e pedagógicos, uma vez que seus progressos foram muito significativos e relevantes como indicadores sobre o desenvolvimento infantil. Os conflitos e as contradições existentes na preocupação com a infância, porém, proporcionaram um conjunto de paradoxos. A criança é ativa no processo de construção do conhecimento e das relações sociais, mas a definição desses direitos ainda compete apenas aos adultos, muitas vezes desconsiderando o potencial criativo e criador das experiências na infância. Isso acontece, especialmente, aos educandos com deficiência, transtornos globais do desenvolvimento e altas habilidades ou superdotação ou em situações de exclusão social e cultural, como nos países mais empobrecidos, marcados por violência, fome, tráfico e exploração.

Você já pensou como os estudantes gostariam de ser vistos na educação e na sociedade? Quanto à criança, concepções antigas sobre infância a consideravam como um ser inacabado, pois a puericultura e as propostas de ação educacional a julgavam incapaz de ter natureza. A superação dessa concepção ocorreu a partir da interação da criança com o meio e de pesquisas em diversas áreas, especialmente a medicina, associada com a psiquiatria, que contribuíram nesse processo.

Ainda hoje, a ideia de ingenuidade e inocência associa a imagem da criança à natureza primitiva dos povos, expressando a origem da cultura e do homem.

Durante algumas décadas, a psicologia da infância determinou que a aprendizagem da criança deveria seguir algumas etapas e ainda hoje o processo de ensino e aprendizagem escolar nas áreas interdisciplinares e de formação pedagógica atuam seguindo esse princípio. No entanto, a sociologia da infância critica essa abordagem e considera que o processo de transformação é uma condição essencialmente humana e não deve ser segregado a uma etapa de vida. A concepção de criança como um ser em devir também constitui outra ideia criticada, já que todos os indivíduos, em diferentes fases da vida, são seres que se constituem em sujeitos sociais.

Contudo, a atualidade nos faz refletir sobre as transformações sociais e econômicas das quais fazem parte os estudantes e que provocam mudanças na maneira como a infância é vista. As crianças dependem das decisões dos adultos para fazer parte de grupos sociais e ter acesso a bens culturais. Dessa forma, definem-se as formas de comportamento delas pelo viés do olhar adulto, tirando-lhes a voz, a espontaneidade e reduzindo suas potencialidades expressivas.

Vistas todas essas ideias, perguntamos: A que concepção de infância você gostaria de estar associado como educador? À imagem de infância associada ao adulto, projetada na própria memória de seu tempo de criança? Ou talvez à imagem do adolescente rebelde? Ou ainda outras que são expressas nas palavras dos adultos, como: no meu tempo não era assim? Não era mesmo. O sucesso das pesquisas em novas tecnologias interferiu no modo de vida das famílias, mesmo que sejam organizadas em formas diferentes ao que a sociedade impõem como modelo – de fato, não existem mais modelos. O respeito às diferenças parte do princípio de que todos somos diferentes; que compreendemos o mundo de acordo com alguns princípios que fizeram parte de nossa formação. Alguns nos foram significativos de forma positiva, outros de forma negativa e, dessa forma, seguimos a vida. Assim, a inclusão de estudantes com deficiências, transtornos globais do desenvolvimento e altas habilidades ou superdotação, crianças e jovens excluídos socialmente ou com dificuldades de aprendizagem se faz necessária para a transformação da realidade num mundo mais justo para todos. Acreditamos que a prática lúdica com jogos e brincadeiras poderá fazer parte do processo de transformação da realidade desses estudantes. O brincar expressa a infância em seu mundo real, com seus modos de pensar e agir, encontrando na imaginação uma função importante na superação dos desafios.

Contudo, diferenciar os termos *brincar* e *brincar para aprender* não é tarefa fácil. Quando as palavras *lúdico, jogo, brinquedo* e *brincadeira* são pronunciados pela família e pelos professores, muitas vezes entende-se que a atividade lúdica é natural ao desenvolvimento da criança e que, por meio da sua prática, sentimentos como o prazer e a diversão estão garantidos. Algumas vezes, o brincar ainda é apontado como passatempo para que crianças e adolescentes ocupem os momentos em que não estão na escola ou em atividades dirigidas. No entanto, o brincar vai além da ideia de prazer e diversão para o ser humano, em diferentes fases da vida.

Para compreendermos o significado do brincar, partiremos de alguns questionamentos. Todas as crianças brincam? Elas se divertem quando estão brincando? Quais são as características que definem o brincar? Existem brinquedos adequados para cada idade? O espaço destinado às brincadeiras precisa de alguma organização? O adulto deve participar dos jogos, deixando as crianças ganharem sempre? E as regras? Qual o papel do adulto nos jogos e nas brincadeiras? É possível ensinar brincando? E os educandos com deficiências, transtornos globais do desenvolvimento e altas habilidades ou superdotação? Conseguem participar das brincadeiras com os colegas de escola? Afinal, o que envolve o brincar?

O brincar é visto sob diversas óticas nos campos de conhecimento e é abordado no campo da filosofia como um instrumento de contraposição à racionalidade. As novas tendências sociais e culturais destacam que a emoção possibilita o equilíbrio necessário à formação humana, mas a ludicidade, compreendida como um modo da subjetividade, dos sentimentos e da afetividade, deverá estar associada às ações humanas, bem como à emoção e à razão.

A sociologia da infância considera o brincar como a forma de inclusão da criança na sociedade. Por meio da brincadeira e do brinquedo a criança assimila e produz conhecimentos ligados a regras, costumes, valores, ética e sociedade.

Já a psicologia aponta que o brincar faz parte de todo o processo de desenvolvimento das crianças e dos jovens, nas diversas formas de expressão e comportamentos. As motivações, as emoções, as interações com outros pares, a família e a sociedade estão relacionadas aos resultados do brincar, pois brincando os educandos demonstram suas vivências e a que valores estão submetidos.

Alguns estudantes apresentam dificuldades de aprendizagem e, por isso, poderão desenvolver bloqueios no seu processo de desenvolvimento. O brincar na abordagem psicoterapêutica possibilita a intervenção e a eliminação desses possíveis bloqueios, uma vez que a criatividade no ato de brincar desenvolve a autoconsciência. Brincando, todos podem ser criativos, elaborando símbolos e signos e descobrindo seus potenciais, o que resultará na formação de um adulto participativo e mais tolerante consigo e com o outro.

No aspecto pedagógico, as vivências das crianças e dos jovens propiciam a formação integral, uma vez que brincar pressupõe escolhas, raciocínio e memória. Também a afetividade, a sociabilidade e a construção de regras estão presentes nos momentos em que crianças e jovens brincam juntos. Contudo, percebemos que o brincar está presente em todas as áreas e dimensões da formação humana e, especialmente, na vida dos estudantes.

Comumente, o brincar acontece por interesse próprio, porém os estudantes com deficiências, transtornos globais do desenvolvimento e altas habilidades ou superdotação podem não apresentar esse interesse de forma espontânea. Para despertar a atração desses estudantes pelas brincadeiras, os professores precisam colocar em ação a sensibilidade, o conhecimento sobre a ludicidade e seus fundamentos e utilizar a criatividade para despertar a motivação.

É fato que as dificuldades de aprendizagem estão presentes na vida de todo ser humano. Quantas vezes você já se viu com dificuldade em aprender um novo conteúdo, um cálculo, o sentido de um texto, uma nova forma de movimento, compreender o sentido da música, da arte? As relações sociais, culturais e econômicas no mundo? Todos têm dificuldades de aprendizagem em alguma etapa da vida. Na escola, é comum que os estudantes também esbarrem em algumas complicações, as quais, porém, nem sempre são percebidas e algumas crianças e adolescentes passam por anos a fio enfrentando essa realidade, pois não encontram o apoio familiar, pedagógico e da saúde de que necessitam. Os alunos que encontram esse apoio enfrentam melhor os desafios. Será que apenas os estudantes que passaram por avaliações médicas e, dessa forma, têm laudos médicos, apresentam necessidades diferenciadas? A resposta mais adequada a essa pergunta é: certamente não! É quase certo que todas as pessoas possuem condições que influenciam no seu desenvolvimento e aprendizagem, mesmo que façam parte de grupos com a mesma idade, cultura e relações sociais. A diversidade está presente também nesses aspectos. Porém, nem sempre os estudantes são vistos na sua individualidade e, assim, avaliações equivocadas descrevem suas dificuldades de aprendizagem, como desinteresse, indisciplina e falta de atenção. O brincar facilita a percepção de possíveis lacunas no processo de desenvolvimento e aprendizagem dos estudantes.

Assim, você, educador, poderá encontrar nas práticas lúdicas recursos que serão companheiros de trabalho e facilitarão a escolha de atividades que potencialmente desenvolvam competências motoras e cognitivas, além de favorecer a socialização dos estudantes com deficiências e transtornos globais do desenvolvimento, altas habilidades ou superdotação com seus colegas.

Nas últimas décadas do século XX e início do século XXI, os estudantes com deficiências encontraram na evolução da ciência a base para que a sociedade reconheça suas potencialidades e garanta seus direitos à educação, ao cuidado, às interações sociais e, principalmente, ao afeto. A legislação que rege a educação especial vem ao encontro das necessidades e dos interesses dos estudantes com deficiências e transtornos globais do desenvolvimento, superdotação e/ou altas habilidades e, nesse sentido, possibilitou avanços nos direitos e nas formas de compreensão de tais educandos. A ciência e a pesquisa em educação, a neurociência e outras áreas demonstraram que as pessoas com deficiências e transtornos globais do desenvolvimento são inteligentes, ativas, criativas e, sobretudo, competentes na superação de seus desafios quando têm acesso a uma rede de apoio.

Os aspectos que contribuíram para o progresso social, cultural e econômico na sociedade estimularam também importantes reflexões no contexto educacional, reiterando essa realidade e apontando a necessidade de abrir os portões da escola, as portas da sala de aula, o acesso às quadras esportivas, às aulas de artes e de música para os estudantes com deficiências.

Dessa maneira, a prática lúdica possibilita ao educador o trabalho com os conteúdos escolares de forma alegre e prazerosa, pois as vivências recreativas contribuem para que o estudante tenha maior interesse em aprender. A ludicidade envolve os jogos, as brincadeiras e os brinquedos, nos quais existem diferentes classificações que determinam os objetivos a serem propostos para a sua prática. Nesse sentido, faz-se necessário o conhecimento sobre as concepções teóricas do brincar e do brincar para aprender, o que possibilitará atitudes pedagógicas mais conscientes quanto ao processo de desenvolvimento e aprendizagem dos estudantes.

Os pressupostos teóricos e práticos da ludicidade, relacionados ao processo de desenvolvimento e aprendizagem de educandos com deficiências, transtornos globais do desenvolvimento, altas habilidades ou superdotação poderão apontar caminhos que atendam às exigências de situações educativas diversas na escola. Para que isso ocorra, é fundamental que a ludicidade – entendida em suas funções tanto divertida quanto educativa – seja repensada constantemente por você, educador, observando o contexto do seu grupo de alunos, refletindo sobre o que faz, por que o faz e relacionando-se com os diferentes instrumentos pedagógicos e linguagens utilizadas.

Voltamos à pergunta: Como o estudante com deficiência gostaria de ser visto e ouvido? Apresentamos esse questionamento com o objetivo de estimular você, graduando em educação especial e leitor dessa obra, a refletir sobre a sensibilidade do adulto no ato de ensinar e aprender. Você observará que muitas práticas descritas nesta obra foram desenvolvidas com estudantes com deficiências

O sentido do brincar sempre esteve presente na vida desta educadora, não apenas profissionalmente, mas também pessoalmente. A infância foi marcada por vivências lúdicas dentro e fora do contexto escolar, com a família, privilegiadamente por pais e avó que compartilhavam espaços e brincadeiras. Como educadora recém-formada no início da década de 1990 e atuando em escolas de educação infantil com a disciplina de Educação Física, houve a transformação daquela pessoa brincante em professora brincante, de estudantes brincantes. O jogo, um dos eixos da educação física, possibilitou imediatamente um olhar curioso sobre o brincar. O olhar pedagógico, assim, logo percebeu que a prática possibilitava que a infância fosse vivida também na escola, que era um dos recursos apropriados e proveitosos para que os estudantes fossem espontâneos e livres com seu corpo em movimento e que, por meio dessa expressividade, a prática pedagógica poderia ser desenvolvida.

A inclusão na escola ainda não existia. Já nas salas de aula, nas quadras e nas aulas, estavam presentes estudantes com deficiência visual e auditiva e, dessa forma, a criatividade na prática pedagógica era uma grande aliada na superação dos desafios, nos quais a aprendizagem, o desenvolvimento e a integração de todos eram necessários. Assim, mais tarde, a busca pela formação na educação especial veio ao encontro da inclusão proposta pela Lei 13.146, de 6 de julho de 2015 (Brasil, 2015), que institui a Lei Brasileira de Inclusão da Pessoa com Deficiência (Estatuto da Pessoa com Deficiência).

Já nos anos de 2013 e 2014, um projeto pedagógico para a formação de docentes possibilitou a criação de uma brinquedoteca e, então, as oficinas lúdicas foram desenvolvidas por dois anos numa turma de educação especial de uma escola pública na cidade de Curitiba. Assim, a professora autora sente-se a vontade para falar sobre o comportamento e as atitudes gentis dos estudantes, e não apenas em educandos com deficiências, transtornos globais do desenvolvimento e altas habilidades ou superdotação. Neste momento, gostaria que você refletisse com essa educadora: Todos os estudantes são especiais? Verdade, todos os estudantes são especiais, porém encontramos nas vivências com os educandos com deficiências a sensibilidade e a gentileza para consigo e com o outro. Eles não só aprendem, mas também nos ensinam. Observa-se que, ao jogar, a maioria dos estudantes na escola objetiva competir e vencer e, para isso, estabelece metas, burla as regras e nem sempre a solidariedade e a colaboração fazem parte de suas ações. Os educandos com deficiências e transtornos globais do desenvolvimento não se envergonham de suas diferenças e, assim, demonstram ter maior empatia. Ganhar é um de seus objetivos, mas não o ganhar do outro, e sim vencer suas próprias dificuldades, ser criativo e, nessa busca, percebe que o outro às vezes precisa de mais tempo para também desenvolver essas habilidades. A cada dia, nesse trabalho pedagógico, a professora formadora e seus professores em formação aprenderam com cinco estudantes o que significa ser especial.

DA IGUALDADE E DA NÃO DISCRIMINAÇÃO

Art. 4º Toda pessoa com deficiência tem direito à igualdade de oportunidades com as demais pessoas e não sofrerá nenhuma espécie de discriminação.

§ 1º Considera-se discriminação em razão da deficiência toda forma de distinção, restrição ou exclusão, por ação ou omissão, que tenha o propósito ou o efeito de prejudicar, impedir ou anular o reconhecimento ou o exercício dos direitos e das liberdades fundamentais de pessoa com deficiência, incluindo a recusa de adaptações razoáveis e de fornecimento de tecnologias assistivas.

[...]

Art. 5º A pessoa com deficiência será protegida de toda forma de negligência, discriminação, exploração, violência, tortura, crueldade, opressão e tratamento desumano ou degradante. (Brasil, 2015)

Vale lembrar que, de acordo com a Lei 12.796, de 4 de abril de 2013 (Brasil, 2013a), o termo correto é *educandos com deficiência, transtornos globais do desenvolvimento e altas habilidades ou superdotação.* Atualmente, as escolas pública e privada têm em seu coletivo educandos com deficiências, transtornos globais do desenvolvimento e altas habilidades ou superdotação, o que requer novas formas de ensinar e aprender. Assim, objetivamos apresentar a ludicidade como um processo formativo do educador que irá ler esta obra, compartilhando sugestões práticas de oficinas pedagógicas com o brincar e o brincar para aprender. Esgotar o tema e considerar que a abordagem apresentada neste livro é pronta e acabada jamais farão parte do que se acredita ser uma proposta de formação lúdica do educador. O conhecimento construído sobre a ludicidade foi desenvolvido por meio das interações com estudantes com deficiências e transtornos globais do desenvolvimento, o que constituiu, com as pesquisas, a formação e a atuação pedagógica na escola. Assim, você também poderá construir seu conhecimento sobre a ludicidade na escola com o brincar e o brincar para aprender no processo de inclusão, estudando, pesquisando, criando, vendo e ouvindo seus companheiros de atuação pedagógica na escola: direção, equipe pedagógica, professores, estudantes, funcionários e família.

Por isso, o título deste livro se justifica e se propõe: *Educação Especial: eu também quero brincar!*

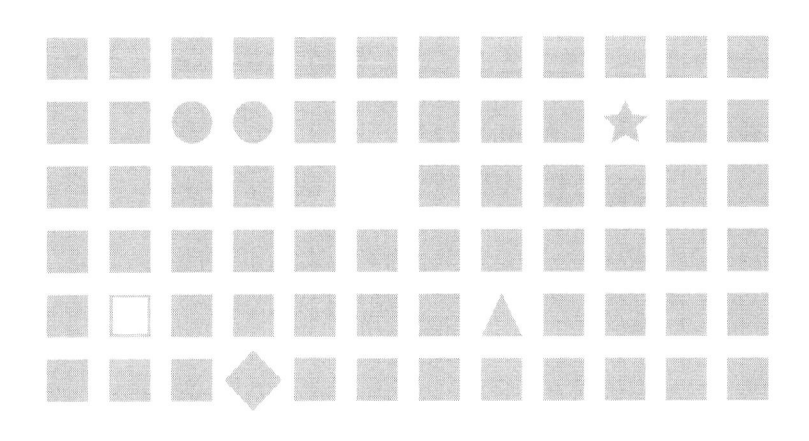

Capítulo 1

Ludicidade:
o brincar na educação

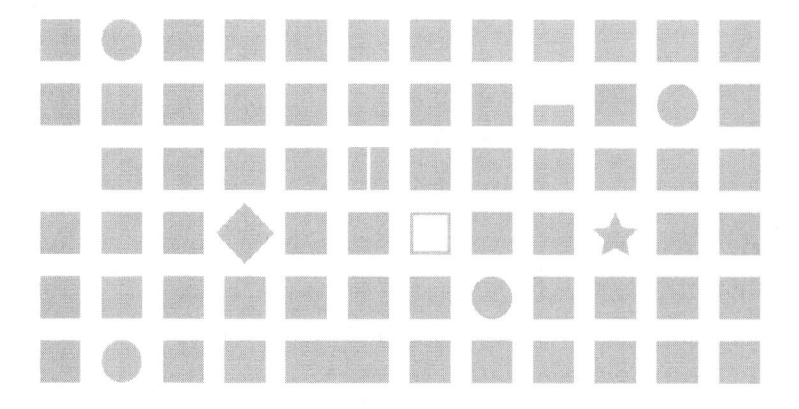

A abordagem teórica deste capítulo objetiva descrever aspectos relevantes sobre a ludicidade e a educação como uma possibilidade de ressignificação e sistematização dos saberes sobre a área. Objetivamos ainda que a leitura propicie a construção do conhecimento sobre como a ludicidade se apresenta na vida dos educandos em seu contexto cultural, social e educacional.

O referencial teórico sobre a ludicidade pautou-se nos estudos de Rau (2011b), Fortuna (2007), Vygotsky (2001), Cunha (1992, 2007), Kishimoto (2010b), Santos (2010) e Brougère (2002). Esperamos, assim, contribuir em suas reflexões para a atuação pedagógica no processo de ensino e aprendizagem e para a inclusão no contexto escolar.

O texto focalizará o brincar e seus fundamentos teóricos e práticos, abordando e refletindo sobre conceitos importantes de autores clássicos na área da ludicidade e pesquisadores que atuam nas universidades e instituições de nível superior no Brasil. Para isso, será importante você compreender a relação entre os companheiros, nas brincadeiras que envolvem os professores e estudantes na escola. Fique atento às ideias e aos conceitos sobre o brincar livre, o brincar educativo, a aprendizagem, o desenvolvimento, a imaginação, a inclusão e a interação social.

1.1 Concepções: o brincar livre e o brincar educativo

As relações sociais em que estudantes estão inseridos na atualidade refletem-se no interior da escola, expressando as formas de agir e pensar dos sujeitos que constituem seu convívio familiar, cultural e social. Porém, observamos que a sociedade tem no apelo da mídia um desvio no que poderia vir a ser elementos de base na formação humana dos educandos: desvincula suas escolhas dos valores humanos e opta por escolhas que priorizam a aquisição de bens, o que torna grande parte da sociedade submissa a padrões econômicos, legado das forças dominantes dos séculos passados que ditaram princípios excludentes e elitistas no que diz respeito à formação de uma sociedade. A infância e a adolescência, partes importantes da vida, encontram-se, dessa forma, subjugadas às forças dominantes e capitalistas, o que, consequentemente, evidenciam uma contradição entre a formação humana criativa e autônoma e as desigualdades de oportunidades culturais e sociais. Basta que você observe as crianças, os adolescentes e suas famílias em ambientes públicos como *shopping centers* e parques públicos. As pessoas deixam de conversar, olhar-se, compartilhar momentos em que estão juntos, para comunicar-se nas redes sociais ou participar de jogos eletrônicos. Não é nosso objetivo aqui criticar o acesso às redes sociais ou a utilização de jogos eletrônicos, mas sim apontar a relevância dos jogos tradicionais e sua prática para a formação humana. Brincar espontaneamente, compartilhar experiências sensoriais, criar regras, dialogar, superar desafios cognitivos e motores são fundamentais para que o sujeito se desenvolva na sua integralidade.

A infância é vivida em total qualidade quando a criança pode compartilhar tempo e espaço com as brincadeiras. A riqueza da infância é a possibilidade de brincar com objetos da cultura lúdica, como os jogos e os brinquedos tradicionais – por exemplo, jogar amarelinha, brincar com bonecas ou cavalos de pau.

As oportunidades que o adulto confere à criança podem possibilitar-lhe o acesso a bens materiais, como uma boneca ou um jogo de alto valor financeiro, os quais, no entanto, em nada contribuem para a imaginação e a criatividade ou para o conhecimento sobre a cultura da sua região. O melhor incentivo para a criança seria que o adulto lhe propiciasse o acesso a bens culturais nos quais estão inseridos os brinquedos de qualidade educativa. Quando o brincar infantil é desvinculado da cultura, reforça essa contradição, o que atualmente acontece também quando as brincadeiras das crianças reproduzem ideias deformadas pela mídia sobre as representações lúdicas do mundo adulto: o desejo pela aquisição de brinquedos caros, a música que fortalece o preconceito entre outros aspectos que subordinam a infância ao apelo econômico capitalista. Para exemplificar melhor essa ideia, pense em dar uma boneca para uma criança. O que seria mais valioso? Uma boneca que está na moda por estar na mídia, mas que servirá para que a criança aprenda que pode possuí-la, ou uma boneca confeccionada com recursos da natureza comprada em uma feira de artesanato da sua comunidade para que ela aprenda um pouco sobre a cultura de sua região? Não é o valor econômico ou midiático da boneca que dará qualidade a esse brinquedo, mas sim o conteúdo cultural que poderá ser ofertado. Uma boneca é um brinquedo, não importa seu valor financeiro ou se foi feita artesanalmente ou por uma indústria de brinquedos. O que importa é que a criança possa brincar com este objeto, compartilhar vivências lúdicas com outras crianças ou até mesmo com os adultos.

A superação dessa realidade, no que diz respeito à desvirtuação da infância em suas necessidades e produção de bens culturais, pode ser feita oferecendo aos estudantes brinquedos que valorizem a cultura lúdica. A qualidade dos brinquedos está nas inserções culturais e vivências que propiciam à criança.

Com referência à influência da mídia sobre o brincar, Fortuna (2007, p. 1) sublinha que:

> se, de um lado, as novas preocupações e desejos infantis podem ser interpretados como um sinal de alerta sobre como a sociedade de consumo e da imagem atinge as crianças, em que parecer e ter são mais importantes do que ser, por outro lado, observar como as crianças elaboram estas influências ensina muito, inclusive sobre nós, os adultos, e sobre nossa participação na promoção de seu desenvolvimento e sua aprendizagem.

Com referência ao brinquedo, Curtis (2006) destaca a imaginação como condição essencial do brincar associada à cultura da infância. Para a autora, "as crianças precisam ter materiais adequados para brincar de forma imaginativa, um período longo de tempo, espaço, uma atitude favorável, isto é, incentivo e modelagem, manifestadas pelo adulto no ambiente" (Curtis, 2006, p. 42).

Aos poucos a criança evolui socialmente e a atenção, que inicialmente era dirigida basicamente à família, começa a ser convergida a amigos e colegas na escola. A interação com outros estudantes nas práticas lúdicas possibilita que ela desenvolva a autoconsciência, identificando suas dificuldades e potencialidades. Assim, a inclusão de estudantes com deficiências e transtornos globais do desenvolvimento nas brincadeiras e nos espaços lúdicos nas escolas favorece o desenvolvimento afetivo e social.

Agora que já pensamos um pouco sobre a importância do lúdico na educação, vamos conhecer seus fundamentos teóricos. Para isso, traremos algumas abordagens e seus autores, que constituem uma classe de grandes teóricos sobre o brincar, a aprendizagem e o desenvolvimento.

1.1.1 O que define o brincar

Lev Semenovich Vygotsky (1896-1934) foi um psicólogo bielo--russo que, em seus estudos, abordou o desenvolvimento intelectual das crianças, o qual, por sua vez, ocorre em função de suas interações sociais e de suas condições de vida. Vygotsky (2001, p. 105), ao descrever o papel do brinquedo no desenvolvimento infantil, destaca

> como incorreta a definição de brinquedo como atividade prazerosa à criança, já que outras ações fazem esta função de forma mais intensa e significativa. O desprazer também é uma característica de alguns jogos para os pequenos uma vez que seus resultados possam não ser interessantes como, por exemplo, os que ela não tem sucesso e perde ao final do jogo.

Para o teórico, o prazer não define o brinquedo.

Observamos que a conceituação do brincar, definindo-o pelo prazer na brincadeira infantil, está equivocada e é enfatizada por autores de maneira condicional à prática lúdica na infância. Contudo, também a atividade lúdica como condição natural ao desenvolvimento da criança não procede. Os objetos do brinquedo em si podem suscitar explorações de manipulação e reconhecimento de texturas, formas, tamanhos e cores. O que pressupõe a ação lúdica no brinquedo é a imaginação. A criança explora o objeto do brinquedo, criando e recriando combinações que colocam em jogo as funções intelectuais. Vygotsky (2001) evidencia que o desenvolvimento das funções intelectuais da criança passa de um estágio a outro porque está centrado nas motivações ou no encorajamento. Para a criança pequena, as motivações que movem seus desejos existem em um curto período de tempo. Elas buscam os objetos do brinquedo para manipularem e reconhecerem suas texturas e formas, porém ainda não planejam suas ações, a não ser por aquilo que é imediato. As crianças em nível pré-escolar já planejam suas ações e, quando seus desejos não são satisfeitos de forma imediata, expressam a sua frustração na mudança de comportamento. Assim, a imaginação nessa fase propicia à criança envolver-se num mundo de ilusão para atender aos seus desejos insatisfeitos. Para o Vygotsky (2001), isso é o que chamamos de *brinquedo*. Nesse sentido, "ao estabelecer critérios que distinguem o brincar da criança de outras formas de atividade, concluímos que no brinquedo a criança cria uma situação imaginária" (Vygotsky, 2001, p. 107).

A imaginação, contudo, é um processo psicológico que emerge de uma especificidade humana de atividade consciente e ocorre com crianças a partir dos 3 anos de idade. Vygotsky (2001), referindo-se aos estudos de Kurt Lewin (1890-1940), psicólogo alemão e fundador da psicossociologia experimental, ressalta que os objetos incitam a criança em suas ações e são motivadores inerentes que determinam seu comportamento nas suas ações.

Na idade pré-escolar, o pensamento já surge desligado dos objetos. Do mesmo modo, a ação surge das ideias. A imaginação possibilita ao educando, de forma lenta e contínua, a representação de papéis e modos de vida que fazem parte do seu meio social. O teórico conclui esses fundamentos, apontando que o brinquedo não é o aspecto predominante da infância, mas um elemento dinamizador do desenvolvimento da criança.

Agora que você conheceu a importância do papel da imaginação na definição do brincar com base nos pressupostos teóricos de Vygotsky (2001), vamos pensar no brincar como um direito da infância. Lembre-se, porém, de que os estudos do teórico são muito densos e importantes para o processo de desenvolvimento infantil. Assim, ao final do capítulo apresentaremos a bibliografia comentada, da qual sugerimos fazer a leitura e aprofundar o conhecimento.

Quanto à legislação, o brincar foi reconhecido por lei como direito pela Declaração Universal dos Direitos da Criança, aprovada na Assembleia Geral das Nações Unidas (1959) e reiterado pela Convenção dos Direitos da Criança (1991), art. 31, ao focalizar que "Toda criança terá direito a brincar e a divertir-se, cabendo à sociedade e às autoridades públicas garantirem a ela o exercício pleno desse direito". O Brasil subscritou essa convenção e, por conseguinte, a Constituição Federal de 1988 (Brasil, 1988) e o Estatuto da Criança e do Adolescente (ECA) – Lei n. 8.069, de 13 de julho de 1990 (Brasil, 1990) – afirmaram o direito das crianças a brincar como o Marco Legal da Primeira Infância – Lei n. 13.257, de 8 de março de 2016 (Brasil, 2016a). Com efeito, em termos de fundamentação legal, o nosso país avançou no que diz respeito ao direito de brincar pela infância e, consequentemente, incitou a pesquisa sobre a ludicidade na educação.

Quanto ao brincar e à educação, os estudos de Cunha (2007), fundadora da primeira brinquedoteca no Brasil, em 1975, centraram a importância do lúdico para a criança, sublinhando que a brincadeira potencializa o desenvolvimento infantil. Quando brinca, a criança envolve-se em desafios que estimulam o pensamento, o qual pode acontecer, apenas por motivações intrínsecas. Para a autora, a sociabilidade é um dos aspectos fundamentais nas vivências lúdicas, pois brincando a criança faz amigos, aprende a conviver e a refletir sobre seus direitos e os direitos dos outros, já que as regras se fazem presentes nas interações, sendo o passo seguinte a imaginação. Os brinquedos desafiam a criança, propiciando novas descobertas. Segundo essa autora, "é preciso haver tempo para eles, e espaço que assegure o sossego suficiente para que a criança brinque e solte sua imaginação, inventando, sem medo de desgostar alguém ou de ser punida. Onde possa brincar com seriedade" (Cunha, 2007, p. 12).

Com efeito, por meio das brincadeiras, a inclusão na educação infantil e no ensino fundamental poderá ser compreendida quando pensarmos no estudante especial interagindo em diferentes espaços, jogos e brincadeiras. Aos poucos, eles participarão de jogos que objetivam a melhoria das relações sociais. A sua prática poderá ser desenvolvida inicialmente em pequenos grupos e, gradativamente, com a turma inteira, formando, então, a equipe em sua integridade.

Sobre o encontro da concepção sobre a importância do lúdico para a criança, Kishimoto (2010a), professora da Faculdade de Educação da Universidade de São Paulo (USP) e coordenadora do Laboratório de Brinquedos e Materiais Pedagógicos (Labrimp), salienta que, por meio de vivências lúdicas, os educandos experimentam tomada de decisões, expressam sentimentos de valores, desenvolvem a autoconsciência e a consciência do outro, condições essenciais para a formação da individualidade e da identidade. O brincar por meio de diferentes linguagens, como a corporal, leva os educandos a solucionar problemas com criatividade e autonomia. Para a autora, "ao brincar, a criança experimenta o poder de explorar o mundo dos objetos, das pessoas, da natureza e da cultura, para compreendê-lo e expressá-lo por meio de variadas linguagens" (Kishimoto, 2010a, p. 1). Ainda quanto à imaginação, afirma que o brincar está relacionado à cultura da infância, pois é um importante instrumento de expressão, aprendizagem e desenvolvimento para a criança (Kishimoto, 2010a).

No ensino fundamental, a prática lúdica visando à inclusão deverá ocorrer proporcionando interações sociais e cognitivas na escolha dos jogos e das brincadeiras e elaborando regras individuais e coletivas, considerando as necessidades e os interesses de todos.

Fortuna (2011), professora de Psicologia da Educação da Faculdade de Educação da Universidade Federeal do Rio Grande do Sul (UFRGS) e coordenadora geral do Programa de Extensão Universitária Quem quer brincar?, afirma que o brincar é uma atividade humana, pois envolve a inteligência, a criatividade, a emoção, o simbolismo e a imaginação. A brincadeira possui um caráter que perpassa por ideias contraditórias: ser adorável ou diminuta. A brincadeira é uma atividade prazerosa para as crianças, e isso se refere a ser adorável, porém, muitas vezes, é vista como passatempo pelos adultos, o que corresponde à ideia de ser diminuta. A autora reconhece que a seriedade da brincadeira está em garantir a sua originalidade, "porque em nenhum momento estamos tão compenetrados e tão sérios quanto quando brincamos" e, por isso, devemos tratá-la com "paixão (porque nada nos arrebata tanto quanto a brincadeira, onde estamos inteiros)" (Fortuna, 2011, p. 68). A essa ideia está atrelada a concepção de espontaneidade do sujeito. Quando brincam, tanto as crianças quanto os jovens e os adultos são espontâneos. Brincando, demonstram seus interesses e motivações, seu temperamento e sua personalidade, o que faz da brincadeira um importante instrumento para que os professores conheçam seus educandos em todas as suas potencialidades e dificuldades.

A educação física é uma área que tem por objeto o corpo em movimento, o desenvolvimento da expressividade dos estudantes e o resgate cultural da ludicidade. Assim, poderá ser um elo entre a inclusão social e cultural dos educandos na escola e as outras áreas de conhecimento. A descoberta do corpo, dos limites e dos movimentos é indispensável para o desenvolvimento cognitivo, afetivo e social dos educandos com deficiências e transtornos globais do desenvolvimento, altas habilidades ou superdotação, por isso o ato de ensinar deve ser feito no coletivo, integrando todas as áreas.

Rau (2011b), professora da educação básica e superior e pesquisadora da área, reitera que os jogos e as brincadeiras são fundamentais para os educandos, pois, brincando, imitam diferentes papéis, comuns ao seu cotidiano, ressignificando sentimentos e interações que estabelecem com as pessoas do seu meio. A autora considera que "a imitação também é um elemento que garante à criança experimentar atitudes que, se fossem realizadas de forma verdadeira, muitas vezes poderiam colocá-la em situação de risco, como nas brincadeiras de cozinhar, dirigir, consertar móveis e aparelhos eletrônicos" (Rau, 2011b, p. 50). A imaginação no brincar permite que os estudantes pensem e ajam autonomamente na solução de problemas, organizem o pensamento, reflitam sobre as regras e recriem-nas, o que facilita a compreensão de mundo para o seu universo. A inclusão de estudantes com deficiências poderá encontrar um rico repertório lúdico que facilite tais ações.

Quando brincam, os estudantes com deficiências e transtornos globais do desenvolvimento, altas habilidades ou superdotação aprendem a controlar os movimentos do seu corpo, pensamentos e desejos, ações em que a imaginação está presente, uma vez que estimula a criatividade, a coragem e a autoestima. Entende-se que a imitação de papéis possibilita a expressão espontânea ou intencional do que os educandos vivenciam no seu cotidiano, que, por vezes, difere do universo deles. Nessas expressões encontram-se a violência, o subjugo, o *bullying*, o abuso e tantas outras opressões que conhecemos e desprezamos. No brincar imitativo, os educandos não apenas representam essas situações como também demonstram seus sentimentos: a raiva, o medo, a ansiedade. A agressividade muitas vezes é um grito de socorro. Assim, o educador deverá ficar atento a essas demonstrações e, sem a intenção de julgar, ouvir os educandos para que encontrem no adulto, no espaço e no ambiente segurança para agir, imaginar e criar.

O brincar viabiliza o desenvolvimento e a aprendizagem, constituindo-se em uma atividade primordial desde que a criança ainda é muito pequena. Para Santos (2010, p. 13), professora da Associação Gaúcha de Brinquedotecas e professora-adjunta da Universidade Federal de Santa Maria (UFSM), "a brincadeira é considerada a primeira conduta inteligente do homem".

Como você pode perceber, até aqui destacamos os estudos de pesquisadores sobre o brincar que apontaram fundamentos teóricos relevantes no que se refere à ludicidade. Porém, seus estudos estão longe de ser apresentados integralmente neste texto, mas servem de incentivo para que você busque o aprofundamento sobre o assunto. Seja você também um pesquisador.

1.1.2 Brincando também se aprende

O processo de ensino e prendizagem na atualidade rompe com o passado, quando o ensino competia ao professor como detentor do conhecimento e, dessa forma, o aluno seria o depositário desse conhecimento. A atual perspectiva sobre a infância, a educação e a sociedade contribui para a transformação da concepção tradicional de ensino e propõe a ludicidade como forma de ensinar e aprender. Na prática pedagógica nas escolas, observamos que os estudantes são mais críticos e demonstram maior curiosidade em conhecer o mundo, o que tem incentivado os profissionais da educação a investigar sua própria prática e desenvolver atividades lúdicas como forma de proporcionar a aprendizagem e o desenvolvimento dos educandos de forma mais interessante e significativa. Brougère (2002) evidencia a mediação do adulto no brincar e aponta o olhar do educador para o jogo educativo como um elemento que o difere do brincar livre. É essencial que o educador desenvolva uma postura reflexiva sobre a atuação pedagógica com a ludicidade e identifique, nas interações dos estudantes com deficiências, seus interesses e suas potencialidades de aprendizagens motoras, cognitivas e sociais.

É verdade que os jogos e as brincadeiras possibilitam a aprendizagem de forma prazerosa, mas o educador também observará a existência de conflitos cognitivos e afetivos que surgem durante a prática lúdica. E o que fazer? Os conflitos são desafios a serem resolvidos não apenas pelos educadores, mas também com os educandos, ao elaborar regras, propor novas construções, trocar de pares e outras ações. O educador poderá mediar os conflitos nas brincadeiras, estimulando os educandos a dialogar, argumentar e propor regras que atendam aos interesses do coletivo, e não apenas aos de um participante. "É preciso modificar a forma de atender e de tratar as pessoas com deficiência; a forma de ensinar e, consequentemente, de aprender, modificar essencialmente a forma de conviver com essas pessoas, tornando-as parte dos diversos contextos." (Budel; Meier, 2012, p. 39). O que desejamos propor a você, educador, neste momento, é que a sua prática pedagógica seja alicerçada na realidade de todos os estudantes na escola e não se reduza à aplicação de jogos em momentos livres ou de recreação, engessando a prática lúdica.

O brincar na educação veio ao encontro de novos pensamentos sobre a infância e as formas de ensinar e aprender, como destacou Friedrich Fröebel (1782-1852), nascido na Alemanha e um dos educadores a considerar que a formação humana deveria acontecer no início da infância. Suas ideias possibilitaram transformações na visão de infância e educação.

Atualmente, rompendo com a relação jogo e futilidades, surgiram estudos consideráveis que destacaram o jogo como um instrumento pedagógico de amplo valor social e cultural, cedendo práticas igualmente relacionadas. No Brasil, a conceituação de Kishimoto (2010b) sobre o **brincar** define as funções lúdicas e educativa. A autora considera que, na **função lúdica**, a escolha voluntária do brinquedo e dos companheiros para as brincadeiras deva ser respeitada, além de acentuar a diversão, o prazer e o desprazer como elementos presentes na função citada. Na **função educativa**, ressalta que o brinquedo pode ensinar aspectos que acresçam à criança na construção do conhecimento e o sujeito em seu saber, seus conhecimentos e sua compreensão de mundo. A autora exemplifica o jogo educativo, explicando que,

se a criança está diferenciando cores, ao manipular livre e prazerosamente um quebra-cabeça disponível na sala de aula, a função educativa e a lúdica estão presentes. No entanto, se a criança prefere empilhar peças do quebra-cabeça, fazendo de conta que está construindo um castelo, certamente estão contemplados o lúdico, a situação imaginária, a habilidade para a construção do castelo, a criatividade na disposição das cartas, mas não se garante a diferenciação de cores. (Kishimoto, 2010a, p. 37)

O brincar oportuniza que diferentes linguagens façam parte da ação educativa. Para Rau (2011b, p. 38), "educar nessa perspectiva, é ir além da transmissão de informações ou de colocar à disposição do educando apenas um caminho, limitando a escolha ao seu próprio conhecimento". Ensinar brincando sobrepõe a ludicidade como recurso pedagógico, cujos conteúdos e objetivos são articulados com base na relação teoria e prática. Cabe esclarecer que, sobre a relação teoria e prática, não nos referimos à utilização de teorias na prática pedagógica, mas à compreensão da prática como ação, o que, nesse sentido, infere muitos questionamentos quanto ao processo ensino e aprendizagem. Nessa acepção, Martins (1993) enfatiza que uma teoria deve ser erguida superando a reprodução de conceitos e práticas escola. A esse respeito, a autora destaca que existe uma lacuna entre o conteúdo programático e as interações vivenciadas pelos alunos e, nessa perspectiva, o professor identifica uma contradição em sua prática pedagógica, já que a exigência do trabalho com a quantidade de informações muitas vezes é mais valorizada do que a qualidade desse trabalho. "A teoria só adquire significado quando vinculada a uma problemática originada da prática e esta só pode ser transformada quando compreendida nas suas múltiplas determinações, nas suas raízes profundas, com o auxílio do saber sistematizado" (Martins, 1993, p. 9).

Com efeito, a relação teoria e prática, no que refere ao jogo educativo, está além do seu emprego no ensino, mas confere ao professor uma atitude pedagógica crítica e reflexiva, autônoma quanto ao brincar e o brincar para aprender no processo de ensino e aprendizagem.

Quanto ao ensino, os estudos de Friedmann (1996, p. 43) revelam que, frequentemente, a prática educativa na escola acontece de forma fragmentada: "uma hora para o trabalho com a coordenação motora, outra para a expressão plástica, outra para o brincar orientado pelo professor e assim por diante". A autora argumenta que a escola é um elemento de transformação da sociedade e sua função é contribuir, com outras instâncias da vida social, para que a ação da criança seja também considerada fundamental no processo de ensino e aprendizagem.

A prática pedagógica com a ludicidade poderá integrar o processo de ensino e aprendizagem dos estudantes com deficiências e transtornos globais do desenvolvimento, altas habilidades ou superdotação com maior seriedade na escola, proporcionando o aprender por meio do jogo e, logo, o aprender brincando. Isso acontece porque, ao compreender a importância do jogo, "o educador aprende que as ações lúdicas são sérias para a criança e que a necessidade do brincar precisa ser respeitada a fim de que sejam constituídos o espaço físico escolar, o planejamento das práticas e o projeto pedagógico para a educação escolar" (Lombardi, 2016, p. 138). Um dos aspectos que justifica a ludicidade na educação escolar é a possibilidade de utilização de recursos pedagógicos no processo de aprendizagem dos educandos, o que atualmente é um grande desafio para o professor da educação infantil e anos iniciais do ensino fundamental. Como destaca Martins (2012, p. 55), "a determinação dos objetivos de ensino é considerada elemento fundamental no processo de planejamento da prática pedagógica". O ato de ensinar e aprender com o brincar na escola inclusiva não se limita apenas à execução de jogos, mas constitui-se atividade relacionada ao cotidiano. Assim, fica evidente o papel das interações desenvolvidas no ensino entre a aprendizagem, o saber escolar e o sentido educativo da prática pedagógica docente. Porém, a questão não se restringe a apenas esses aspectos – a aprendizagem e o desenvolvimento são processos superpostos, o que será tratado a seguir.

1.2 O brincar, a aprendizagem e o desenvolvimento infantil

Como vimos até aqui, os pressupostos teóricos sobre o brincar e o brincar para aprender evidenciam sua prática no processo de ensino e aprendizagem. Os fundamentos de Vygotsky (2001) sobre o aprendizado e o desenvolvimento novamente nos interessam e conduzem no sentido de compreender como o brincar está relacionado à aprendizagem.

Iniciamos destacando que, para o teórico, existem alguns equívocos sobre a relação entre aprendizado e desenvolvimento, considerando-o de natureza teórica quando seria de natureza metodológica. Para isso, aponta três posições teóricas a serem refletidas: a primeira focaliza que "os processos de desenvolvimento da criança são independentes do aprendizado", a segunda "postula que aprendizado é desenvolvimento" e a terceira busca "superar os extremos das outras duas" (Vygotsky, 2001, p. 90-92).

Para Vygotsky (2001, p. 90), "O aprendizado é considerado um processo puramente externo que não está envolvido ativamente no desenvolvimento". Assim, a aprendizagem utilizaria dos progressos do desenvolvimento para encaminhar seu curso. Ao exemplificar a primeira posição teórica, o autor aponta que "o ato de pensar de crianças em idade escolar inclui os processos de dedução, compreensão, evolução das noções de mundo, interpretação da casualidade física, o domínio das formas lógicas de pensamento e o domínio da lógica abstrata ocorrem independentemente do aprendizado na escola" (Vygotsky, 2001, p. 90). O educando é um sujeito social e está em constante interação com o meio que o circunda.

Ao analisar o fato de que aprendizado é desenvolvimento como segunda teoria abordada, Vygotsky (2001) explica que em suas origens são completamente diferentes. Na teoria do reflexo, "o desenvolvimento é visto como o domínio dos reflexos condicionados, não importando se o que se considera é o ler, o escrever ou a aritmética, isto é, o processo de aprendizado está completa e inseparavelmente misturado com o processo de desenvolvimento" (Vygotsky, 2001, p. 92). Para o teórico, esse pressuposto reduz o aprendizado à formação de hábitos e o relaciona ao desenvolvimento.

A primeira teoria coloca como fundamento que o desenvolvimento antecede o aprendizado e a segunda, que os dois ocorrem simultaneamente.

Ao exemplificar a terceira teoria, Vygotsky (2001) retoma os preceitos de Koffka, que salienta os dois processos como inerentemente diferentes porém consequentemente relacionados: "de um lado, a maturação que depende diretamente do desenvolvimento do sistema nervoso; de outro o aprendizado, que é, em si mesmo, também um processo de desenvolvimento" (Vygotsky, 2001, p. 92).

Ao descrever o conceito de zona de desenvolvimento proximal (Vygotsky, 2001) procura resolver a questão sobre o desenvolvimento e aprendizagem, o que, atualmente, é considerado um fundamento importante no processo de ensino e aprendizagem em diversas abordagens pedagógicas.

A teoria compõe três níveis: a zona de desenvolvimento real, a zona de desenvolvimento potencial e a zona de desenvolvimento proximal. A **zona de desenvolvimento real** é "o nível de desenvolvimento das funções mentais da criança que se estabeleceram como resultado de certos ciclos de desenvolvimentos já completados" (Vygotsky, 2001, p. 97). A **zona de desenvolvimento potencial** define que a criança consegue realizar ações mentais mais elevadas quando recebe ajuda de outras pessoas, no caso do aprendizado escolar com mediação dos educadores. Ao afirmar, após pesquisas, que educandos com mesma idade e nível mental diferente conseguem realizar ações que demonstram seu aprendizado, Vygotsky (2001, p. 97) destaca a **zona de desenvolvimento proximal**, que seria

a distância entre o nível de desenvolvimento real, que se costuma determinar através da solução independente de problemas, e o nível de desenvolvimento potencial, determinado através da solução de problemas sob a orientação de um adulto ou em colaboração com companheiros mais capazes.

O conceito de zona de desenvolvimento proximal explica a relação entre aprendizado e desenvolvimento, considerando que permite projetar o porvir imediato "da criança e seu estado dinâmico de desenvolvimento, como também aquilo que está em processo de maturação" (Vygotsky, 2001, p. 98).

O brincar, no processo de aprendizagem e desenvolvimento da criança, localiza em Vygotsky (2001) seus fundamentos, uma vez que, para o teórico, a aprendizagem infantil inicia-se anteriormente ao ingresso na escola, ou seja, desde o nascimento. Consideramos que o meio e as interações sociais servem de motivações para que a criança explore o mundo a sua volta. O brinquedo possibilitará à criança potencializar uma diferenciação entre a ação e o significado. A ideia que a criança tem sobre o brincar não se reduz apenas aos estímulos físicos, mas também do ambiente que a rodeia. O brincar será a base do que, na continuidade, progredirá para aprendizagens mais elaboradas. O lúdico torna-se, assim, uma proposta educacional voltada à superação das dificuldades no processo de ensino e aprendizagem.

O teórico destaca o que chama de *incorreção da teoria de Koffka*, quando propõe que o brinquedo deva ser considerado o modelo da vida diária da criança. Nessa reflexão, aponta o caráter sério relativizado ao adulto enquanto que, para a criança, a realidade é apenas a da brincadeira. De acordo com a teoria da "zona de desenvolvimento proximal, no brinquedo a criança sempre se comporta além do comportamento habitual da sua idade, além de seu comportamento diário" (Vygotsky, 2001, p. 117). O brinquedo parte das necessidades para a transformação da consciência e, dessa forma, determina o desenvolvimento da criança.

Concordamos, assim, que as contribuições da teoria de Vygotsky (2001) sobre aprendizagem e desenvolvimento são significativas para a compreensão do papel do brinquedo no desenvolvimento infantil.

A abordagem sobre o neurodesenvolvimento infantil também contribui para a compreensão sobre a importância do brinquedo para os educandos. Valiati e Antoniuk (2017) enfatizam o movimento como sendo fundamental no desenvolvimento da autonomia, uma vez que a experiência sensorial possibilita o aprendizado motor. Podemos entender, então, que a manipulação dos brinquedos e do ambiente faz parte deste aprendizado. Citando Bobath e Bobath (1964), os autores explicam que as crianças aprendem a sensação que sentem pelo movimento, o que confere padrões

> O brincar será a base do que, na continuidade, progredirá para aprendizagens mais elaboradas. O lúdico torna-se, assim, uma proposta educacional voltada à superação das dificuldades no processo de ensino e aprendizagem.

sensóriomotores para as atividades funcionais (Valiati; Antoniuk, 2017).

Seus pressupostos sobre o desenvolvimento estão fundamentados em marcos e buscam em Wallon (1979) o papel da afetividade como precursora dos desejos da criança em aprender e conquistar o mundo exterior. A relação afetiva é a base para a criança se comunicar com o meio, aprimorando a linguagem entre seus pares e adultos. Quando brinca, a criança desenvolve ações que vão além da recreação, que permitem um trabalho entre o pensamento e o seu corpo. Os sentimentos e os desejos dos educandos passam a direcionar seus corpos de forma mais equilibrada.

O brincar ajuda os estudantes com deficiências a criar situações, experimentar desafios e desequilíbrios, auxiliando-os na ação consciente. Brincando, o educando se apropria de noções de conhecimento quando age (cognição), observa e se relaciona com o mundo, com outros educandos e com os adultos.

Ainda outros fundamentos compõem o desenvolvimento infantil, o que exploraremos no decorrer da obra ao descrever as práticas lúdicas em oficinas. Por enquanto, tente elaborar um esquema mental sobre a relação entre aprendizagem e desenvolvimento de acordo com Vygotsky (2001), abordada no texto, e relacionar a experiências lúdicas que tenha vivenciado na escola ou atualmente com os educandos.

1.3 O brincar e a escola

O brincar na escola acontece em tempos e espaços diferentes. Os educandos brincam na entrada e na saída e nos momentos de intervalo, comumente longe dos olhos dos professores. Brincam correndo, jogando, falando – se os professores estivessem presentes, observariam o quanto são importantes essas interações. As brincadeiras dependem das condições que os educandos encontram para brincar.

A prática lúdica passa por muitos obstáculos na atualidade. A falta de espaço e de tempo da família, as muitas atividades em que os educandos estão envolvidos, a precocidade dos processos de escolarização, a falta de segurança, que impede que brinquem fora de casa, reprimem o desenvolvimento e, dessa forma, tornam a escola um importante ambiente de interações sociais e culturais.

As Diretrizes Curriculares Nacionais para Educação Básica (Brasil, 2013b) apresentam como componentes curriculares obrigatórios do ensino fundamental as linguagens: a Língua Portuguesa, a Língua Materna (para populações indígenas), a Língua Estrangeira Moderna, a Arte e a Educação Física; a Matemática; as Ciências da Natureza; as Ciências Humanas: a História, a Geografia e o Ensino Religioso. Atualmente, a Base Nacional Curricular Comum – BNCC (Brasil, 2017a) constitui-se um documento normativo que define o conjunto orgânico e progressivo de aprendizagens essenciais que todos os estudantes devem desenvolver no decorrer das etapas e modalidades da educação báscia. Esse documento, orientado pelos princípios éticos, políticos e estéticos apontados pelas Diretrizes Curriculares Nacionais para Educação Básica, objetiva a formação integral dos estudantes para a construção de uma sociedade justa, democrática e inclusiva.

Assim, considerando o documento, partimos de uma apresentação de como os jogos e as brincadeiras aparecem no interior da escola e da prática pedagógica dos docentes. As aulas de Educação Física encontram nos jogos e nas brincadeiras, na dança e nos momentos de livre exploração de objetos maior facilidade para o desenvolvimento do trabalho pedagógico. A arte desenvolve práticas pedagógicas com os jogos dramáticos, a dança e a expressividade infantil – conteúdos importantes para que a criança perceba o meio e, sobre ele, faça intervenções mais reflexivas, críticas e criativas. As brincadeiras nos intervalos e recreios escolares também fazem parte do repertório lúdico entre os estudantes. As escolas, na compreensão das necessidades que os estudantes têm desses momentos, oferecem brinquedos para que possam brincar livremente sem a intervenção do adulto.

O brincar como recurso pedagógico também é abordado nas diversas áreas de conhecimento. Por exemplo, na matemática, é utilizado para conduzir a aprendizagens específicas e ao desenvolvimento do raciocínio lógico. Os jogos geralmente são construídos com os estudantes pela mediação do professor em sala de aula. As vivências lúdicas com esses jogos se tornam uma maneira de provocar o interesse e o prazer pela aprendizagem dos cálculos matemáticos. A construção de brinquedos com material alternativo é importante para a evolução do processo cognitivo do estudante, mas também os brinquedos pedagógicos devem ser acessados para a prática lúdica na educação infantil. A Nota Técnica n. 29, de 14 abril de 2014, aponta a disponibilidade de verba do Fundo Nacional de Desenvolvimento da Educação (FNDE) para a aquisição de brinquedos e mobiliários acessíveis:

o Ministério da Educação, por meio da Diretoria de Políticas de Educação Especial – DPEE/SECADI/MEC encaminha o Termo de Referencia [sic] visando a aquisição de BRINQUEDOS PEDAGÓGICOS ACESSÍVEIS para disponibilizar aos municípios que apresentam situação de exclusão educacional de crianças com deficiência, na faixa etária de 0 a 5 anos. (Brasil, 2014)

A alfabetização e o letramento também encontram nos jogos recursos didáticos para a aprendizagem da leitura e da escrita. Brincando, o educando tem contato com diversos tipos de textos, significando o mundo das palavras. Os jogos como recursos pedagógicos ainda são abordados em diversas áreas de conhecimento na forma de dinâmicas para que os educandos possam refletir sobre temas atuais na sociologia e na filosofia, tornando as discussões mais significativas, pois remetem às relações entre pensamento, ação e relações sociais.

Tais apontamentos fazem alusão ao brincar como parte da formação humana, contemplado na legislação e em currículos escolares. Porém, definir o brincar no contexto educacional pode ser um grande desafio no que se refere à espontaneidade, ao divertimento e à liberdade de ação, o que não contempla um processo que envolva os jogos e as brincadeiras, bem como os brinquedos em planejamentos a médio e longo prazos.

A imaginação característica da brincadeira confere ludicidades às ações das crianças, independentemente do espaço ou do objeto. Assim, na escola, as crianças brincam livres da intencionalidade dos professores com o uso de jogos e brincadeiras.

A partir do exposto, sugiro que você pense sobre algumas questões que envolvem o brincar na escola, nos currículos e nos planejamentos pedagógicos: O que define o brincar como recurso pedagógico? Deve ser livre ou dirigido pelos professores? Qual o valor do conhecimento teórico sobre a ludicidade para a prática lúdica na escola? Às experiências com os jogos e às brincadeiras devem ser conferidas observações, registros e avaliações por parte dos professores e da equipe pedagógica? Essas perguntas servirão de ponto de partida para estudos e reflexões sobre o brincar no planejamento curricular; porém, é fundamental que, com base nas respostas apresentadas aqui, você levante outras perguntas no sentido de trazer novas discussões para o assunto.

O Parecer do Conselho Nacional de Educação (CNE) e da Câmara de Educação Básica (CEB) n. 20, de 11 de novembro de 2009 (Brasil, 2009a, p. 6), define que "o currículo da Educação Infantil é concebido como um conjunto de práticas que buscam articular as experiências e os saberes dos estudantes com os conhecimentos que fazem parte do patrimônio cultural, artístico, científico e tecnológico." Esse documento destaca a importância da brincadeira para a criança, pois, mediante sua vivência, ela tem a oportunidade de representar ações cotidianas ao mesmo tempo em que constrói o novo. A imaginação se aproxima ou se afasta da sua realidade e permite que a criança ressignifique experiências através dos objetos e do sentido que confere a eles.

Em consonância com as Diretrizes Curriculares Nacionais para Educação Básica (Brasil, 2013b), a BNCC (Brasil, 2017a) aponta como direitos de aprendizagem e desenvolvimento na educação infantil, conviver, brincar, participar, explorar, expressar-se e conhecer-se. Quanto ao brincar, a BNCC (Brasil, 2017a, p. 38, grifo do original) destaca que a criança deve

Brincar cotidianamente de diversas formas, em diferentes espaços e tempos, com diferentes parceiros (crianças e adultos), ampliando e diversificando seu acesso a produções culturais, seus conhecimentos, sua imaginação, sua criatividade, suas experiências emocionais, corporais, sensoriais, expressivas, cognitivas, sociais e relacionais.

A educação dos estudantes com deficiências por meio do brincar, em qualquer que seja sua condição física ou psíquica, encontrará progresso. Os educandos e a educação nos fazem refletir sobre como agir, o que nem sempre nos faz chegar a respostas claras. Cada vez mais é necessário repensar a lógica adulta de perceber a vida, o tempo e o espaço ofertados às crianças e aos jovens, visando rupturas que nos conduzam a pensar e a repensar o novo.

1.4 Inclusão: companheiros das brincadeiras

Ao iniciar esta abordagem, convidamos você a pensar sobre a realidade inclusiva nas escolas de ensino regular e apontamos contradições. Os estudantes com deficiências, transtornos globais do desenvolvimento e altas habilidades ou superdotação e suas potencialidades estão inseridos no ensino regular, em salas de apoio e salas de recursos com o objetivo de minimizar suas dificuldades de aprendizagem. Porém, nessa longa trajetória de quase três décadas dedicadas à escola pública, podemos afirmar que as dificuldades de aprendizagem desses educandos não são analisadas no processo de ensino e aprendizagem.

Entre os muitos motivos que podemos apontar, um dos que mais observamos intervir na qualidade do processo de ensino e aprendizagem é a falta de respeito à própria história de vida do educando e à sua individualidade. E nesse momento, Paulo Freire (1921-1997), importante educador brasileiro, nos possibilita argumentar quando diz que "faz parte igualmente do pensar certo a rejeição mais decidida a qualquer forma de discriminação" (Freire, 1996, p. 36).

Professores, coordenação pedagógica e direção, apesar de sua longa experiência na educação escolar, ainda têm expectativas lineares quanto à interação, ao comportamento e às atitudes dos educandos na escola. Observamos, muitas vezes, que, na tentativa de avançar no tempo, os educandos são organizados em classes de aceleração para que seus professores ministrem aulas e conteúdos que não foram aprendidos no tempo regular.

Porém, ao considerar a inclusão, há de se questionar: Qual o olhar desses educandos em relação à escola? Qual o olhar dos professores, da equipe pedagógica e direção em relação a esses alunos? O que observamos é a linearidade de pensamento dos profissionais da educação que atuam na escola, definido pelo ensino tradicional de conteúdos preestabelecidos por leis e diretrizes, pelos livros didáticos, por objetivos e metodologias que não condizem com as necessidades educacionais especiais e, ainda, pela avaliação da aprendizagem criada para fortalecer a compreensão dos fracassos escolares – o que, no caso da inclusão, agravam esse cenário. Os educandos submetidos a esses processos dificilmente atingirão seus objetivos, considerando que o aspecto psíquico criará bloqueios quanto à aprendizagem. Novamente nos reportamos a Freire (1996, p. 41) quando este diz que "uma das tarefas mais importantes da prática educativo-crítica [sic] é propiciar as condições em que os educandos em suas relações uns com os outros e todos com o professor ou a professora ensaiam a experiência profunda de assumir-se". Com efeito, é importante estabelecer a distinção entre inclusão social, educação inclusiva e educação especial, pois expressões equivocadas quanto à educação especial na escola definem o aluno de inclusão e a sala de inclusão.

A inclusão é um modelo que envolve espaços físicos e simbólicos. As relações de solidariedade e de colaboração ocorrem por meio dos pressupostos sobre identidade, diferença e diversidade. As pessoas que se encontram no espaço de inclusão não são inativas ou impassíveis, pelo contrário, são sujeitos que percebem as relações existentes no meio em que estão inseridos e de forma crítica agem sobre ele.

Como prática social, a inclusão está presente nas relações de trabalho, na arquitetura, na cultura e na educação. Para atender essa definição, a educação precisa encontrar nas metodologias formas comunicativas que consigam estar à altura do atendimento às necessidades dos estudantes, considerando o que é comum e o que é específico em cada um, na sua individualidade e no coletivo. Durante muito tempo, os educandos com deficiências foram ignorados e excluídos, não apenas em suas condições de aprendizagem, mas nos seus direitos a evoluir, aprender e participar significativamente da sociedade. Ao se defrontar com o desafio de acionar toda a existência humana de um ser e de um corpo que pede que seja visto, que seja ouvido, a educação especial nos apresenta um dos maiores e mais construtivos trabalhos: o de proporcionar a comunicação da criança com o mundo. As transformações sociais e culturais, no entanto, levaram diferentes profissionais a reconhecer nos educandos suas potencialidades além de suas dificuldades.

Historicamente, os estudos de Rousseau e Pestalozzi iniciaram o que mais tarde os trabalhos de Fröebel, Montessori e Decroly propuseram ao considerar a criança como um sujeito a ser compreendido como ativo. Sugerimos que os estudos e as teorias desses autores sejam pesquisados, pois proporcionaram importantes contribuições na forma de pensar o ensino e a aprendizagem na educação e na educação especial. A ação livre dos educandos nas brincadeiras e na exploração de materiais didáticos identificou suas estratégias educacionais.

Fröebel, (1782-1852), pedagogo alemão, considerou que a primeira infância deveria ser considerada uma fase importante na vida e na formação humana. Por seus fundamentos, é considerado o criador do jardim de infância. O teórico aponta que o jogo com prática livre propicia a ação da criança em harmonia com a orientação do adulto, e seu método destaca os jogos e as brincadeiras como centrais e específicos na educação da criança. "O jogo é o mais alto grau de desenvolvimento dessa idade [...]. Esta época em que a criança, jogando com tanto ardor e confiança, se desenvolve no jogo não é a mais bela manifestação da vida? Não se deve ver o jogo como 'uma coisa frívola', mais uma coisa de profunda significação" (Fröebel, citado por Brougère, 1998, p. 68). A autoeducação, para Fröebel, é autoatividade, autoensino. Assim, o jogo é um material simbólico e, para a prática, são utilizados materiais como a bola, pelo princípio das formas físicas, os cubos, as esferas e os cilindros, que possibilitam diversas atividades.

Com base nas experiências e nos materiais, Montessori (1870-1952), pedagoga, pesquisadora e médica italiana que revolucionou o ensino na educação infantil, considera o processo de ensinar partindo do concreto para que o aluno realize suas abstrações. A capacidade de observação dos estudantes pode propiciar melhores condições de aprendizagem, que ocorre por meio de descobertas e conceitos elaborados de maneira própria. Incitamos a seguinte reflexão sobre a inclusão dos estudantes com deficiências e transtornos globais do desenvolvimento na escola: Quais são os educandos que fazem parte da educação inclusiva?

A educação inclusiva constitui um paradigma educacional fundamentado na concepção de direitos humanos, que conjuga igualdade e diferença como valores indissociáveis, e que avança em relação à ideia de equidade formal ao contextualizar as circunstâncias históricas da produção da exclusão dentro e fora da escola. (Brasil, 2008, p. 1)

Atendendo à política nacional de educação especial na perspectiva inclusiva, a resposta à pergunta é **todos**: educandos com deficiências nas áreas visual, auditiva, física e intelectual, com transtorno global de desenvolvimento e com altas habilidades ou superdotação. Mas não apenas essas pessoas, uma vez que a realidade da escola também enfrenta outros desafios quanto à formação humana, o que nem sempre é discutido coletivamente, apesar de os professores manifestarem suas angústias e pretensões quanto ao ensino e ao aprendizado.

E o lugar do brincar na inclusão?

As relações humanas são um desafio para a sociedade e para os educadores comprometidos com a formação dos educandos. As brincadeiras oportunizam a convivência e a função mediadora do educador motiva a reflexão e a tomada de consciência. Cunha (1992) afirma que estudantes com deficiências podem apresentar dificuldades em interagir sensorialmente com o meio, o que dificulta seu convívio. O brincar e os brinquedos favorecem esse contato e, pela mediação do adulto, favorecerá o desenvolvimento infantil.

Considerando os educandos com deficiências nas áreas visual, auditiva, física e intelectual, com transtorno global de desenvolvimento e com altas habilidades ou superdotação no contexto da inclusão escolar, o brincar encontra na corporeidade a possibilidade de identificar as necessidades da criança. Os conteúdos emocionais e a credibilidade na criança com potencialidade em desenvolver-se nas áreas esportivas, educacional e social, sem discriminação, fazem parte da ação docente com a inclusão.

Podemos pensar nos brinquedos como os primeiros companheiros do brincar, porém é necessário que estes sejam adaptados às necessidades especiais, pois, quando a criança experimenta a dificuldade de manipulação, isso poderá trazer frustração em vez de atender à curiosidade e possibilitar o aprendizado. "Os brinquedos selecionados devem ter como critério: não exigir controle motor muito apurado ou ter algumas adaptações que tornem possível a brincadeira" (Cunha, 1992, p. 120).

Para que ocorra a troca entre professores, educandos no processo de ensino e aprendizagem, a prática lúdica é valiosa, principalmente na educação infantil e na alfabetização, níveis de ensino nos quais o brincar atende a curiosidade dos educandos. A fase dos "porquês", em que perguntam o tempo todo, a distinção entre a fantasia e a realidade, o desenvolvimento da linguagem, em que a criança adapta suas palavras às de outras crianças, são habilidades atendidas com o brincar. A escolha de jogos de regras, de construção e de tabuleiro exemplificam o trabalho com o período em que os estudantes nos anos iniciais do ensino fundamental já alicerçam diálogos sobre números, quantidades e significados das palavras. A sua organização social também já é em grupos, aceitando as regras ou reclamando delas, inicia suas elaborações sobre liderança e compromissos, tornando possível a linguagem socializada.

Participar de brincadeiras e jogos na escola significa completar e completar-se como sujeito brincante. Assim, os estudantes com deficiências e transtornos globais do desenvolvimento e altas habilidades ou superdotação esperam ser ouvidos pelos adultos e, quando estes aceitam participar de suas brincadeiras, demonstram satisfação. O adulto que brinca transpõe o mundo infantil para o momento vivido, atual; em contrapartida, o educando se sente ouvido e valorizado. Eu também posso ensinar ele a brincar! Os companheiros da brincadeira dos estudantes com deficiências podem ser outros estudantes com condições de aprendizagem e desenvolvimento similares ou diferentes, em um ambiente lúdico rico e desafiador, por meio de alguns jogos e brinquedos e, sobretudo, das interações que ocorrem durante os momentos lúdicos. O brincar apresenta uma condição fundamental: só existe no momento da brincadeira, no momento da ação, mas sua consequência educativa permanece para todo o desenvolvimento da criança.

1.5 O adulto e o brincar: a mediação

O adulto é um dos principais companheiros das brincadeiras para os educandos. Tudo inicia pelo planejamento, quando observa as crianças e os jovens, identifica seus interesses e o que não lhes é tão interessante, suas dificuldades e potencialidades. Porém, é comum que profissionais da educação se tornem mais atentos às dificuldades e aos fracassos do que às potencialidades e competências demonstradas pelos educandos. Professores e professoras têm uma grande preocupação com o ensino, com o ato de ensinar, com a aprendizagem e com o desenvolvimento dos seus educandos. Assim, dedicam tempo, algumas vezes, demasiado, pensando em como poderão ajudar os educandos com deficiências nas áreas visual, auditiva, física e intelectual, com transtorno global de desenvolvimento e com altas habilidades ou superdotação a superar suas dificuldades e não percebem os pequenos avanços que ele possa ter demonstrado durante o processo de ensino e aprendizagem.

Acreditamos, ainda, que o comportamento dos educandos com deficiências também seja uma direção permanente do olhar docente. Educandos com maior dificuldade em compreender e se integrar às regras de convivência na escola encontram atenção sobre as suas atitudes, tanto dos colegas quanto dos professores. O que podemos pensar sobre isso? "Crianças agressivas, limitadas no que diz respeito à relação consigo e com o outro, privadas culturalmente, afetivamente e economicamente, expressam com rigidez, medo e ansiedade no ambiente escolar" (Rau, 2011b, p. 41). Não apenas educandos com deficiências e transtornos apresentam comportamentos indisciplinados. As respostas a essa pergunta pode ser encontradas com a mudança no olhar do professor e ser um ponto de partida para que se encontre caminhos criadores de atitudes positivas quanto ao comportamento dos educandos com deficiências.

A educação especial, por ser uma área da educação que prioriza o atendimento de educandos com deficiência, transtornos global do desenvolvimento e altas habilidades ou superdotação em diferentes ambientes, como a escola e as salas de atendimento especializado, deverá estar mais atenta aos aspectos destacados. O cotidiano do educador com os estudantes, por vezes, pode se tornar exaustivo física e mentalmente e, assim, as queixas em relação ao comportamento podem surgir.

Então, como seria a relação entre educadores e educandos no brincar? Como destacamos no início do texto, o ponto de partida poderá ser a observação do professor sobre as expressões dos estudantes com deficiências. A brincadeira é um momento em que os educandos expressam de forma mais livre o que realmente sentem e sabem. A partir dessa observação, o adulto, o educador ou a família poderão escolher jogos que venham ao encontro de potencialidades de desenvolvimento dos educandos.

Rau (2011b) destaca que os jogos e as brincadeiras poderão ser utilizados como recursos pedagógicos no processo de ensino e aprendizagem. Contudo, vamos refletir sobre o ensino por meio da ludicidade: Será que o brincar sempre leva o estudante a aprender o que não aprenderia tão facilmente com as aulas tradicionais? Isso remete às lembranças dos adultos na escola, pois muitas vezes estes se sentiram diferentes na sala de aula por não compreender a explicação dos conteúdos que a professora ou o professor ensinava. Mas, mesmo assim, sempre que um conteúdo novo surgia, novas expectativas quanto à aprendizagem também surgiam. Quando o atendimento a essas expectativas não eram atendidas, a frustração movia o comportamento. Na tentativa de superar a dificuldade, prestava a atenção a tudo o que a professora explicava.

A aprendizagem requer a representação das informações para que se torne significativa. Rau (2011b) traz o exemplo da aprendizagem dos cálculos matemáticos. As habilidades cognitivas serão importantes e, para que a criança aprenda a contar será necessário que encontre um sentido. É preciso que as funções cognitivas, como o raciocínio lógico, possibilitem a elaboração da soma. A linguagem dos números também precisa ser decodificada. Brincar também move-se por esse processo. Quando o educando brinca, elabora objetivos, cria estratégias e hipóteses, imagina e coloca em ação o raciocínio lógico para o enfrentamento dos desafios. Nesse caminho, vivencia emoções que geram ansiedade e medo, organiza o pensamento, sintetiza e compreende que vencer ou perder faz parte do jogo.

Assim, como todo o processo de aprendizagem, o brincar também desperta desafios e a busca pela superação. No brincar, a relação entre educadores e educandos poderá ser pensada como uma relação entre pares que contextualizam os jogos, brinquedos e brincadeiras, mesmo que em posições diferentes, mas que se encontram, partilham e compartilham experiências. "O brincar – atividade lúdica não produtiva – proporciona o desenvolvimento da imaginação, da percepção, do pensamento, do controle da vontade dentre outras funções psíquicas que só se manifestam externamente porque ocorreram mudanças na personalidade e na consciência da criança" (Magalhães et al., 2017, p. 225).

Observar os educandos em situações de brincadeiras favorece a organização de um ambiente que potencialize as interações e a sensibilidade ao lidar com conflitos afetivos nas relações entre os educandos e a observação sobre os avanços no seu máximo desenvolvimento, por meio da escuta da linguagem oral e, principalmente, da observação da linguagem corporal.

O brincar é uma atividade lúdica não produtiva porque não visa à construção de um produto final tal como a escrita, o desenho, a modelagem, a construção de uma casinha com toquinhos de madeira; no brincar a criança está conectada com o processo, com o papel que assume, com a regras que percebe nas relações sociais. (Magalhães et al., 2017, p. 225)

Como resultado, as vivências lúdicas transformam-se num espaço social, pois são criadas espontaneamente, possibilitando significados que serão importantes na formação do cidadão, que deve ter seu direito à cidadania garantido e assegurado pela responsabilidade educacional dos pais e da escola como formadora para a participação e o convívio social, como destaca Kishimoto (2008).

Com efeito, a mediação do adulto na brincadeira ocorre mediante o olhar, a orientação e a responsabilidade de suas ações em situações lúdicas com os educandos.

Síntese

O brincar infantil, quando desvinculado da cultura, reforça a dualidade entre criança e infância e atualmente reproduz ideias deformadas pela mídia sobre as expressões lúdicas, como a representação do mundo adulto, a aquisição de brinquedos caros e a música que fortalece o preconceito, entre outros aspectos que subordinam a infância ao apelo econômico capitalista. O educador, então, deverá estar atento às concepções de criança e infância no resgate das brincadeiras infantis. Além disso, o que pressupõe a ação lúdica no brinquedo é a imaginação. A criança explora o objeto do brinquedo, criando e recriando combinações que colocam em jogo as funções intelectuais. Os estudos de Vygotsky (2001) evidenciam que o desenvolvimento das funções intelectuais da criança passa de um estágio a outro, porque está centrado nas motivações, ou no encorajamento, o que pode ser visto nas situações em que a criança dá espaço para a imaginação. O brincar no processo de aprendizagem e desenvolvimento da criança localiza em Vygotsky (2001) o fundamento de que a aprendizagem infantil inicia-se anteriormente ao ingresso na escola, ou seja, desde o nascimento. Consideramos que o meio e as interações sociais servem de motivações para que a criança explore o mundo a sua volta. O brinquedo possibilitará à criança potencializar uma diferenciação entre a ação e o significado. A ideia que a criança tem sobre o brincar não se reduz apenas aos estímulos físicos, mas também do ambiente que a rodeia. O brincar será a base do que, na continuidade, progredirá para aprendizagens mais elaboradas. O lúdico torna-se, assim, uma proposta educacional voltada à superação das dificuldades no processo de ensino e aprendizagem.

Os estudos de Cunha (2007), fundadora da primeira brinquedoteca no Brasil, em 1975, centraram-se na importância do brincar para a educação, sublinhando que a brincadeira potencializa o desenvolvimento e a aprendizagem. Quando brinca, o educando envolve-se em desafios que estimulam o pensamento, o que pode acontecer apenas por motivações intrínsecas. É importante destacar que a sociabilidade é um dos aspectos fundamentais nas vivências lúdicas, pois, brincando, a criança faz amigos, aprende a conviver e a refletir sobre seus direitos e os direitos dos outros, já que as regras se fazem presentes nas interações sociais e são o passo seguinte à imaginação. O brincar oportuniza que diferentes linguagens façam parte da ação educativa. Para Rau (2011b, p. 38), "educar nessa perspectiva, é ir além da transmissão de informações ou de colocar à disposição do educando apenas um caminho, limitando a escolha ao seu próprio conhecimento". A prática pedagógica mediante a ludicidade poderá integrar o processo de ensino e aprendizagem com maior seriedade na escola, proporcionando o aprender por meio do jogo e, logo, o aprender brincando.

Dessa forma, a brincadeira na escola ocorrerá de forma espontânea, em diversos momentos, na entrada e saída, momentos de descontração, no recreio e não porque exista um direcionamento dos educadores. Assim, o planejamento de práticas lúdicas dirigidas não garantirá que o brincar desempenhe sua função educacional nos currículos. Cunha (1992) afirma que os educandos podem apresentar dificuldades em interagir sensorialmente com o meio, o que dificulta sua comunicação. O brincar e os brinquedos favorecem essa interação e, pela mediação do adulto, favorecerá o desenvolvimento e a aprendizagem. O processo de aprendizagem com o brincar também desperta desafios e a busca pela superação. Nem todos se sentirão preparados. A relação entre educadores e educandos poderá ser pensada como uma relação entre pares, que envolverá o conhecimento sobre jogos, brinquedos e brincadeiras, a elaboração condizente às necessidades dos educandos, a organização de um ambiente que potencialize as interações, a sensibilidade ao lidar com conflitos afetivos nas relações entre os educandos e a observação sobre os avanços e as dificuldades explicitados por meio da escuta da linguagem oral e, principalmente, corporal.

Indicações culturais

QUEM QUER BRINCAR? Programa de Extensão Universitária da Universidade Federal do Rio Grande do Sul. Disponível em: <https://www.ufrgs.br/faced/quem-quer-brincar-em-20-edicoes/>. Acesso em: 15 jun. 2019.

> É um projeto que têm por objetivo formar educadores para o brincar em brinquedoteca. Em 2019 completou 20 anos de atuação na universidade e teve a Professora Dra. Tânia Ramos Fortuna como coordenadora.

TERRITÓRIO DO BRINCAR. Disponível em: <https://territorio dobrincar.com.br/>. Acesso em: 15 jun. 2019.

> O programa Território do Brincar aborda a infância por meio das brincadeiras. Seu documentário foi feito nos anos de 2012 e 2013 por Renata Meirelles e David Reeks. É uma parceria com o Instituto Alana.

Atividades de autoavaliação

Leia o Capítulo 1 para responder às questões que seguem. Faça anotações individuais e questionamentos que o auxiliarão na compreensão do tema abordado.

1. Quando a infância se encontra subjugada às forças dominantes que evidenciam uma contradição entre a formação humana criativa e autônoma e as desigualdades de oportunidades culturais e sociais, desvinculando o brincar da cultura, reforça-se essa contradição, por exemplo:
   a) reproduzindo-se ideias deformadas pela mídia sobre as representações lúdicas do mundo adulto.
   b) pela aquisição brinquedos construídos com sucatas.
   c) no convívio familiar, cultural, social e econômico-financeiro.
   d) em rotineiras viagens ao exterior.
   e) em aspectos que não subordinam a infância ao apelo econômico.

2. Curtis (2006) destaca a imaginação como condição essencial do brincar associada à cultura da infância. Indique se as afirmações a seguir são verdadeiras (V) ou falsas (F).
   ( ) A criança evolui socialmente e a atenção que, inicialmente, era dirigida basicamente à família começa a ser convergida aos amigos.
   ( ) A interação com outros educandos nas práticas lúdicas não possibilita o desenvolvimento da autoconsciência.

( ) A inclusão de educandos com deficiências nas brincadeiras e espaços lúdicos nas escolas favorece o desenvolvimento afetivo e social.

( ) As crianças precisam ter materiais adequados para brincar de forma imaginativa por um período longo de tempo, em local espaçoso, com uma atitude favorável, isto é, com incentivo e modelagem, manifestados pelo adulto no ambiente.

( ) A cultura infantil não pode ser resgatada pelo brincar.

Agora, assinale a alternativa que corresponde à sequência correta:

a) F, V, F, F, V.
b) F, F, V, F, V.
c) V, F, V, V, F.
d) V, V, F, V, F.
e) F, V, V, F, V.

3. Vygotsky (1896-1934) abordou que o desenvolvimento intelectual das crianças ocorre em função de suas interações sociais e de suas condições de vida. Para esse autor:

I. O papel do brinquedo no desenvolvimento infantil destaca como correta a definição de brinquedo como atividade prazerosa à criança.

II. O desprazer também é uma característica de alguns jogos para os pequenos, uma vez que seus resultados possam não ser interessantes, como naqueles em que a criança não tem sucesso e perde ao final da brincadeira.

III. O prazer define o brinquedo.

IV. O desenvolvimento das funções intelectuais da criança passa de um estágio a outro, porque está centrado nas motivações ou no encorajamento.

V. Ao estabelecer critérios que distinguem o brincar da criança de outras formas de atividade, cria-se no brinquedo uma situação imaginária.

Estão corretas as afirmativas:

a) I, II e III.
b) II, III e IV.
c) III, V.
d) II, IV e V.
e) III e IV.

4. A relação entre aprendizado e desenvolvimento, considerando projetar o porvir imediato "da criança e seu estado dinâmico de desenvolvimento, como também aquilo que está em processo de maturação", está relacionada ao conceito de:

a) zona de desenvolvimento real.
b) zona de desenvolvimento potencial.
c) zona de desenvolvimento proximal.
d) zona de desenvolvimento hexaproximal.
e) zona de desenvolvimento hexapotencial.

5. As vivências lúdicas transformam-se num espaço social, pois são criadas espontaneamente, possibilitando uma aprendizagem social, e propõem significados que serão importantes na formação do futuro cidadão, que deve ter seu direito à cidadania garantido e assegurado pela

responsabilidade educacional dos pais e da escola como formadora para a participação e o convívio social. Indique se as afirmações a seguir são verdadeiras (V) ou falsas (F):

( ) A infância encontra no brincar o respeito à individualidade, à condição humana e à possibilidade de formação consciente no que se refere à existência e às relações sociais.

( ) A sociabilidade é um dos aspectos fundamentais nas vivências lúdicas, pois, brincando, a criança faz amigos, aprende a conviver e a refletir sobre seus direitos e os direitos dos outros.

( ) A brincadeira na escola ocorrerá espontaneamente por parte dos estudantes e o planejamento de práticas lúdicas dirigidas garantirá que o brincar desempenhe sua função educacional nos currículos.

( ) O brincar oportuniza que diferentes linguagens façam parte da ação educativa. Para Rau (2011b, p. 38), "educar, nessa perspectiva, é ir além da transmissão de informações ou de colocar à disposição do educando apenas um caminho, limitando a escolha ao seu próprio conhecimento".

( ) Os estudos de Cunha (2007), centraram a importância do brincar para a criança, sublinhando que a brincadeira não potencializa o desenvolvimento infantil.

Agora, assinale a alternativa que corresponde à sequência correta:

a) F, V, F, F, V.
b) F, F, V, F, V.
c) V, F, V, V, F.
d) V, V, F, V, F.
e) F, V, V, F, V.

Atividades de aprendizagem

Questões para reflexão

1. O brincar deve ser garantido à criança, pois possibilita a formação humana criativa e autônoma, porém, para que isso aconteça, é necessário que seja vinculado à cultura. Considerando a leitura desse trecho, reflita:

   a) Quais relações os professores podem estabelecer entre o brincar infantil e a cultura?

   b) Quais seriam os aspectos que reforçam o brincar desvinculado da cultura?

2. Os estudos de Vygotsky (2001) destacaram que o desenvolvimento das funções intelectuais da criança passa de um estágio a outro porque está centrado nas motivações ou no encorajamento, nas suas interações com o meio. Considerando essa abordagem, reflita sobre os seguintes aspectos:

a) Como as condições de vida e das interações sociais interferem no desenvolvimento intelectual dos estudantes?

b) O desprazer também é uma característica de alguns jogos para os educandos. Por quê?

Atividades aplicadas: prática

1. Utilizando a frase de Kishimoto (2010, p. 1): "ao brincar, a criança experimenta o poder de explorar o mundo dos objetos, das pessoas, da natureza e da cultura, para compreendê-lo e expressá-lo por meio de variadas linguagens", faça uma redação destacando como o brincar é visto hoje pela mídia, pelas famílias e pela sociedade.

2. Entreviste um ou dois profissionais da educação especial e/ou da escola de ensino regular e pergunte a eles como definem a prática de jogos e brincadeiras no processo de ensino e aprendizagem. Compare os depoimentos.

3. Pesquise em museus, *sites*, revistas científicas na área da educação ou livros imagens de crianças brincando em diferentes épocas; compare-as e analise a afirmação: "A sociabilidade é um dos aspectos fundamentais nas vivências lúdicas, pois, brincando, a criança faz amigos, aprende a conviver e a refletir sobre seus direitos e os direitos dos outros, já que as regras se fazem presentes nas interações sociais e é o passo seguinte à imaginação".

Capítulo 2
Oficinas lúdicas

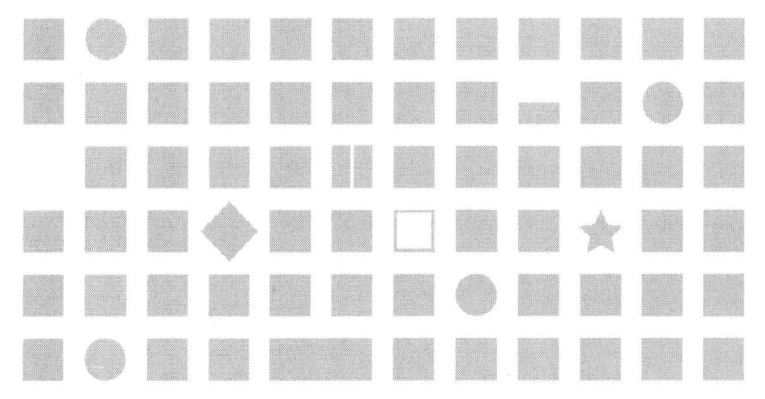

Este capítulo objetiva apresentar o papel do educador na prática lúdica, identificando as alternativas na definição de objetivos, na organização do espaço e na escolha criteriosa e adequada de jogos, brinquedos e brincadeiras que atendam a sua função lúdica e educativa no contexto da escola. Objetiva também propor uma forma de encaminhamento didático para as oficinas lúdicas. Lembre-se, porém, de que você precisará adequar isso à sua realidade escolar. É importante que você fique atento também às sugestões das formas de brincar e aos tipos de brinquedos e recursos lúdicos.

2.1 A função lúdica e educativa nas oficinas

A questão da inclusão educacional vem recebendo maior atenção no que se refere a estudantes com deficiências e transtornos globais do desenvolvimento e altas habilidades ou superdotação no ensino regular porque sua interação social influencia o processo de desenvolvimento da autoidentidade positiva. Isso ocorre porque os sentimentos de confiança e valor interferem no modo como os educandos interagem com o meio. Soler (2009, p. 147) destaca que a autoestima apresenta dois aspectos que se interrelacionam: "a) a noção de autoeficiência: confiança no funcionamento de nossa mente, capacidade de pensar, refletir, escolher e decidir. É uma autoconfiança cognitiva. b) noção de autorrespeito: certeza de nossos valores; aceitação do direito de viver e ser feliz".

Resgatar a autoestima dos educandos com deficiências nas áreas visual, auditiva, física e intelectual, com transtorno global de desenvolvimento e com altas habilidades ou superdotação é essencial no processo educacional. Além disso, os educadores podem melhorar as condições de aprendizado desses educandos quando criam um ambiente propício e adequado à inclusão. "Às vezes, mal se imagina o que pode passar a representar na vida de um educando um simples gesto do professor" (Freire, 1996, p. 42). O gesto, a fala e o olhar acolhedor para o educando têm grande força formadora, pois contribuem para o enfrentamento e a superação dos desafios.

O brincar na oficina favorece a interlocução entre a prática pedagógica do professor e o processo de desenvolvimento e aprendizagem dos educandos. Os educandos com deficiências encontram na interação com os brinquedos o reconhecimento das ações motoras. Como já vimos, a ludicidade na educação, de acordo com Kishimoto (2010b), tem duas funções: a lúdica e a educativa. A função lúdica propicia a diversão durante a vivência dos jogos e brincadeiras nas oficinas e tem como característica principal o prazer e a escolha voluntária pelo educando. Dessa forma, apresenta características que a tornam um fundamento do brincar, assim como a livre escolha dos brinquedos e parceiros. Na oficina, os educandos não devem ser obrigados a realizar as atividades, pois a espontaneidade da brincadeira nunca deve ser perdida.

A função educativa na oficina lúdica propicia o aprendizado durante a vivência dos jogos e das brincadeiras. No brincar, o equilíbrio entre as duas funções requer o planejamento do professor na organização do espaço e do ambiente, na seleção dos brinquedos de acordo com as deficiências e necessidades.

A ação do professor valoriza as possibilidades dos brinquedos e as estratégias de exploração. Contudo, ao adulto também é delegada a capacidade de brincar, o que remete ao início da sua vida, quando o movimento corporal estava relacionado à cultura da infância. Porém, as interações sociais afastam o homem do convívio lúdico nas brincadeiras e o aproxima de outras formas de lazer, como a sua relação com as máquinas. A consequência do pouco tempo dedicado às atividades de lazer e interações leva o adulto a uma oscilação entre sua autoimagem e autoestima, e isso pode refletir na maneira como vê a brincadeira, como algo que possa existir apenas no mundo infantil. O adulto que experimenta o lazer no seu cotidiano transpõe para o mundo infantil o prazer e a recreação e valoriza o convívio social na formação humana.

Friedmann (1996, p. 54) argumenta que:

> A escola é um elemento de transformação da sociedade; sua função é contribuir, junto com outras instâncias da vida social, para que essas transformações se efetivem. Nesse sentido, o trabalho da escola deve considerar as crianças como seres sociais e trabalhar com elas no sentido de que sua integração seja construtiva.

Isso posto, ponderamos que muitos espaços escolares possam ser repensados, abrindo-se a múltiplas utilizações e interações sociais e culturais, incluindo não apenas os estudantes com deficiências nas áreas visual, auditiva, física e intelectual, com transtorno global de desenvolvimento e com altas habilidades ou superdotação, mas também suas famílias e amigos. A partir do momento em que a escola e os educadores visualizarem a função lúdica para a inclusão além de sua função de ensino formal, o espaço escolar atenderá as demandas da inclusão, tornando educadores e educandos mais saudáveis em seu convívio.

Sabemos que o brinquedo é fundamental para o desenvolvimento do ser humano, mas, para que o brincar tenha qualidade, outros aspectos, além da função lúdica, deverão ser considerados. O espaço das brincadeiras é importante, pois intervém de forma positiva na intenção do educando durante as atividades lúdicas. A brinquedoteca escolar é um espaço onde os professores podem desenvolver projetos pedagógicos relacionados ao brincar e ao desenvolvimento, à socialização dos educandos e à aprendizagem. É o que veremos a seguir.

2.1.1 Espaço e tempo de brincar

Você sabe o que é uma brinquedoteca? A brinquedoteca é um espaço organizado para favorecer a brincadeira dos educandos livremente, estimulando a interiorização e a expressão de vivências lúdicas. "A brinquedoteca é um espaço onde as crianças (e os adultos) brincam livremente, com todo o estímulo à manifestação de suas potencialidades e necessidades lúdicas" (Cunha, 2007, p. 13). As oficinas lúdicas na brinquedoteca facilitam a comunicação com o educando, buscando responder as questões que a criança elabora. As práticas lúdicas na brinquedoteca melhoram a criatividade e a autoconfiança dos educandos, pois, na escolha e na livre manipulação dos brinquedos, desperta-se o interesse pelo aprendizado de diferentes áreas.

Mas como a brinquedoteca poderá favorecer o desenvolvimento e a aprendizagem dos educandos com deficiências? A brinquedoteca pode fazer com que os educandos participem de todo tipo de brincadeira em que vê seus amigos participarem, socializando-se no ambiente escolar. "Os brinquedos são convites à interação; portanto, devem merecer nossa atenção especial" (Cunha, 1992, p. 29). Os educandos com deficiências nas áreas visual, auditiva, física e intelectual, com transtorno global de desenvolvimento e com altas habilidades ou superdotação precisam de maior estímulo para se motivarem a participar individual e coletivamente das atividades lúdicas.

A prática lúdica na brinquedoteca poderá favorecer a percepção das necessidades, as quais alguns educandos não conseguem expressar claramente, e o educador, então, poderá intervir de forma consciente e significativa, oportunizando o desempenho agradável e a formação do autoconceito, da afetividade, da cooperação, da autonomia, da comunicação, da criatividade e da imaginação. A organização da brinquedoteca deverá considerar, inicialmente, seus objetivos, que, de acordo com Cunha (2007), devem permitir a expressão da criança por meio do jogo, proporcionar um espaço livre de cobranças, trazer a noção de que o tempo é ocupado com prazer, estimular a cognição com atividades envolventes que lhe apurem a atenção e a concentração, favorecer o equilíbrio emocional, oportunizar a criatividade, a cooperação, a sociabilidade e o desenvolvimento de suas potencialidades e propiciar o contato com diversos brinquedos e jogos.

Como poderemos organizar o espaço da brinquedoteca? "Uma brinquedoteca necessita, pelo menos, de espaço para a exploração de alternativas lúdicas e espaço para a vivência lúdica" (Schlee, 2010, p. 63).

Chamamos a atenção para a escolha do espaço para a brinquedoteca na escola. Será que qualquer local poderá ser utilizado para uma brinquedoteca? Acreditamos que nem todos servirão para esse fim, uma vez que deverá ser arejado, oferecer segurança para os estudantes com deficiências e transtornos globais do desenvolvimento e adultos brincantes, o mesmo ocorrendo em relação aos brinquedos e materiais. Deverá ter boa iluminação, ser próximo a banheiros, pias e tanques para higienização pessoal e do ambiente em que estão os materiais utilizados nas oficinas.

É importante ressaltar a facilidade adquirida no alcance de determinados objetivos quando há uma preocupação com o ambiente em que a brinquedoteca ficará instalada. Não se deve ignorar a importância do espaço, uma vez que um local apropriado também é uma das partes integrantes do projeto de brinquedoteca (Sommerhalder; Alves, 2011). A brinquedoteca geralmente é organizada em cantos temáticos: sucatoteca, contação de histórias, música, casinha, teatro, mercado, brinquedos educativos, canto da oficina, faz de conta, jogos de mesa e tantos outros que poderão ser criados com a ajuda dos estudantes com deficiências e transtornos globais do desenvolvimento.

Quando o espaço é amplo, o canto da oficina é muito útil para a confecção de brinquedos com sucata. O mobiliário deverá conter mesas ou bancadas, armários, material escolar e das artes visuais. Caso a brinquedoteca não comporte esses mobiliários, o espaço da sala de artes, da sala de aula e pátios externos também são bem-vindos para essas oficinas.

Para ilustrar o espaço e a organização dos recursos, apresentamos algumas imagens da brinquedoteca escolar em que as oficinas lúdicas foram desenvolvidas com estudantes com deficiências e transtornos globais do desenvolvimento.

Figura 2.1 – Canto do mercadinho

Maria Cristina Trois Dorneles Rau

Figura 2.2 – Canto da leitura

Maria Cristina Trois Dorneles Rau

A brinquedoteca também objetiva o empréstimo de brinquedos aos educandos e à comunidade. Quando crianças, adolescentes e adultos levam brinquedos para casa, sentem-se responsáveis pelo seu uso e cuidado e também pelo convite à família e aos amigos para brincar. São ações importantes para a construção de regras e limites.

O espaço dos brinquedos industrializados possibilita a classificação dos jogos por objetivos. Veja a imagem a seguir.

Figura 2.3 – Canto dos brinquedos industrializados e jogos de tabuleiro

Maria Cristina Trois Dorneles Rau

A prática das brincadeiras e dos jogos tradicionais, como os de correr e pular, precisa de um espaço amplo. Caso a brinquedoteca seja pequena, pode-se fazer uso de pátios, quadras esportivas e bosques para esse fim. A prática de jogos sensoriais, motores e cooperativos são atividades muito interessantes para trabalhar com educandos com deficiências nas áreas visual, auditiva, física e intelectual, com transtorno global de desenvolvimento e com altas habilidades ou superdotação na escola, em que o objetivo é a inclusão. Os jogos sensoriais e motores favorecem a percepção corporal, inicialmente de si e depois do outro, e os jogos cooperativos estimulam o respeito às individualidades e levam à reflexão de que, além dos objetos como brinquedos, o corpo também pode ser considerado um brinquedo, pois o movimento instiga a curiosidade e a imaginação na resolução de problemas nas brincadeiras. Nos capítulos seguintes veremos muitas atividades sobre esses conteúdos. Fique atento!

2.1.2 A classificação do brincar

Como vimos anteriomente, a imaginação é a característica das brincadeiras. Os estudos de Vygotsky (2001) elucidaram esse aspecto. Ainda encontraremos em outros autores definições sobre o brincar, considerando-o como o brincar livre e o brincar para aprender.

Os estudos de Fortuna (2010), autora e pesquisadora que já apontamos no Capítulo 1, chamam a atenção para a ação do brincar como requisito do brinquedo. Para que esse se torne um brinquedo, deve haver uma criança brincando com ele. Dessa forma, Fortuna (2010) aborda a dimensão ativa da brincadeira, considerando que não há brincadeira sem a realização da ação do sujeito no brincar. A abordagem da autora sobre o brinquedo aponta seu sentido mais amplo – o educativo – e destaca que toda a ação lúdica que objetiva o ensino precisa considerar a intencionalidade.

Já Oliveira (2010), define que o brinquedo educativo acaba com a brincadeira. O autor destaca que a intencionalidade do brinquedo educativo modifica o brincar como ação lúdica, livre e espontânea.

Como observamos, o brincar pode ser considerado uma ação livre da criança, que age sobre os objetos ou os brinquedos usando a imaginação, mas também poderá ser utilizado na função educacional como recurso voltado à aprendizagem. Ao trazer os conceitos dos autores referidos no texto, queremos que você, educador, compreenda a intenção existente quando se propõe a prática lúdica. Conhecer a classificação dos brinquedos, seus objetivos e suas possibilidades de intervenção no processo de aprendizagem dos estudantes com deficiências e transtornos globais do desenvolvimento tornará a ação docente mais eficaz.

Rau (2011b) esclarece que o lúdico é organizado em três eixos: o jogo, o brinquedo e a brincadeira. O jogo tem como característica principal a presença das regras. Tomamos como exemplo o jogo da amarelinha. De origem portuguesa, lá com o nome de *pula macaca*, é uma das brincadeiras preferidas dos educandos na escola e na rua. Quando se ensina esse jogo pela primeira vez, o que pode ocorrer por volta dos três anos de idade, risca-se seu desenho no chão e explica-se como jogar.

A primeira etapa será apresentar as regras. Precisaremos de uma pedra ou um objeto pequeno que possa ser atirado em algum número da amarelinha. Se a pedra estiver no número um, nesse quadrado não se poderá pisar. Nessa fase – aos três anos – as crianças geralmente estão experimentando o equilíbrio, ficando em pé sobre uma perna e desenvolvendo a força e a coordenação motora. Assim, provavelmente a regra tradicional da brincadeira não possa ser atendida. O que vocês acham de analisarmos essa regra com os educandos com deficiências nas áreas visual, auditiva, física e intelectual, com transtorno global de desenvolvimento e com altas habilidades ou superdotação? Acreditem: será uma ótima ideia. Ao compartilharmos os desafios a serem superados com os educandos, proporcionaremos que busquem usar a imaginação para resolver o problema e, assim, outra forma de jogar a amarelinha poderá surgir. Talvez os educandos proponham retirar a pedra que será atirada, ou permanecer com a pedra mas não seguir a ordem numérica, ou, ainda, quem sabe, poder até pisar no quadrado em que está a pedra. O que pretendemos demonstrar é que o jogo tem como característica a regra para organizar a atividade, porém esta poderá ser modificada de acordo com as necessidades dos educandos, com os educandos e pelos educandos. A imaginação, então, será o segundo elemento do jogo. Com efeito, o jogo inicia pela regra e continua pela imaginação dos estudantes.

> Um sistema de regras permite identificar, em qualquer jogo, uma estrutura sequencial que especifica sua modalidade. [...] Tais estruturas sequenciais de regras permitem diferenciar cada jogo, permitindo superposição com a situação lúdica, ou seja, quando alguém joga, está executando as regras do jogo e, ao mesmo tempo, desenvolvendo uma atividade lúdica. (Kishimoto, 2001, p. 17)

O brinquedo é o objeto que dá suporte à brincadeira ou ao jogo. Vamos analisar a bola. Quando uma criança pede a um adulto que lhe compre uma bola, provavelmente está pensando na brincadeira que fará com seus amigos. Quando a bola for utilizada dessa forma, será considerada um brinquedo. Porém, quando um professor de Educação Física utiliza a bola para ensinar aos educandos a correta manipulação, envolvendo o lançar, o arremessar, o chutar, entre outros movimentos, será que a bola atenderá a função de brinquedo? Ainda para que você pense sobre essa pergunta, descreveremos outra situação. Um professor alfabetizador utiliza um livro de histórias infantis para que os estudantes leiam o texto, interpretem e compreendam o sentido da história. Esse livro é um brinquedo ou um recurso pedagógico? Provavelmente a sua reflexão remete ao livro como um recurso pedagógico para o ensino da leitura. Com efeito, a bola também poderá ser compreendida na aula de Educação Física e, nessa situação, servirá como um recurso pedagógico para o ensino das habilidades motoras. Compreendemos, com as duas situações apresentadas, que, quando a criança pede a bola para um adulto e a utiliza para brincadeiras livres com seus amigos, ela servirá de objeto para as brincadeiras e, quando servir de recurso para que o professor de Educação Física a utilize em suas aulas, não se enquadrará mais como um passatempo. O brinquedo propõe um mundo imaginário da criança e do adulto, criador do objeto lúdico. "O brinquedo representa certas realidades. Representar é corresponder a alguma coisas e permitir sua evocação, mesmo em sua ausência" (Kishimoto, 2013, p. 23). A bola servirá também de suporte ao jogo, como exemplo citamos o jogo caçador ou queimada, como é conhecido em diferentes regiões do Brasil, por compor-se de acordo com um conjunto de regras.

A ação da criança nos jogos e nas brincadeiras está pautada no lúdico e, para ela, não importará se a bola será utilizada como recurso pedagógico ou como suporte das brincadeiras com seus amigos. Kishimoto (2001, p. 26), tomando como referência Cristie (1991), descreve como traço da brincadeira "a prioridade do processo do brincar: enquanto a criança brinca, sua atenção está concentrada na atividade em si e não em seus resultados ou efeitos."

O lúdico envolve as ações do brincar, que são: o jogo, o brinquedo e a brincadeira. Cada ação tem sua característica própria que, além de defini-la, possibilita também a sua diferenciação. O jogo de regras tem como característica trabalhar com a elaboração de normas, porém a criança, ao jogar, reflete sobre as suas ações e as do outro e nem sempre concorda com a maneira como o jogo está sendo jogado. Coletivamente, os educandos reelaboram essas regras, possibilitando novas ações e estratégias por parte de todos. Resolvem problemas, estabelecem metas e, para isso, usam a imaginação. Assim, a brincadeira tem como característica a imaginação. Quando brinca, a criança representa papéis, repete ações e verbaliza seus desejos e suas reflexões. No grupo, a imaginação de todos é estimulada, o que algumas vezes gera conflitos, situações e problemas que necessitam que algumas regras sejam criadas. Ao brincar, a criança imagina e cria regras, o que favorece o desenvolvimento cognitivo, afetivo e social. O brinquedo é o objeto que possibilita o jogo e a brincadeira, e nem sempre esse objeto é um brinquedo; o que torna o objeto um brinquedo é a imaginação do educando.

Conforme vimos, o lúdico é a ação de brincar e que tem como eixos o jogo, o brinquedo e a brincadeira. Contudo, essas vertentes também apresentam classificações de acordo com seus objetivos e aspectos culturais, pois têm origens em diversos países e representam, historicamente, a cultura da infância.

O brincar também pode encontrar diferentes formas, que expressam a cultura, a diversão, a representação do cotidiano, o faz de conta – e em todas as formas os educandos utilizam a imaginação e assumem diferentes papéis, experimentando e colocando-se no lugar do outro, o que leva ao desenvolvimento da socialização. Os educandos brincam na escola, na sala de aula (mesmo quando os adultos não percebem), em casa, nos parques e na rua. "Há momentos em que a criança brinca por puro divertimento, estabelecendo trocas com outras crianças ou com adultos" (Friedmann, 1996, p. 17).

A brinquedoteca é um espaço que estimula o lúdico e o brincar na escola e tem como um dos objetivos contribuir para o desenvolvimento integral dos educandos, uma vez que a brincadeira ocorre espontaneamente, criando possibilidades de superação de desafios, e o jogo propicia que a criança raciocine sobre suas ações, elabore hipóteses, crie estratégias e desenvolva a socialização. Enquanto espaço educativo, a brinquedoteca, aliada ao brincar,

> se constitui em um ambiente de socialização da criança, de aprendizagem de regras e de vivências de atividades lúdicas coletivas, além de possibilitar a todas as crianças o acesso ao brinquedo de forma a socializar o seu uso, utilizando-o como veículo para o processo de ensino e aprendizagem. (Sommerhalder; Alves, 2011, p. 81)

Como o educando brinca na brinquedoteca? Quando apresentado a uma brinquedoteca, o educando se sente num mundo mágico, onde a liberdade e a fantasia são a sua essência e, por isso, observam, tocam e manipulam os brinquedos sem muita ordem e intenção. Entretanto, o brincar na brinquedoteca requer algumas regras propostas pela educadora que destacou esse espaço no Brasil, Cunha (2007), como: respeito entre os estudantes e o adulto brinquedista; manter a organização do espaço, dos jogos e dos brinquedos; resolver as dificuldades conversando e não utilizando tom de voz alto; cuidar da higiene, não trazendo alimentos para dentro do espaço e lavando as mãos antes de manipular os brinquedos.

No caso das brinquedotecas que emprestam brinquedos, deve-se orientar os educandos quanto ao cuidado e à responsabilidade em sua utilização fora do espaço e o prazo de devolução, para que outros educandos também tenham a oportunidade de empréstimo. A autora defende as vantagens do empréstimo dos brinquedos aos educandos, destacando que oportunizam as brincadeiras com os amigos ou irmãos, enriquecem a interação familiar, desenvolvem a responsabilidade e a utilização de objetos sem a posse definitiva destes.

Na brinquedoteca, a criança brinca de diversas formas. Brinca sozinha, escolhendo o brinquedo e o espaço para o momento, faz de conta no canto da fantasia, brinca com os colegas e com os professores, com o corpo, correndo e pulando, cria seus próprios brinquedos e joga competindo e motivando-se a elaborar estratégias para vencer, o que requer as habilidades de raciocínio, concentração e organização espacial. Brinca de todas as formas, sozinho ou acompanhado, com brinquedos e/ou com o corpo – o importante é que a criança se desenvolve, cria e recria pensamentos e ações. Brincando, ela interage, age e se socializa.

2.1.3 Brinquedos e recursos lúdicos

A seleção de brinquedos e recursos lúdicos facilita a prática de jogos e brincadeiras. "Um dos elementos mais importantes é que o brinquedo coloca a criança em uma posição ativa, interativa, contribuindo para o seu desenvolvimento" (Sommerhalder; Alves, 2011, p. 84).

Para o conhecimento sobre os tipos de brinquedos, apresentamos a obra de Pieter Brueghel (1525-1569), grande pintor flamengo que retratou cenas do quotidiano da época de 1560 em sua obra *Jogos infantis*, na qual se identificam pelo menos 70 brincadeiras.

Figura 2.4 – Jogos infantis de Peter Brueghel

BRUEGHEL, Peter. **Jogos infantis**. 1560. Óleo sobre tela: 118 × 161 cm.
Museu de História da Arte, Viena.

Entre alguns brinquedos podemos identificar a pipa ou papagaio, de origem oriental, construída com materiais como a taquara e o barbante para a armação, o papel encerado para cobertura e as tiras de pano para a cauda e a franja.

Figura 2.5 – Pipa, papagaio, pandorga

Vanilagi/Shutterstock

A classificação dos brinquedos objetiva organizá-los de acordo com as temáticas envolvidas e o atendimento a diferentes contextos que possam servir. Para Azevedo (2016, p. 239), "o processo criativo de cada um destes sistemas envolve estabelecer finalidades para seu uso e projetar, dentro das limitações observadas, padrões de comunicação que permitam a aproximação das funcionalidades do produto final com as pensadas como ideais".

Azevedo (2016) aborda algumas classificações do sistema de Classificação dos Objetos Lúdicos (COL, do original francês

Classment des objets ludiques), estudado na Faculdade de Educação da Universidade de São Paulo (USP) com base na teoria de Piaget (1990). Nesse sistema, proposto pelo autor, inicialmente analisam-se os objetos para definir a qual classe pertencem. A classificação dos brinquedos, como destaca Azevedo (2016), está organizada em jogos de exercício, simbólicos, de acoplagem e de regras. Azevedo (2016, p. 249), referiu-se aos jogos de exercício como os que objetivam o despertar sensorial, a motricidade e a manipulação, dando como exemplos pianos infantis, brinquedos de borracha, bolas de tecido, balanços e brinquedos de encaixe.

Os jogos simbólicos estimulam as brincadeiras de imitação de papéis, a encenação e a representação. São utilizados, para essa classificação, fantasias, bonecas e brinquedos que possibilitam representações de objetos e personagens.

Os jogos de acoplagem trabalham com a construção, o encadeamento, a experimentação e a fabricação. Brinquedos como lego, quebra-cabeças e pequeno químico são exemplos de jogos utilizados nessa categoria.

Os jogos de regras têm diferentes classificações e entre elas estão os de associação, de percurso, de expressão e de azar. Os jogos de dominó, banco imobiliário, imagem e ação e pula pirata são exemplos dessa categoria de brinquedos.

O autor conclui que esse tipo de categorização "facilita o uso das classificações de jogos por meio da simplicidade de utilização, ganho de tempo e valorização dos objetos lúdicos" (Azevedo, 2016, p. 248).

Piaget (1896-1980), biólogo nascido na Suíça, transformou as ideias de inteligência e de desenvolvimento cognitivo. Seus estudos proporcionaram a criação de um campo de investigação denominado **epistemologia genética**, que aborda uma teoria do conhecimento pautada no desenvolvimento natural da criança. Esses estudos são referências para a organização dos jogos e brinquedos na atualidade. O teórico organizou os recursos lúdicos em três categorias: os jogos de exercício, os simbólicos e os de regras.

Para o teórico, os **jogos de exercício** caracterizam a fase que vai do nascimento até o surgimento da linguagem. Objetivam o prazer em explorar novas ações, como empurrar bolas, buscá-las e reiniciar a ação. Define duas categorias para essa classificação. A primeira são os jogos de exercícios sensóriomotores, na qual os educandos agem de forma a reproduzir condutas simples para fim utilitários – exemplos: soltar nós de fios e rolar carrinhos. A segunda são os jogos de exercício do pensamento, caracterizados pela fase dos porquês – a criança pergunta pelo simples prazer de perguntar.

A segunda categoria é caracterizada pela fase do surgimento da linguagem até seis ou sete anos de idade, os **jogos simbólicos**. A criança joga para utilizar suas habilidades individuais com liberdade e reproduzir ações para si mesmas e para os outros. As brincadeiras de faz de conta e a imitação de papéis exemplificam essa fase.

Os **jogos de regras**, como terceira categoria, é definida pelo autor considerando a regra como um aspecto que resulta da organização coletiva das brincadeiras. Para Piaget (1990), os jogos de regras são combinações sensóriomotoras, como as corridas e os jogos com bolas, e os intelectuais, como xadrez, que envolvem a competição e a cooperação entre pares.

Embora a abordagem piagetiana seja relevante na pedagogia, sua teoria quanto à transmissão do conhecimento é considerada por diversos autores como uma possibilidade limitada, pois concebe que a criança aprenderá o que tiver condições de assimilar. Contudo, no que se refere aos estudantes com deficiências e/ou dificuldades de aprendizagem, a teoria é relevante no que diz respeito aos termos cognitivos, uma vez que os estudantes irão se interessar por aquilo que desejarem aprender.

Já a abordagem de Vygotsky (2001) refere-se ao jogo como sendo a forma de satisfação dos desejos da criança. Para o teórico, a criança cria situações imaginárias e as representa pelas ações do brincar. Outra característica apontada é a presença das regras nas brincadeiras, destacando que as situações imaginárias já contêm regras de comportamento, embora não formais. No brincar, a criança trabalha com situações reais pelo significado que ela representa e exemplifica, por exemplo, o faz de conta na brincadeira de andar a cavalo, a qual o significado domina a ação. Por outro lado, mesmo que Vygotsky (2001) não defina fases no brincar, pelo conceito da zona de desenvolvimento proximal, podemos considerar dois aspectos importantes na classificação dos brinquedos e sua aplicabilidade para os educandos. As crianças se interessam por objetos e brinquedos, assim, a sua manipulação e exploração é o mais importante fator para o seu desenvolvimento motor e cognitivo. Exemplificamos com os brinquedos sensoriais e recursos lúdicos em que a criança possa sentir texturas, temperaturas, cores e explorar sons. Muitas vezes, a criança pequena se interessa mais por objetos da cozinha, como panelas e utensílios plásticos, do que por brinquedos em que ela possa apenas observar, como os trenzinhos musicais. Para os educandos do ensino fundamental, poderíamos exemplificar destacando seu interesse por espaços e recursos lúdicos em que o significado e a elaboração de papéis, como os cantos da fantasia, da casinha e do escritório, possam dar-lhes a liberdade de expressar suas ideias a respeito do meio em que vivem.

Sobre a classificação de brinquedos e brincadeiras, Kishimoto (2010a) ressalta algumas modalidades presentes na escola, como o jogo educativo, as brincadeiras tradicionais, as brincadeiras de faz de conta e as brincadeiras de construção.

O **brinquedo educativo**, para Kishimoto (2010a), objetiva ser um recurso que ensina e educa, como o jogo de quebra-cabeça e os jogos de tabuleiro (xadrez, damas, trilha), que estimulam a percepção de formas, de tamanhos, de cores e de operações matemáticas. O educando aprende de modo intuitivo e essa forma de brincar possibilita a compreensão sobre os processos interativos que envolvem a cognição, a afetividade, o corpo e as interações sociais.

Ao permitir à ação intencional (afetividade), a construção de representações mentais (cognição), a manipulação de objetos e o desempenho de ações sensório-motoras (físico) e as trocas nas interações (social), o jogo contempla várias formas de representação da criança ou suas múltiplas inteligências, contribuindo para a aprendizagem e o desenvolvimento infantil. (Kishimoto, 2010a, p. 36)

As **brincadeiras tradicionais** fazem parte do folclore incorporado à cultura popular e que se expressa pela oralidade. O Brasil, por sua diversidade cultural, tem nas brincadeiras um grande aliado no que diz respeito ao resgate da infância e à aproximação entre crianças e jovens de diferentes regiões. Embora ninguém saiba ao certo a origem da brincadeira amarelinha, essa forma de brincar é praticada do norte ao sul do país, contendo nomes e regras específicas. "Não se conhece a origem da amarelinha, do pião, das parlendas, das fórmulas de seleção. Seus criadores são anônimos. Sabe-se, apenas, que provêm de práticas abandonadas por adultos, de fragmentos de romances, poesias, mitos e rituais religiosos" (Kishimoto, 2010a, p. 38).

As situações imaginárias são representadas na terceira categoria destacada pela autora, a **brincadeira de faz de conta**. A prática lúdica, com essa classificação de jogos, surge quando a criança começa a modificar o significado dos objetos e a expressar e assumir papéis. A autora aponta sua relevância para o mundo social da criança, que resgata o conteúdo da imaginação oriundo de experiências vividas anteriormente em diferentes contextos. Na escola, "os conteúdos veiculados durante as brincadeiras infantis bem como os temas de brincadeiras, os materiais para brincar, as oportunidades para interações sociais e o tempo disponível são todos fatores que dependem basicamente do currículo proposto pela escola" (Kishimoto, 2010a, p. 39).

Como quarta categoria, a autora salienta a contribuição dos **jogos de construção**, pois estimulam o desenvolvimento sensorial e a criatividade da criança. São exemplos desses jogos: os tijolinhos, os blocos de madeira com diferentes formas e os recursos alternativos, como as caixas de papelão. É relevante refletir sobre a relação entre o jogo de construção e o jogo de faz de conta, já que, ao construir casas e prédios, a criança não apenas manipula as peças, mas também elabora representações mentais. Kishimoto (2010) destaca que a compreensão sobre as construções deve considerar a fala e a ação da criança, pois representam suas vivências no mundo real. A abordagem descrita até aqui considera as reflexões dos estudiosos sobre o lúdico na educação como proposta pedagógica e remete-nos à inclusão dos estudantes com deficiências no contexto escolar. Conhecer as diferentes modalidades das brincadeiras é importante para a elaboração de oficinas lúdicas que atendam as especificidades de cada realidade educacional. Assim, ainda outros estudos são relevantes e justificam grande parte das experiências com as oficinas lúdicas na educação especial apresentadas nesta obra.

Os estudos de Friedmann (1996), por exemplo, constituem o trabalho pedagógico com o brincar e o brincar para aprender. A autora enfatiza o resgate da infância por meio do jogo, do brinquedo e da brincadeira e classifica os jogos em categorias, considerando "a forma (espaço, número de participantes, regra) e o conteúdo lúdico (a relação com meios/fins implicada no jogo e as ações dos jogadores)" (Friedmann, 1996, p. 79). Levando em conta a distinção entre *jogo, brinquedo* e *brincadeira* apresentados anteriormente, vamos conhecer a classificação dos jogos e das brincadeiras de acordo com Friedmann (1996), que indica doze delas. Anunciaremos algumas que estão mais presentes na escola e poderão atender a socialização dos educandos com deficiências.

Quadro 2.1 – Classificação dos jogos e brincadeiras

Classificação	Objetivos	Exemplos de jogos
Fórmulas de escolha	Incluir e/ou eliminar os companheiros do jogo	Em cima do piano Par ou impar Um dois, feijão com arroz
Jogos com brinquedos construídos	Construir brinquedos	Papagaio, Pipa, Pandorga Cata-vento
Jogos de representação	Estimular a imaginação, a expressão corporal e a cooperação	Mímica Elefante voa
Jogos de atirar	Lançar objetos a determinada distância	Amarelinha Jogos de pedrinhas (5 Marias)
Jogos de agilidade, destreza e força	Desenvolver a agilidade motora e cognitiva	Dança das cadeiras Estátua Macaco Simão
Brincadeiras de Roda	Perceber ritmos e movimentar o corpo	Ciranda Que horas são?
Parlendas	Desenvolver as habilidades das mãos e da voz	Dedo mindinho Pé de cachimbo

Fonte: Friedmann, 1996.

A classificação dos jogos apresentada é considerada importante por enriquecer a experiência cultural dos estudantes, pois, brincando com o corpo, com as palavras, com os brinquedos e com o outro, eles são estimulados e motivados nos aspectos intrínsecos da sua formação humana.

Como vimos até aqui, teóricos como Vygotsky (2001) e Piaget (1990) desenvolveram teorias sobre as quais pesquisadores e educadores se debruçam a estudar. Como apontamos na introdução desta obra, tais estudos possibilitam um quadro teórico nas diversas áreas da formação humana, como a sociologia, a filosofia, a antropologia e a psicologia. O brincar faz parte da infância e da vida do adulto também, por isso justifica-se que pesquisadores e educadores se interessem em estudar o assunto de forma teórica, prática e teórico-prática. Com efeito, apresentaremos a seguir a classificação dos jogos, por nós eleita como fundamentos desta obra e que explicitarão a relação brincar/inclusão/escola/educação/educadores/estudantes com deficiências/desenvolvimento/aprendizagem. Como podemos perceber, é uma equação complexa e indissociável. Almejamos, contudo, que a abordagem dos Capítulos 1 e 2 tenha propiciado a reflexão sobre o papel da ludicidade na educação e na práxis educativa como atitude pedagógica dos professores.

Os capítulos seguintes tratarão das oficinas lúdicas abordando jogos tradicionais, jogos cooperativos, jogos psicomotores e jogos de faz de conta. Na verdade, a prática lúdica com a educação especial seguirá os mesmos princípios teóricos e descritivos abordados até o momento com os jogos, os brinquedos e as brincadeiras. Assim, é importante que o adulto compreenda que a própria atuação, a observação, a organização do espaço e seleção dos brinquedos e o planejamento serão os condutores do atendimento à inclusão de todos os estudantes na escola. As práticas sugeridas, nesse sentido, poderão ser modificadas de acordo com a realidade dos educandos no contexto escolar e/ ou espaços educativos. Gostaríamos de relembrar um conceito por nós apresentado ainda na introdução desta obra: todos os educandos, as crianças e os jovens são especiais, pois não há ser humano desde o início da vida até o final que não apresente, em alguma época, alguma dificuldade. Consideramos que a ideia de dificuldade poderá ser vista como um obstáculo à aprendizagem ou um desafio. Optamos pelo desafio, considerando que essa visão de desenvolvimento e aprendizagem poderá levar o sujeito a conhecer a si mesmo, respeitar seus limites e valorizar suas potencialidades. É apenas conhecendo a si mesmo que o educando aprende a ter respeito próprio e ao outro. É apenas nos conhecendo que podemos nos valorizar e ver no outro o que ele nos apresenta de mais positivo. É apenas valorizando a nós mesmos e ao outro que desenvolvemos a capacidade de amar e respeitar a condição humana, na qual somos todos iguais.

2.2 O que são oficinas lúdicas?

Você sabe como refletimos sobre o conceito de oficinas lúdicas? Vamos responder: Na prática! Ao pesquisarmos a ludicidade na educação e desenvolvermos planejamentos e práticas com o brincar e o brincar para aprender durante aproximadamente três décadas, aprendemos muito sobre o trabalho com oficinas, pesquisando o brincar e a educação em seus aspectos teóricos e práticos. Dessa forma, você conhecerá ainda mais sobre os estudos e as pesquisas dos autores da área. Assim, objetivamos compartilhar esse conhecimento com você, porém sem a pretensão de esgotar o assunto, pois cada oficina é única e o planejamento consiste em organizar estratégias de acordo com o grupo de educandos a ser atendido. Na escola inclusiva, será ainda mais necessário essa adequação. O tema *oficinas lúdicas*, desse modo, é descrito como um momento coletivo e criativo, no qual as vivências lúdicas são organizadas de modo que, a cada momento, o educando possa dar sequência às descobertas e à elaboração de conteúdos pessoais e significativos. A prática da oficina possibilita maior sensibilização no contato com o mundo, já que nela se utilizam jogos, dinâmicas corporais e interações entre os envolvidos no processo.

Podemos dizer que a oficina lúdica é uma forma de trabalho pedagógico organizado em etapas, no qual todos os estudantes poderão expressar aspectos afetivos e cognitivos, de maneira espontânea e criativa, o que auxilia na representação da informação e, consequentemente, na construção do conhecimento. Com efeito, esse trabalho possibilita o atendimento a educandos com deficiências nas áreas visual, auditiva, física e intelectual, com transtorno global de desenvolvimento e com altas habilidades ou superdotação na escola e, de maneira criativa, estimula o processo de interação com o meio e a aprendizagem. Sabemos que as emoções podem favorecer ou dificultar o aprendizado da criança, provocando bloqueios nas formas de comunicação e expressão. A prática da oficina é um trabalho coletivo e prevê momentos individuais e em grupo entre todos os estudantes com deficiências, multiplicando as formas de expressão e favorecendo a comunicação oral e verbal. Com efeito, participando de vivências nas oficinas lúdicas, todos têm maior possibilidade de comunicar-se, socializar-se e aprender.

O termo **oficina** é de origem latina e originalmente caracteriza-se por ser um local destinado ao reparo de produtos industriais, como as oficinas mecânica e de marcenaria. Dessa forma, quando se pensa em oficina, espera-se um trabalho prático, em que todos participam e constroem alguma coisa. A palavra *ludus*, também de origem latina, remete às brincadeiras, aos jogos de regras, à recreação, às competições e aos jogos teatrais. Com efeito, a oficina lúdica envolve os jogos, os brinquedos e as brincadeiras, como modo de recriar experiências mediante as quais o educando se constitui como sujeito protagonista da própria história e da cultura como um todo.

2.2.1 O que é preciso para desenvolver uma oficina lúdica?

É comum que atividades como as oficinas tenham como ponto de partida a escolha do tema, dos jogos e das brincadeiras, já que envolve a prática, a criatividade e a diversão, mas são os objetivos da oficina para os educandos que deverão ser o ponto de partida. A primeira questão a ser elaborada é **para quem** e **por quê** a oficina será desenvolvida. Dessa forma, o planejamento poderá ser pensado coletivamente entre equipe pedagógica, professores e todas as pessoas envolvidas no cuidado e na educação dos estudantes. Os pais são ótimos parceiros na organização e na prática das oficinas, e esta com certeza será uma boa maneira de incluí-los no projeto pedagógico da escola. Ao participar da oficina, a família também terá a oportunidade de conhecer como o seu filho ou sua filha aprendem, quais são suas dificuldades e, principalmente, o que lhes interessa. Um trabalho bem planejado poderá intervir na forma como todos, estudantes, educadores e família, olham para a criança especial.

Tão logo os objetivos e o tema da oficina sejam definidos, será feita uma pesquisa sobre as atividades lúdicas, não esquecendo dos pressupostos teóricos que auxiliarão na análise de técnicas, na elaboração dos objetivos e na adequação às necessidades e aos interesses dos estudantes com deficiências e transtornos globais do desenvolvimento e altas habilidades ou superdotação. Por ser um trabalho que envolve a prática, necessita de um espaço adequado que possibilite a interação, a expressão verbal e corporal espontâneas entre os educandos. A oficina lúdica poderá ser realizada na própria sala de aula, na sala de artes, na quadra etc.

O próximo passo será a seleção dos recursos para a realização das atividades que poderão envolver as áreas de artes visuais, música, jogos e brincadeiras, textos, poesias, material escolar e uma diversidade de objetos definidos de acordo com o tema da oficina. Alguns cuidados deverão ser tomados, como a escolha dos materiais e recursos, a presença de um intérprete para os alunos que dominam libras, recursos visuais para os estudantes com deficiência auditiva, materiais específicos para os estudantes com deficiência visual (como os utensílios para escrever em braile e o soroban), audiolivros, sinalizações e comunicados traduzidos, pranchas ou presilhas para prender o papel na mesa, suportes para lápis e canetas. Não se esqueça da acessibilidade na escolha do espaço, com portas de acesso mais largas, banheiros próximos, rampas e barras de apoio para facilitar a mobilidade dos estudantes com deficiências.

2.2.2 Quais são os objetivos das oficinas lúdicas?

As oficinas lúdicas contribuem para o processo de desenvolvimento e aprendizagem, aprimoram a capacidade reflexiva, crítica e criativa, abordam os conhecimentos adquiridos nas disciplinas escolares, levam à reflexão sobre as experiências vividas na família e na escola, estimulam a interação social, propiciam a reflexão sobre as relações entre competição e cooperação, permitem a vivência de práticas psicomotoras, entre outros objetivos tão importantes quando se considera a possibilidade de espaços e tempos de aprendizado e diálogo entre os estudantes com deficiências na escola.

2.2.3 Quais conteúdos podem ser abordados em uma oficina lúdica?

As oficinas poderão abordar diferentes conteúdos pedagógicos das áreas de conhecimento: a psicomotricidade para o desenvolvimento da consciência corporal, as estratégias cognitivas, como o raciocínio lógico, a memória, a atenção e a concentração, a percepção do tempo e do espaço, a expressão oral e escrita, as discussões e reflexões sociológicas e filosóficas, os fenômenos da natureza, físicos e químicos, por meio de experiências, a socialização etc.

Incluir atividades de intervenção precoce para educandos com deficiências neuromotoras, com alterações completas ou parciais dos membros superiores (braços) e/ou inferiores (pernas), cadeirantes ou com o uso de muletas e estudantes com paralisia cerebral poderá afetar a comunicação oral, escrita e/ou gestual destes.

Também pode-se refletir sobre a construção de conceitos abstratos, a atenção, a capacidade de memorização e de resolução de problemas para educandos com dislexia por meio de jogos, recursos e práticas voltados à área da leitura, escrita e soletração.

Para os estudantes com Transtorno de Déficit de Atenção e Hiperatividade (TDAH), os conteúdos das oficinas lúdicas poderão abordar jogos e brincadeiras para melhorar a capacidade de atenção e o controle da impulsividade motora. Para os estudantes com Transtorno do Espectro Autista (TEA), os conteúdos das oficinas poderão estimular a capacidade de comunicação e de socialização, intervindo, assim, na possibilidade de fazer e manter amizades.

Oficinas lúdicas que abordem jogos de mesa, como xadrez, memória, dominó e trilha, estimulam a atenção e a concentração, pois com tais práticas a maioria dos educandos desenvolve o autocontrole e passa a ter maior atenção nas aulas, mesmo quando alguns estímulos no entorno o distraiam, como o movimento dos colegas e os sons externos. As oficinas lúdicas com jogos motores, sensoriais, música, teatro, entre outros temas, propiciam o desenvolvimento cognitivo.

Oficinas lúdicas com atividades envolvendo percursos motores auxiliam no desenvolvimento da orientação espacial e temporal, na coordenação motora e na lateralidade. As práticas psicomotoras são importantes, pois requerem que os estudantes identifiquem sentido, direção, sucessão de acontecimentos do cotidiano, da rotina escolar – habilidades fundamentais para a aprendizagem escolar.

É importante que os assuntos abordados nas oficinas lúdicas sejam contextualizados de acordo com os objetivos e a realidade dos estudantes.

2.2.4 Quais as etapas de uma oficina lúdica?

Sugerimos que o encaminhamento seja organizado em três momentos: o primeiro, considerando a mobilização dos estudantes em relação ao espaço e ao tema, por meio de dinâmicas de grupo, rodas de conversa ou brincadeiras; o segundo momento, estimulando a vivência de atividades que visem intervir no processo de desenvolvimento e aprendizado dos educandos; e o terceiro favorecendo a expressão do que foi significativo sobre o conteúdo da oficina. Essa ocasião também servirá ao educador, pois poderá diagnosticar a compreensão sobre as vivências das atividades pelos estudantes e, assim, pensar em novos temas para dar continuidade ao trabalho pedagógico com as oficinas lúdicas.

2.2.4.1 Mobilizando a turma para a oficina lúdica

O momento inicial da oficina é muito importante, pois mobiliza os estudantes para a participação ativa durante as atividades e práticas lúdicas. Ocorre, inicialmente, a acolhida dos educandos. Assim, os adultos deverão dedicar atenção a todos que entrarem no ambiente, com entrega de crachás de identificação para facilitar o reconhecimento entre os estudantes, que nem sempre têm um convívio mais próximo na sala de aula. É importante que os educandos sejam chamados pelo nome por colegas e professores, pois isso faz com que se sintam parte integrante do ambiente.

A apresentação do tema é realizada pelos professores que desenvolverão a oficina. O assunto e os objetivos do trabalho deverão ser claramente explicados aos educandos. Possibilitar um momento para que façam suas perguntas e esclareçam suas dúvidas é importante para que a interação ocorra. Os estudantes com deficiências precisam sentir-se seguros quanto ao espaço e as atividades e o adulto tem um papel importante nessa fase. Assim como os demais educandos, quando não se sentem seguros tentam sair do ambiente ou apresentam reações de agressividade, medo e ansiedade, o que impossibilita as suas participações na oficina. Além disso, numa sala inclusiva, é importante que o professor acompanhe todos os educandos na oficina lúdica para que estes se sintam mais confiantes.

As primeiras atividades se ocupam em proporcionar aos educandos interações e expressões sobre o que conhecem sobre o assunto ou a prática. É um momento importante, pois desperta o interesse e os motiva para a participação nas atividades, nos jogos e nas brincadeiras. Por fim, o ambiente deverá ser acolhedor; logo, recursos musicais, poesias, relatos sobre suas experiências com o tema da oficina, desenhos, imagens e cartazes poderão mobilizar os educandos a falarem a respeito do assunto. As atividades sensoriais são bem-vindas e estimulam o contato dos estudantes com deficiências com os colegas. As brincadeiras favorecem experiências com diferentes formas de comunicação. Assim, as oficinas de jogos motores, cooperativos e teatrais, com brinquedos construídos, fazem parte do repertório lúdico.

2.2.4.2 Brincando, criando e recriando

Já sabemos que as oficinas envolvem a prática, mas, para que ela seja organizada, é necessário que os professores coordenem esse momento, considerando os aspectos afetivos, sociais e cognitivos. Por exemplo, os estudantes com TEA podem apresentar desinteresse na comunicação com seus pares; assim, as atividades em grandes grupos não lhes são favoráveis. Os professores poderão dividir a turma em pequenos grupos, considerando alguns aspectos como afinidades e interações positivas desenvolvidas na sala de aula. A inclusão de educandos com deficiências requer alguns cuidados e os professores e os colegas poderão auxiliar na sua participação nos jogos e nas brincadeiras. A empatia surge toda a vez que alguém expressa a necessidade de ajuda por sentir-se desconfortável, sendo, assim, um ótimo momento para estimular a cooperação entre os educandos. A prática lúdica envolve a alegria e, com efeito, esse sentimento favorece a comunicação, a vontade de superar desafios, o trabalho em equipe e a solidariedade. Os jogos e as brincadeiras para esse momento devem envolver obstáculos e, dessa forma, a organização do espaço será convidativa para que os educandos joguem e brinquem. Nem sempre os espaços e recursos deverão estar totalmente organizados pelo educador – por exemplo, havendo uma peça fora do jogo, esta convida o educando a devolvê-la, e isso poderá ser o início da prática. Tais atividades serão beneficiadas com a preparação de espaços e ambientes que estimulem as construções – por exemplo, cada grupo recriar um jogo, confeccionar seus próprios brinquedos e jogos com a sucata, criar uma poesia, fazer um cartaz, montar um circuito motor, desenhar, pintar, brincar com a argila e massinha de modelar, participar de jogos motores e cooperativos e realizar atividades que representem interpretações e soluções sobre o tema. A oficina, como foi apontado, é um momento em que a prática é a base da ação, mas é importante que seja significativa. Dessa maneira, ao final da oficina, a produção dos educandos, coletiva ou individual, precisa ser socializada com todos.

2.2.4.3 O que e como aprendemos brincando?

Ao final das oficinas lúdicas, geralmente percebemos que os estudantes estão muito envolvidos no processo. O brincar possibilita a descoberta de si e do outro e a redescoberta do que fazemos individualmente e em equipe. Esse momento será o de socialização das construções lúdicas dos educandos e ocorrerá ao propor que demonstrem sobre o que aprenderam. A ocasião, no entanto, não deve envolver o improviso, pois poderá comprometer a avaliação do processo e, então, os professores poderão formular questionamentos sobre o que fizeram, como fizeram, quais as dificuldades e como foram superadas. O momento final servirá de base para que as oficinas integrem novas propostas e deem continuidade ao trabalho pedagógico com o lúdico na escola. Alguns registros, como fotos, gravações em vídeo e áudio e anotações em diários, serão importantes para observar os resultados e o processo de desenvolvimento e aprendizagem dos estudantes. Essa oportunidade é relevante porque os educandos com deficiências poderão falar e ouvir sobre diversas ideias de um assunto comum, porém de forma diferente, o que propicia a intervenção a aprendizagens específicas. O respeito a diferentes pontos de vista é construído nessa circunstância. A transposição da linguagem corporal para a verbal facilita a interação de todos os educandos e ocorrerá na perspectiva de ressignificação do processo da prática lúdica. Sendo assim, os resultados das intervenções sobre as habilidades psicomotoras, expressivas e relacionais, associadas aos processos do raciocínio lógico e à operacionalização do pensamento, são expressos por todos os educandos.

Como apontamos, o aprendizado dos educandos com deficiências nas áreas visual, auditiva, física e intelectual, com transtorno global de desenvolvimento e com altas habilidades ou superdotação poderá ter bloqueios quanto aos aspectos afetivos nas muitas vivências que levaram a fracassos e frustrações. Por meio da oficina lúdica, esses educandos poderão restabelecer sua relação com o ato de aprender, pois o brincar funciona como motivador da criatividade. Na oficina surge um novo tipo de comunicação entre professores e educandos e, assim, o adulto poderá estimular, encorajar ou desafiar os estudantes a participar ativamente das atividades.

2.2.4.4 Planejando a oficina lúdica

Considerando as etapas da oficina, veja como poderá ser organizado um planejamento escrito para a oficina lúdica no quadro apresentado a seguir.

Quadro 2.2 – Roteiro para o planejamento da oficina lúdica

1. Escola:
1.1. Profissionais da educação:
1.2. Classe/Turma:
1.3. Data:
1.4. Números de educandos:
2. Tema:
3. Objetivos:
4. Encaminhamento metodológico:
4.1 Mobilizando a turma para a oficina lúdica:
4.2 Brincando, criando e recriando:
4.3 O que e como aprendemos brincando
5. Recursos:
6. Referências:

Para exemplificar o processo de oficinas lúdicas, faremos o relato de uma das oficinas, realizada com um grupo de estudantes com deficiências no ensino fundamental de uma escola de ensino regular. A prática das oficinas lúdicas com os educandos com deficiências fizeram parte de um projeto de formação docente para atuação em brinquedoteca e foi desenvolvido por dois anos. As oficinas ocorriam uma vez por semana e duravam aproximadamente 1 hora e 30 minutos.

2.3 Relato de oficina lúdica

A oficina descrita teve como tema a poesia *Leilão de jardim*, de Cecília Meireles. Leia com atenção e carinho, observe as imagens e tente imaginar as interações proporcionadas durante o processo.

A prática sempre iniciava com as professoras encontrando os educandos na sala de aula e convidando-os para a prática lúdica na brinquedoteca. A oficina Leilão de jardim objetivou apresentar a poesia como forma de leitura para melhorar diferentes formas de comunicação, estimular a interpretação e reflexão e o exercício da atenção, da memorização e da coordenação motora dos estudantes com deficiências. As professoras criaram um livro com as folhas em sanfona e, conforme liam a poesia, surgiam diversas paisagens e personagens. Os estudantes interagiam com esse material, tocando, observando, elaborando pensamentos e diálogos sobre o que lhes era apresentado.

Veja as imagens na sequência.

Figura 2.6 – Livro com páginas sanfonadas 1

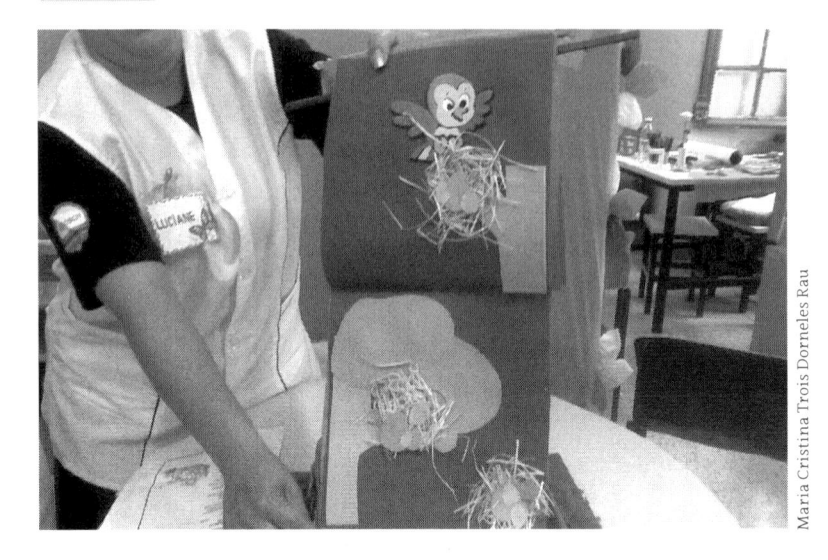

Maria Cristina Trois Dorneles Rau

Figura 2.7 – Livro com páginas sanfonadas 2

Maria Cristina Trois Dorneles Rau

Maria Cristina Trois Dorneles Rau

A surpresa na leitura da poesia foi o recurso utilizado, um livro confeccionado com uma caixa de papelão e que tinha as páginas organizadas em sanfona. O material foi feito de forma criativa e cuidadosa, com base na releitura da obra de Cecília Meireles. As passagens da poesia foram feitas com texturas para estimular os sentidos dos educandos com deficiências

Figura 2.9 – Página do livro em sanfona 1

Maria Cristina Trois Dorneles Rau

Figura 2.10 – Página do livro em sanfona 2

Maria Cristina Trois Dorneles Rau

Curiosos sobre o livro que saía de dentro de uma caixa, exploraram as folhas uma a uma e, assim, além da imaginação, receberam estímulos sobre a percepção tátil, visual e motora. Logo desejaram falar sobre o que identificavam e imaginavam. Foi um momento de alegria e descobertas.

Em seguida, lhes foi entregue algumas caixas com massinha de modelar colorida e proposto que conversassem sobre a poesia, seus significados e também sobre a forma como lhes foi apresentada, por meio de um livro diferente.

Os educandos desejaram explorar o recurso e, dessa forma, iniciaram a interpretação da poesia. Nesse instante, as professoras ouviram suas falas e também mediaram algumas elaborações sobre o raciocínio, a memória, os sentidos e a afetividade.

Já com os bastões de massinha dispostos sobre uma mesa, os estudantes sentaram ao redor e, inicialmente, exploraram o material. A preensão, apesar de lenta e pesada, possibilitava que manipulassem a massinha com entusiasmo e, assim, criassem novas formas sobre os elementos do jardim.

Os estudantes uniram todas as formas confeccionadas individualmente e, cada um a seu tempo, foram criando seu pequeno jardim em uma prancha coberta com papel camurça verde, o que resultou em um novo e belo cenário.

Ao final, todos estavam satisfeitos com a atividade e, para a avaliação das práticas lúdicas, as professoras fizeram alguns questionamentos sobre o significado da poesia e da sua criação.

A prática da oficina lúdica *Leilão de jardim* demonstrou as interações entre os educandos e o conteúdo por meio de vivências lúdicas significativas no processo de ensino e aprendizagem.

Figura 2.11 – Jardim feito com massinha de modelar

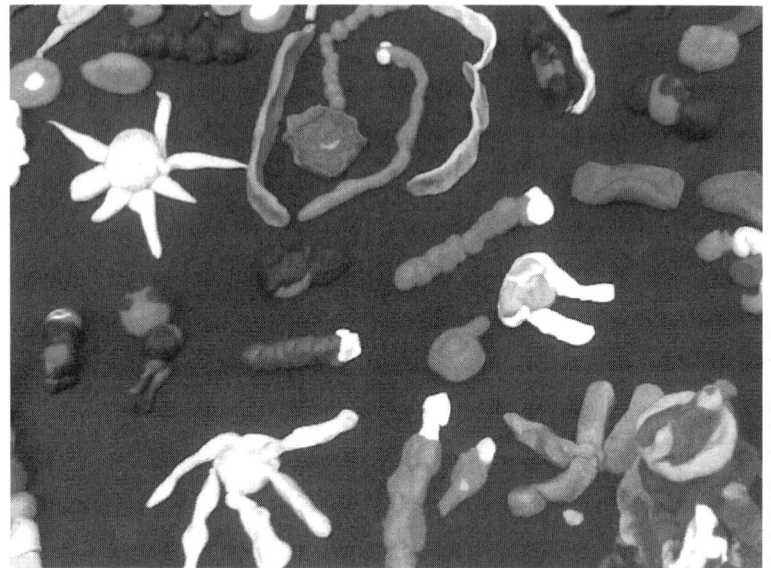

Maria Cristina Trois Dorneles Rau

O jardim foi cuidadosamente transportado para a sala de aula pelos educandos e a prática lúdica evidenciou, mais uma vez, que o ato lúdico educativo com estudantes com deficiências está ao alcance dos professores, que tornam suas ações em vivências especiais para si e para o outro.

Após a descrição da oficina, tente identificar as etapas descritas anteriormente e faça um exercício de compreensão do processo de oficinas lúdicas. É interessante que, nesse momento, você instigue a memória, remetendo-se a lembranças de práticas lúdicas que fizeram parte da sua vida como educando.

A descrição da oficina termina aqui, mas ela será refletida e fundamentada nos itens a seguir. Sucesso em seus estudos!

Síntese

Neste capítulo, vimos que a oficina lúdica é organizada em etapas e a prática dela é um trabalho coletivo e prevê momentos individuais e em grupo. Mas o que é preciso para desenvolver uma oficina lúdica? Problematização de questões reflexivas sobre o brincar para o desenvolvimento das interações sociais; definição do tema e dos objetivos e adequação ao grupo de trabalho; organização das etapas da oficina; seleção de recursos; escolha do espaço da oficina de acordo com as práticas e objetivos; e observação sobre a acessibilidade do espaço.

Quais são os objetivos das oficinas lúdicas? Proporcionar momentos de diversão, prazer e interações sociais entre os educandos na escola; contribuir para o desenvolvimento da capacidade reflexiva, crítica e criativa na resolução dos problemas; estimular a autonomia dos educandos ante os desafios encontrados nas atividades lúdicas; resgatar a autoestima dos estudantes com deficiências e transtornos globais do desenvolvimento; proporcionar momentos de interações entre todos os educandos, visando o respeito mútuo e a colaboração.

O que poderá ser abordado em uma oficina lúdica? Conteúdos pedagógicos das diferentes áreas de conhecimento e campos de experiências; as interações sociais e a sociabilidade; a psicomotricidade para o desenvolvimento da consciência corporal; as dificuldades de aprendizagem ou as limitações no processo de desenvolvimento que dificultem o acompanhamento das atividades curriculares; jogos, brincadeiras, confecção de brinquedos artesanais e jogos eletrônicos; poesia, arte-educação e música; educação para o trânsito, atividades da vida diária, sexualidade, alimentação saudável, sustentabilidade etc.

Quais as etapas de uma oficina lúdica? Mobilizar a turma para a oficina lúdica: incentivo dos estudantes em relação ao espaço e ao tema por meio de dinâmicas de grupo, rodas de conversa ou brincadeiras; brincar, criar e recriar: estímulo da vivência de atividades práticas no processo de desenvolvimento e aprendizado dos estudantes; o que e como aprendemos brincando: favorecimento da expressão do que foi refletido e aprendido sobre o conteúdo da oficina; sugerir um planejamento pedagógico para a oficina lúdica: definição da equipe de organização da oficina, levantamento da realidade escolar, envolvendo a inclusão, contextualização da realidade dos educandos e a abordagem mediante a ludicidade.

A função lúdica na oficina está ligada à diversão, ao prazer e à interação. Já a função educativa propicia o aprendizado durante a vivência dos jogos e das brincadeiras.

Sobre o espaço e o tempo de brincar, a brinquedoteca para a educação especial estimula a criança com necessidades especiais a participar de todo tipo de brincadeira com seus amigos, socializando-se no ambiente escolar.

No que se refere à classificação do brincar, este pode ser considerado uma ação livre da criança que age sobre os objetos ou os brinquedos, usando a imaginação; mas também poderá ser utilizado na função educacional como recurso voltado à aprendizagem. É importante, assim, conhecer a classificação dos brinquedos, seus objetivos e suas possibilidades de intervenção no processo de desenvolvimento e aprendizagem do estudante com deficiência, favorecendo a inclusão escolar. Rau (2011b) esclarece que o lúdico é organizado em três eixos: o jogo, o brinquedo e a brincadeira. O jogo tem como característica principal a presença das regras e o brinquedo é o objeto que dá suporte à brincadeira ou ao jogo. A ação da criança nos jogos e nas brincadeiras está pautada no lúdico e, para ela, não importa se a bola será utilizada como recurso pedagógico ou como suporte das brincadeiras com seus amigos. Os professores deverão, então, ter clareza dos objetivos a serem alcançados com a prática lúdica. O brincar também pode encontrar diferentes formas de expressar a cultura, a diversão, a representação do cotidiano e o faz de conta. No brincar, os educandos imaginam e assumem diferentes papéis, experimentando e colocando-se no lugar do outro, o que leva ao desenvolvimento da socialização.

Como a criança brinca na brinquedoteca? Quando apresentados a uma brinquedoteca, os educandos se sentem num mundo mágico, onde a liberdade e a fantasia são a sua essência e, por isso, observam, tocam e manipulam os brinquedos sem muita ordem e intenção. Inicialmente, exploram os ambientes, os recursos lúdicos e os brinquedos; escolhem livremente o que brincar, os seus pares e como brincar; criam suas próprias brincadeiras; conhecem as regras da brinquedoteca para a compreensão de atitudes de cooperação e respeito a si, ao outro e ao espaço.

Indicações culturais

MUSEU DA EDUCAÇÃO E DO BRINQUEDO. Avenida da Universidade, 308 – Bloco B, Sala 38. E-mail: meb@usp.br Disponível em: <http://www.labrimp.fe.usp.br/?action=programas>. Acesso em: 15 jul. 2018.

O Museu da Educação e do Brinquedo da Faculdade de Educação da Universidade de São Paulo foi criado pela professora Dra. Tizuko Morchida Kishimoto, que também é a criadora do projeto de brinquedoteca para a formação de docentes. O museu expõe brinquedos e tradicionais do século XX.

UFRGSTV. Conhecendo a UFRGS: Quem quer brincar? 27 nov. 2013. Disponível em: < https://www.google.com/search?q=quem+quer +brincar+tania+fortuna&oq=quem+quer+brincar+tania+for tuna&aqs=chrome.69i57.8379j0j7&sourceid=chrome&ie=UTF-8>. Acesso em: 12 nov. 2019.

O vídeo gravado pela professora Dra. Tânia Ramos Fortuna traz a explicação sobre o brincar na educação da criança. Descreve com clareza todos os aspectos importantes e leva à reflexão sobre a relevância dos jogos, dos brinquedos e das brincadeiras.

Atividades de autoavaliação

Leia o Capítulo 2 para responder às questões que seguem. Faça anotações individuais e questionamentos que o auxiliarão na compreensão do tema abordado.

1. As oficinas lúdicas são um momento coletivo e criativo. Trata-se de espaços elaborados na perspectiva de uma proposta educacional, nos quais as vivências lúdicas são organizadas de modo em que, a cada momento, a criança possa dar sequência às descobertas e à elaboração de conteúdos pessoais e significativos. Nesse sentido:

   a) a prática da oficina bloqueia o aprendizado da criança, provocando dificuldades nas formas de comunicação e expressão.

   b) a oficina lúdica não é uma forma de trabalho pedagógico organizado.

   c) a prática da oficina possibilita maior sensibilização no contato com o mundo, já que se utiliza de jogos, dinâmicas corporais e interações entre os envolvidos no processo.

   d) a prática da oficina lúdica é um trabalho coletivo de uma criança.

   e) a prática da oficina impossibilita maior sensibilização no contato com o mundo.

2. "A brinquedoteca é um espaço onde os estudantes, crianças e jovens (e os adultos) brincam livremente, com todo o estímulo à manifestação de suas potencialidades e necessidades lúdicas" (Cunha, 2007, p. 13). Indique se as afirmações a seguir são verdadeiras (V) ou falsas (F):

   ( ) O brinquedo é fundamental para o desenvolvimento do ser humano, mas para que o brincar aconteça de forma plena, outros aspectos, além da função lúdica, deverão ser considerados.

( ) A brinquedoteca escolar é um espaço onde os professores podem desenvolver projetos pedagógicos relacionados ao brincar, ao desenvolvimento, à socialização dos estudantes com deficiências e à aprendizagem.

( ) A brinquedoteca é um espaço desorganizado e desfavorece a brincadeira dos estudantes com deficiências.

( ) A brinquedoteca pode fazer a criança com necessidades especiais participar de todo tipo de brincadeira em que vê seus amigos participarem, socializando-se no ambiente escolar.

( ) A criança com deficiência não precisa de maior estímulo para motivar-se a participar individual e coletivamente das atividades lúdicas.

Agora, assinale a alternativa que corresponde à sequência correta:

a) F, V, F, F, V.
b) F, F, V, F, V.
c) V, F, V, V, F.
d) V, V, F, V, F.
e) F, V, V, F, V.

3. A prática da oficina é um trabalho coletivo e prevê momentos individuais e em grupo entre todos os educandos, multiplicando as formas de expressão e favorecendo a comunicação, oral e verbal, e que os conteúdos e os temas abordados sejam contextualizados de acordo com os objetivos e a realidade dos estudantes. O encaminhamento de uma oficina lúdica poderá ser elaborado em três momentos:

I) mobilizar a turma para a oficina lúdica; divulgar o trabalho na mídia; apresentar o trabalho aos pais.

II) divulgar o trabalho na mídia; pintar, bordar e recortar tecidos.

III) mobilizar a turma para a oficina lúdica; brincar, criar e recriar; o que e como aprendemos brincando.

IV) o que e como aprendemos brincando; pintar, bordar e recortar tecidos; apresentar o trabalho aos pais.

V) aprender a brincar; apresentar o trabalho aos pais e divulgar o trabalho na mídia.

Está correta a afirmativa:

a) I.
b) II.
c) III.
d) IV.
e) V.

4. A questão da inclusão educacional vem recebendo maior atenção sobre a criança com deficiência e ocupa seu espaço no ensino regular porque sua interação social influencia o processo de desenvolvimento da autoidentidade positiva. Soler (2009, p. 147) destaca que a autoestima apresenta dois aspectos que se inter-relacionam:

a) a noção de autodeficiência e a noção de autorrespeito.
b) a noção de autodeficiência e a noção de autorresposta.
c) a noção de autoeficiência e a noção de autorresposta.
d) a noção de autoeficiência e a noção de autorrespeito.
e) a noção de autodeficiência e a noção de responsabilidade.

5. O aprendizado dos educandos com deficiências nas áreas visual, auditiva, física e intelectual, com transtorno global de desenvolvimento e com altas habilidades ou superdotação poderá ter bloqueios quanto aos aspectos afetivos nas muitas vivências que levaram a fracassos e frustrações. A justificativa para o trabalho com oficinas lúdicas voltadas a esses estudantes está expressa na alternativa:

a) Por meio da oficina lúdica o ato de aprender é motivado pela criatividade.

b) Por meio da oficina lúdica, a aprendizagem é motivada pelas atividades motoras.

c) Por meio da oficina lúdica, os professores podem estimular a aprendizagem dos conteúdos, mas a afetividade continua sendo uma área desqualificada.

d) Por meio da oficina lúdica, a aprendizagem da matemática é totalmente efetivada.

e) Por meio da oficina lúdica, a aprendizagem da leitura poderá ser prejudicada, uma vez que o brincar envolve a criatividade, aspecto que não faz parte do ato de aprender.

Atividades de aprendizagem

Questões para reflexão

1. Releia o trecho do segundo capítulo em que refletimos sobre a organização das etapas da oficina lúdica.

As oficinas lúdicas são um momento coletivo e criativo. São elaboradas na perspectiva de uma proposta educacional, nas quais as vivências lúdicas são organizadas de modo que, a cada momento, a criança possa dar sequência às descobertas e à elaboração de conteúdos pessoais e significativos.

Nesse sentido, reflita sobre:

a) os objetivos da organização das oficinas lúdicas e sua relação com o processo de construção do conhecimento dos educandos.

b) as oficinas lúdicas como possibilidade de comunicação dos educandos e a socialização.

2. Releia o trecho do capítulo em que refletimos sobre a brinquedoteca como um espaço organizado para favorecer a brincadeira dos educandos livremente, estimulando a interiorização e a expressão de vivências lúdicas.

Nesse sentido, reflita:

a) É possível que o trabalho pedagógico na brinquedoteca proporcione à criança com deficiência a participação de todo tipo de brincadeira com seus amigos na escola? Justifique.

b) Em relação à aprendizagem dos estudantes com deficiências, quais os tipos de jogos podem favorecer a percepção corporal e o respeito às individualidades?

Atividades aplicadas: prática

1. Faça uma lista de jogos e brincadeiras de que participava na sua infância. Compare suas atividades lúdicas com as realizadas na atualidade. Faça um quadro comparativo apontando o nome, os objetivos, o espaço, as regras e os

brinquedos utilizados. Quais as diferenças e proximidades entre as atividades lúdicas nas diferentes épocas?

2. Converse com um professor de Educação Física e pesquise como os jogos e brincadeiras são trabalhados na escola, como é feita a inclusão de estudantes com deficiências, transtornos e altas habilidades ou superdotação.

3. Qual é, a seu ver, o papel do professor na prática de jogos e brincadeiras em uma escola?

Capítulo 3

Oficinas: jogos tradicionais

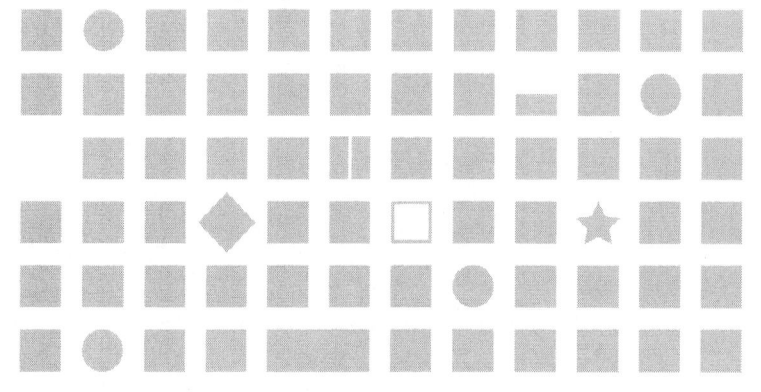

Os jogos tradicionais envolvem as brincadeiras vivenciadas por educandos em todas as fases da infância e adolescência e estão presentes em diferentes culturas. As oficinas de jogos tradicionais incluem as ações do brincar e da cultura lúdica e infantil. Assim, neste capítulo você poderá refletir sobre o resgate da cultura do brincar, a identificação dos brinquedos e as áreas de desenvolvimento e aprendizagem na prática lúdica.

3.1 Jogos tradicionais

Os jogos tradicionais são aqueles que expressam a cultura de determinada época e são preservados e entregues às novas gerações, ensinando as brincadeiras como um legado. Porém, brincando as crianças modificam suas regras, formas e interações de acordo com a sua cultura. Como vimos, o brincar faz parte da infância: a criança brinca sozinha, na rua, com amigos imaginários e com objetos, representando o contexto em que estão inseridas. Assim, o brincar é um elo entre as gerações, considerando sua função e valores sociais transmitidos pelos jogos tradicionais. "O jogo tradicional faz parte do patrimônio lúdico-cultural infantil e traduz valores, costumes, formas de pensamento e ensinamentos" (Friedmann, 1996, p. 43). As brincadeiras são parte da história de vida de cada sujeito.

No contexto escolar inclusivo, resgatar a cultura lúdica possibilita relacionar o ensino, a aprendizagem e o desenvolvimento conciliando a prática educativa à formação cultural dos educandos. Brincando e jogando, os estudantes aprendem a competir, cooperar, antecipar, imaginar, planejar e elaborar estratégias de ação e atividades importantes no processo de construção do conhecimento. Friedmann (1996) ressalta as razões pelas quais as brincadeiras se modificaram no decorrer da história: o crescimento urbano e a redução de espaços físicos para o lazer, a mídia e a forte influência das propagandas sobre o desejo de adquirir brinquedos industrializados e a mudança dos papéis na família, entre os quais o da mulher, foram fatores significativos para as transformações sociais.

Com efeito, na atualidade, o grande interesse pelos jogos eletrônicos, o impulso para o consumo e a participação da criança em diversas atividades impostas pela família interferiram no tempo para o brincar livre e espontâneo. Sem desejar desqualificar a relevância da evolução tecnológica para a humanidade ou a formação pessoal que cada família desenvolve com as crianças e jovens, acredita-se que o movimento e a prática lúdica nos jogos e nas brincadeiras tradicionais nas ruas, parques e outros espaços são fundamentais para o desenvolvimento saudável. A prática das brincadeiras e dos jogos possibilita a expressão de emoções, sentimentos, desejos, frustrações e o diálogo aberto e espontâneo, favorecendo as formas de comunicação e interação social.

A prática dos jogos tradicionais para a inclusão de educandos com deficiência é uma oportunidade para que a escola repense a formação humana no trabalho pedagógico. Resgatar a cultura dos jogos, da infância, estimular a convivência solidária, o respeito a si e ao outro, forma o sujeito cidadão. "Ora, se a ação lúdica infantil se revela como um valor educativo inestimável na aprendizagem e desenvolvimento da criança, revela-se também como seu expoente máximo nas vivências do tempo livre, pelo seu caráter intrínseco, rico e complexo na vida quotidiana dessas." (Rocha, 2016, p. 151). As transformações sociais são expressas pelos educandos em suas atitudes, comportamentos, seus valores e suas crenças na escola. Os estudantes demonstram seu modo de ver a vida de acordo com o convívio que têm com todos os segmentos da sociedade em que estão inseridos. "A relação entre infância e cultura é entendida a partir da identificação da criação não estática, mas dinâmica, da cultura pela criança, estabelecida na interação com os pares, prioritariamente, e também com os adultos" (Fonseca; Faria, 2012). Observando como as crianças brincam atualmente, os educadores preocupam-se com o pouco tempo que elas dedicam às brincadeiras e aos jogos que envolvem o movimento. Isso porque as brincadeiras no espaço da escola, da família e do lazer contribuem significativamente para o processo formativo das crianças e dos jovens.

3.2 Jogos, brincadeiras e brinquedos tradicionais

Quem quer brincar,
Põe o dedo aqui,
Que já vai fechar,
O abacaxi!

Já estava na hora de começar a brincar, você não acha? Espere um momento! Antes, conheceremos alguns aspectos importantes para a construção de brinquedos artesanais a fim de que a prática de oficinas lúdicas seja rica e desafiadora para os estudantes. O canto da sucata é organizado por meio da classificação dos recursos. Nem toda a sucata poderá fazer parte desse ambiente, que deverá atender as condições de higiene e adequação de materiais de acordo com os interesses dos educandos. A seleção é fundamental para que o material possa enriquecer a criatividade na prática lúdica.

3.2.1 As sucatas viram brinquedos

A sucata é classificada em natural, que inclui pedras, folhas, galhos, madeira, areia etc., e industrializada, que abrange materiais como caixas de papelão de diferentes tamanhos e formas, copos plásticos, garrafas PET etc. Lembre que, além da seleção e análise dos materiais, estes deverão estar higienizados e organizados. As caixas com os materiais etiquetadas facilitam o manuseio no momento da oficina lúdica.

Os recursos da sucata deverão ser separados previamente e, para isso, é importante que estejam organizados. Materiais como colas e tesouras sem ponta são necessários. No momento em que apresentar os recursos para os estudantes com deficiências, deixe que manipulem os materiais para experimentar as sensações que proporcionam.

No entanto, para essa produção, é necessário conhecer como as crianças brincam, reconhecer o valor do brinquedo para o seu desenvolvimento e a sua aprendizagem, atentar-se para a questão da segurança dos materiais que serão utilizados para a construção dos brinquedos, observando e tomando cuidados quanto à sua periculosidade, conhecer as crianças e seus interesses e valorizar os brinquedos construídos artesanalmente, e não apenas os produzidos em larga escala (industrializados). (Sommerhalder; Alves, 2011, p. 91)

Quando o brinquedo for mais complexo, o adulto poderá confeccionar um exemplar anteriormente à apresentação para os educandos, pois assim verificará as dificuldades na execução para possíveis adaptações. Para Santos (1995, p. 7) "um aspecto importante no brinquedo artesanal é que ele também proporciona momentos de ludicidade para o adulto que o cria, confecciona e sente prazer de vê-lo pronto e não só para a criança que brinca". Isso ocorre porque a confecção de brinquedos propicia diversão também ao adulto, pois quando o ser humano se percebe criativo, experimenta alegria e satisfação com os resultados. O mesmo acontece com os jogos, pois, quando o adulto o confecciona, conhece suas potencialidades e verifica os desafios motores e cognitivos, o que facilita a sua inserção nos planejamentos didáticos.

Ribeiro (2013, p. 55) aponta que "o brinquedo tradicional geralmente é criado ou confeccionado pela criança para a criança, dentro da concepção infantil de objeto de brincar". O homem expressa a sua cultura criando brinquedos e estes passam pelas gerações, porém sendo recriados de acordo com os recursos existentes na região em questão. Assim, sempre que possível, a confecção dos jogos e brinquedos poderá ser feita junto com os estudantes. O ato de criação do brinquedo já é um estímulo para o desenvolvimento e a aprendizagem. O resultado, ou seja, o jogo ou o brinquedo pronto, não são o principal objetivo, mas o processo. O que resulta da prática lúdica, com certeza, proporcionou a superação de desafios, além de prazer e diversão.

Também poderemos construir os brinquedos ao ar livre, explorando outros recursos, incluindo os naturais. Assim, desenvolver as oficinas lúdicas em bosques ou áreas gramadas proporciona o contato com a natureza. Os professores poderão organizar pequenos grupos para estimular a cooperação ou realizar a confecção dos brinquedos individualmente.

Figura 3.1 – Confecção de bilboquê

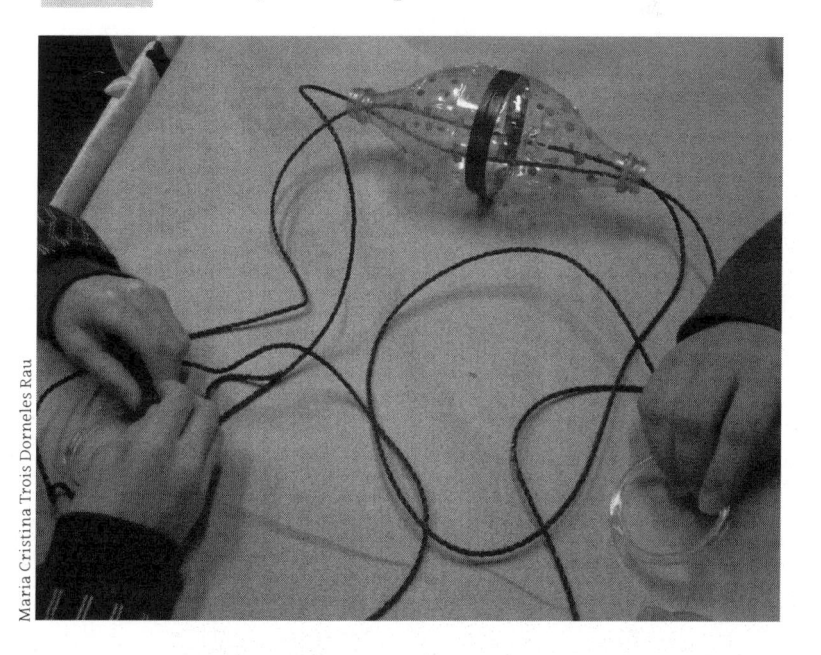

Maria Cristina Trois Dorneles Rau

Para contextualizar a prática com jogos tradicionais, vamos descrever uma oficina desse tipo por meio do relato sobre uma criança com Transtorno do Déficit de atenção com Hiperatividade (TDAH) na escola.

> Gustavo, 8 anos, é um menino com dificuldades em fazer amigos na escola. Muitas vezes tentava participar de atividades e trabalhos em grupo, já que a professora Pâmela o estimulava. Porém, Gustavo quase sempre era excluído pelos colegas do grupo que reclamavam: – O Gustavo perde os materiais do trabalho e esquece o que é para fazer nas tarefas, mesmo quando lhe explicamos que é importante. Ele perde muito tempo para fazer alguma coisa e nunca termina.

O TDAH é caracterizado por sintomas de desatenção/desorganização, de hiperatividade e de impulsividade. "O TDAH é um transtorno neurocomportamental, ou seja, a partir de uma disfunção cerebral o indivíduo passa a apresentar problemas de comportamento" (Estanislau; Mattos, 2014, p. 153). O TDAH começa a ser identificado ao final da pré-escola e início dos anos iniciais do ensino fundamental, por volta dos 5 anos, quando a criança começa a necessitar de maior concentração e autocontrole.

É comum que, na escola, confunda-se a criança com TDAH com uma preguiçosa ou que apresente má vontade na realização das atividades. Porém, quando em atividades prazerosas, o seu comportamento poderá ser diferente.

> Uma criança pode passar longos períodos jogando videogame e ter muita dificuldade para se manter em uma tarefa escolar porque, na verdade, o déficit de atenção não representa uma falta total de atenção, mas uma dificuldade na capacidade de controlar voluntariamente a atenção. Ou seja, a criança costuma ter dificuldade em se manter nas atividades em que

precisa de controle voluntário e facilidade nas atividades prazerosas, para as quais esse controle é espontâneo. (Estanislau; Mattos, 2014, p. 160)

Os jogos tradicionais, especificamente a construção de brinquedos artesanais, são ótimas práticas lúdicas para desenvolver a atenção, a concentração e a coordenação motora. As estratégias desenvolvidas pelos professores em sala de aula podem contribuir para a aprendizagem de novos comportamentos, mais funcionais e positivos (Alfano; Scarpato; Estanislau, 2014). Vamos pensar em atividades para ajudar o Gustavo e sua professora a encontrar soluções para essa realidade?

A oficina sugerida considera algumas características dos estudantes com TDAH, objetivando que participem ativamente das brincadeiras, pois também fazem parte do contexto educativo, assim como todos os colegas. Embora alguns docentes encontrem complicações em aceitar essa realidade, vamos pensar que esse estudante, mesmo com suas dificuldades, é querido por muitos de seus colegas e não pode ser visto apenas por essa característica. Os estudantes com TDAH tem outros atributos também: são meninos e meninas que gostam de brincar e fazer amigos, de dançar e de aprender novos conhecimentos. Como você pode perceber, tais traços são comuns a todos os educandos. Assim, por esse ponto de vista, o Gustavo tem como característica também o TDAH e, por vezes, necessitará de algumas modificações na mediação da ação educativa e na interação com os colegas. Contudo, a prática pedagógica precisa atentar para a diversidade de comportamentos dos estudantes na escola, uma vez que somos todos diferentes em nossa individualidade.

A criança com TDAH apresenta uma combinação de três tipos de funcionamentos específicos: desatenção/desorganização, hiperatividade e impulsividade em nível intenso e com duração mínima de 6 meses, trazendo prejuízos às atividades diárias e de aprendizagem escolar. Existem três subtipos de TDAH, segundo Estanislau e Mattos (2014):

1. TDAH com predomínio da desatenção.
2. TDAH com predomínio da hiperatividade/impulsividade.
3. TDAH com sintomas combinados.

Vamos considerar que o Gustavo se encaixa no subtipo do TDAH com predomínio da desatenção. São características desse subtipo: pouca habilidade em resolver problemas; autoavaliação e automonitoramento pobres; pouca crítica de seu próprio comportamento e dificuldade de controle das emoções; esquecer de utilizar regras básicas que orientam as operações matemáticas; e iniciar muitas atividades sem terminar.

Para melhor compreensão sobre o processo de organização de uma oficina lúdica, desenvolveremos uma proposta de acordo com a sistematização apresentada no Capítulo 2.

3.3 Sugestão de oficina lúdica

- Escola: Eu também quero brincar!
- Profissionais da educação: professor Alessandro e professora Mara.
- Classe/Turma: 2º ano do ensino fundamental.
- Número de educandos: 20.

- Tema: oficina de brinquedos tradicionais. Construção de pipas.
- Objetivos:
  - Vivenciar brincadeiras para o desenvolvimento da coordenação motora, do equilíbrio e do ajustamento postural.
  - Participar de atividades em grupo para melhorar a auto-capacidade de realização de tarefas e o desenvolvimento da autonomia.
  - Estimular o desenvolvimento de noções físicas e matemáticas, da atenção e da concentração.

Prática lúdica

Mobilizar a turma para a oficina lúdica

— Bom dia pessoal, nossa oficina hoje será sobre a confecção de uma pipa. Quem conhece a pipa?

— Ótimo! Para iniciar, vamos nos dividir em dois grupos e pesquisar sobre esse brinquedo na internet – disseram os professores de Ciências e Educação Física – o que poderemos descobrir sobre a pipa?

Assim, a oficina foi iniciada pelos professores da turma. O que aconteceu a partir desse momento?

O Gustavo se interessou muito pelo assunto, pois já havia construído uma pipa com o seu avô na fazenda quando lá foi passar as férias. Seu grupo descobriu que esse brinquedo vinha desde os tempos mais antigos no Oriente e no Ocidente. Encontraram diferentes informações sobre formas de desenhos que voavam presos em fios. O segundo grupo descobriu que esse brinquedo foi usado pelos soldados na guerra para avisar que havia gente viva a ser resgatada.

Os professores de Educação Física e Ciências, Marcos e João, ampliaram os saberes sobre a pipa esclarecendo que o brinquedo tinha outros nomes, como *bolacha* no Centro-Oeste e *pandorga* no Sul do nosso país.

Mostraram uma pipa já confeccionada e descreveram os possíveis formatos e tipos de rabiola que possibilitavam o voo. O Gustavo, novamente, demonstrou estar envolvido com a atividade e, entusiasmado, destacou que a pipa voa quando puxamos o fio e que também precisamos correr num lugar aberto. Os outros educandos fizeram algumas perguntas para os professores, como: de quais materiais precisavam, ou se construiriam o brinquedo. Eles responderam as perguntas e partiram para a confecção.

Brincar, criar e recriar

Os estudantes foram para o pátio, onde já estava uma mesa com todos os materiais para a confecção da pipa. Formaram duplas para que todos pudessem ajudar. A Ana pediu para fazer dupla com o Gustavo, porque ele contou a ela que já havia feito o brinquedo com o seu avô, o que ela considerou que auxiliaria na confecção. O professor João explicou que alguns materiais oferecem resistência para o voo e o que o ideal é o papel de seda, mas também poderiam usar outros materiais mais acessíveis, como as sacolas plásticas do supermercado ou papéis de pão da padaria. O professor Marcos trouxe a linha e orientou os educandos sobre os formatos mais adequados e os tipos de madeira para utilizar nas varetas. Os educandos reuniram-se ao redor da mesa para fazer o *grude*, como é chamada a cola para a pipa.

A cooperação entre os estudantes foi importante e se deveu ao desejo de atingir o objetivo de construir um brinquedo. Para isso, precisaram planejar, selecionar recursos, calcular e elaborar estratégias, entre outras ações individuais e coletivas, as quais envolveram a cooperação entre todos.

A diretora da escola apareceu quase ao final da oficina e, também empolgada com a proposta, explicou sobre os cuidados ao soltar a pipa, mesmo que o espaço escolhido fosse longe de fios de luz. Avisou que ela só deveria ser empinada em dias secos, que nunca poderia ser utilizado o cerol, pois a linha era muito fina, e citou os acidentes com os motociclistas que no trânsito não conseguem visualizar o fio e se machucam seriamente. Os educandos ficaram atentos e também falaram sobre outras regras que já conheciam de notícias sobre acidentes.

O que e como aprendemos brincando

Após a confecção da pipa, os educandos foram empiná-la e mais alguns problemas foram surgindo; porém, com a orientação dos professores, foram buscando alternativas para a resolução das questões. Enfim soltaram suas pipas, fazendo-as voar. A alegria foi grande.

Quanto ao Gustavo, aprendeu muitas coisas sobre o assunto, dispersou algumas vezes, mas, pelo interesse em terminar o brinquedo, logo voltou à atividade com sua colega. Nessa fase, os estudantes já apresentam melhor autocontrole de suas ações e passam a ficar mais atentos nas atividades. "Com isso, uma criança de 6 a 8 anos, ainda que não consiga memorizar várias coisas ao mesmo tempo, passa a conseguir relembrar situações que viveu utilizando-se de elementos centrais dos acontecimentos" (Jacowski et al., 2014, p. 88).

Os professores voltaram com os educandos para a sala e fizeram registros sobre a atividade. Alguns cartazes foram elaborados, agora em grupos de quatro estudantes, e apresentados para a turma. Aprenderam sobre as normas de segurança, sobre como empinar a pipa e contaram sobre como foi difícil fazer voar algumas, já que a confecção não ficou muito certa. A oficina foi muito interessante, pois a criatividade e a alegria de aprender brincando foram os principais conteúdos da aula.

Recursos:
Varetas de bambu
Papel de seda em várias cores
Linha para pipa nº 10
Cola e tesoura
Tiras de plástico

Esse foi um exemplo de oficina lúdica, mas é importante que, ao elaborar o seu planejamento, você considere as características e condições específicas dos estudantes. É necessário pensar que os educandos com deficiências nas áreas visual, auditiva, física e intelectual, com transtorno global de desenvolvimento e com altas habilidades ou superdotação desejam brincar juntos e, quando encontram estímulo para suas brincadeiras de forma livre e espontânea, procuram eles mesmos resolver os desafios que surgem. Pensar na brincadeira para a inclusão dos estudantes na escola não se limita a presumir o que eles precisam para participar da brincadeira, mas como gostariam de participar da brincadeira, e possibilitar que eles mesmos expressem suas vontades.

A seguir, apresentaremos algumas sugestões de jogos e brincadeiras tradicionais que possam contemplar os interesses do Gustavo, o menino com TDAH, e de outros estudantes. Lembre-se de que na escola existirão muitos estudantes como ele, mas não iguais a ele. Dessa forma, as atividades sugeridas não objetivam explicitar receitas para o trabalho com educandos com TDAH ou com deficiências, pois isso limitaria a capacidade dos professores em criar, imaginar e tornar as brincadeiras acessíveis a todos os estudantes. Um mesmo jogo ou brincadeira poderá ser desenvolvido com educandos com deficiências nas áreas visual, auditiva, física e intelectual, com transtorno global de desenvolvimento e com altas habilidades ou superdotação de diferentes idades; para isso, basta que os professores organizem sua prática de acordo com a realidade individual e como essa individualidade poderá integrar-se no coletivo. Por esse motivo, também não definiremos uma idade específica para cada brincadeira.

3.4 Sugestões de jogos e brincadeiras tradicionais

A seguir, indicamos alguns jogos e brincadeiras tradicionais que podem ser inseridos nas práticas das oficinas lúdicas.

O caminho do trem

Objetivos:

- Estimular a coordenação motora ampla, a organização espacial e temporal e a noção de ritmo corporal.
- Desenvolver a discriminação auditiva, a atenção e a criatividade.

Como brincar:

Esta atividade requer espaço e poderá ser feita em um pátio ou bosque. Convide os estudantes para formar uma fila como se cada um fosse o vagão de um trem. Deixe que se organizem corporalmente. Você pode fazer alguns questionamentos para estimular a criatividade, como: Como farão com os braços, as mãos, as pernas e o tronco? Após a formação do trem, a música e seus ritmos diversos (cantigas de roda, samba, *rock*) poderão servir de fundo para que os educandos tentem passar por um percurso de linhas desenhadas no chão.

O caminho do trem 2

Solicite aos educandos que se organizem em grupos com quatro colegas da mesma maneira que na brincadeira anterior. Insira obstáculos no caminho (rolos, túnel de tecido ou caixas de papelão grandes, cadeiras, cordas em linhas curvas, placas de sinalização), indicando sentido e direção para que façam o percurso.

A ilha

Objetivos:

- Vivenciar movimentos de engatinhar e arrastar para o reconhecimento das partes do corpo.
- Criar sequência de movimentos para aprimorar a atenção seletiva e o automonitoramento.

Como brincar:

A atividade poderá ser feita no pátio da escola ou no parque. Pergunte aos estudantes quais movimentos fazem com pernas, braços e mãos, pescoço e cabeça etc. Peça para que formem duplas e explorem esses movimentos juntos. Crie uma ilha com colchonetes e caixas de papelão, de maneira que as caixas estejam no centro. Peça aos estudantes que imaginem que as caixas são túneis e que deverão passar por dentro deles para chegar ao outro lado da ilha. Estimule a passagem com diversos movimentos e posturas, pulando (com um ou dois pés), arrastando-se, sentado e/ou agachado.

Meu corpo fala

Objetivos:

- Identificar as partes corporais envolvidas nos movimentos básicos naturais (andar, correr, pular, saltar, arrastar, engatinhar).
- Expressar-se corporalmente, de acordo com a movimentação do companheiro e da brincadeira.
- Estimular a discriminação visual e auditiva.

Como brincar:

Peça aos estudantes que identifiquem as partes do corpo que ficam acima da linha da cintura. Deixe que falem livremente sobre essas partes. Peça que mostrem os movimentos realizados com algumas partes do corpo (mãos, pescoço, braços, olhos, boca) e pergunte quais as atividades diárias utilizam esses movimentos, como carregar, olhar para os lados, piscar, falar, subir e descer).

Forme pares, com os alunos de frente um para o outro. Individualmente unir as mãos cruzadas (direita com esquerda e vice-versa). Um estudante criará os movimentos com os braços e as mãos e o colega imitará os gestos. Trocar as ações. Quem criou os movimentos primeiro, agora imitará o seu colega.

O reverso do espelho

Objetivos:

- Expressar corporalmente ações contrárias aos movimentos apresentados.
- Estimular a imaginação e a criatividade nos movimentos corporais.
- Manter a atenção nos movimentos do próprio corpo.

Como brincar:

Peça aos estudantes que observem os gestos que demonstrará (rir, vestir um casaco, calçar o sapato, pentear o cabelo, subir um degrau, entre outros). Em seguida, solicite que eles executem os movimentos apresentados, porém ao contrário (chorar, tirar o casaco, tirar o sapato, despentear o cabelo, descer um degrau, entre outros). Deixe que os educandos criem os movimentos. Escolha uma criança para dar continuidade à atividade.

Representação do corpo

Objetivos:

- Identificar as partes do corpo.
- Construir o vocabulário corporal.
- Reconhecer diversas posturas e expressá-las por meio dos recursos da arte.

Como brincar:

Esta atividade poderá ser feita no canto da sucata. Com diferentes materiais nas caixas, como papéis, tecidos, cola, tesoura, recursos da natureza e botões, peça que se lembrem dos gestos que fizeram nas brincadeiras corporais.

Explique que, por meio da vivência das atividades corporais, representarão as posturas criando um boneco e nele poderão expressar o que mais gostaram, as dificuldades e os aspectos que consideraram interessantes durante as práticas.

Lenço atrás

Objetivos:

- Desenvolver a agilidade e a rapidez para a liberdade dos movimentos corporais.
- Estimular a percepção do espaço.
- Compreender regras na prática lúdica.
- Relacionar a fala aos gestos corporais na brincadeira.

Como brincar:

A brincadeira *lenço atrás* é conhecida por muitas pessoas, já que faz parte do repertório lúdico há gerações. Ela tem também outros nomes, entre eles, *corre cutia*. É classificada como um jogo de perseguir, procurar e pegar (Friedmann, 1996). É típica do centro-oeste do Brasil e a letra da música tem variações de acordo com a cultura da região em que é cantada.

Os estudantes são convidados a sentar em círculo e um educando fica do lado de fora da roda, com um lenço ou uma bola na mão. Os educandos que estão no círculo devem ficar de olhos fechados. Uma cantiga é cantada e, ao final, o educando que está do lado de fora da roda colocará o objeto (lenço ou bola) atrás de um colega. Este deverá pegar o objeto e correr por fora do círculo para tentar pegar o amigo. Algumas vezes as regras são modificadas, podendo apenas jogar a bola no colega e, se acertar, valerá como se tivesse sido pego. Nas duas situações, quando o educando que correu for pego, vai para o centro da roda e, para sair, terá de esperar outra rodada e tentar pegar o lenço ou a bola do próximo colega, atrás de quem foi colocado o objeto. Caso o educando que fugiu retorne ao círculo antes de ser pego, a brincadeira continua com o mesmo pegador.

A imagem a seguir é da prática da brincadeira lenço atrás com estudantes com deficiências nas áreas motora e intelectual. A dificuldade motora fez com que o grupo resolvesse que todos estariam sentados nas cadeiras para facilitar o movimento de início da corrida.

Figura 3.2 – Oficina de jogos tradicionais: lenço atrás

Maria Cristina Trois Dorneles Rau

Recursos:

- Bola
- Lenço

Letra da música:

Corre cutia

Corre cutia

De noite e de dia

Comendo farinha

Na casa da tia

Corre cipó

Na casa da avó

Lencinho na mão

Caiu no chão

Moça(o) bonita(o) do meu coração

Criança: Posso jogar?

Roda: Pode!

Criança: Ninguém vai olhar?

Roda: Não!

Criança: É um, é dois, é três!

Fonte: REVISTA NOVA ESCOLA. **Conheça as brincadeiras da região Centro-Oeste**. 30 nov. 2012. Disponível em: <https://novaescola.org.br/conteudo/4069/conheca-as-brincadeiras-da-Regiao-centro-oeste>. Acesso em: 15 jun. 2019.

Lenço atrás 2

Esta brincadeira é uma variação da anterior criada em uma oficina lúdica pelos estudantes, que modificaram as regras para deixar a brincadeira mais dinâmica.

Como brincar:

Desenhe círculos no chão dispersos em um espaço de meia quadra esportiva, de acordo com o número de educandos que participarão da brincadeira, menos um, que será o pegador. Para um grupo de 20 estudantes, 19 círculos serão desenhados e cada educando ficará dentro de um. Não é necessário fazer uma roda, os círculos poderão ser desenhados dispersos pelo espaço. Canta-se a cantiga e, ao final, o educando que está de fora da roda colocará o lenço ou a bola atrás de um colega. A mudança no jogo aparece na hora de pegar: tanto o pegador como o fugitivo poderão correr por entre os colegas e, se o fugitivo chegar ao seu círculo antes de ser pego, o pegador continua a brincadeira.

Amarelinha

Desenhe uma forma da amarelinha no chão. Como existem diferentes tipos, pesquise com os estudantes algumas formas. Convide as crianças para participar da brincadeira. Inicialmente, explique que existem regras para jogar:

- Jogar um de cada vez.
- Atirar a pedra nos números de um a dez, progressivamente.
- Os pés não poderão pisar na linha do quadro que a pedra estiver.
- Se o educando não acatar a regra, deve passar a vez para outro participante.
- Vence o jogador que pular todos os quadros primeiro.

Quando as crianças forem muito pequenas ou ainda não conseguirem se equilibrar em apenas um pé, as regras poderão ser modificadas. Como ainda não compreendem a espera da vez, é interessante que, juntas, em fila, por exemplo, uma a uma, passem pulando ou caminhando pela amarelinha. A brincadeira poderá continuar, realizando a passagem em diferentes posições.

Boca do palhaço

Escolha uma caixa de papelão grande. Desenhe um cara de palhaço e, na boca, recorte um círculo pelo qual passe uma bola de borracha ou de plástico, como as utilizadas nas piscinas de bolinhas em parques infantis. Ofereça algumas bolinhas para que os educandos tentem acertar dentro da boca do palhaço. Nessa atividade, você poderá pedir que formem duplas ou trios, para que juntos procurem a melhor maneira de realizar a prática.

Batatinha frita

Esta atividade poderá ser feita na quadra ou em um pátio coberto ou mesmo na sala de aula, desde que tenha espaço suficiente. Convide os estudantes para que se organizem numa fileira (em uma linha, um ao lado do outro) sobre uma linha riscada no chão. Peça que um dos estudantes fique perto da parede e que vire de costas para a fileira. Ao seu sinal, dirá: "batatinha frita um, dois, três" e virará de frente para os colegas, que correrão em direção à parede. Quando o educando que está na parede falar pare, todos deverão parar como se fossem estátuas. Quem se mexer deverá voltar para a linha do início. O primeiro que chegar à parede em cada rodada continuará a brincadeira e o estudante que estava na parede fará parte da fileira. Prosseguir a brincadeira de acordo com a mediação do(a) professor(a), até que todos tenham participado ou que o interesse diminua.

Brincando de ninar

Prepare o ambiente de forma que os estudantes estejam confortáveis e integrados. Espalhe algumas bonecas pela sala, de preferência que sejam de pano ou macias. Pegue uma delas e faça de conta que está embalando seu sono, cante algumas cantigas de roda e coloque-a para dormir. Estimule os educandos a fazer o mesmo e observe a reação ante a afetividade, a autoridade, a atenção e o cuidado.

Telefone

A sucata será um recurso útil para esta atividade. Utilize dois copos de iogurte e faça um furo no meio da base. Em cada furo passe um barbante e, na ponta que fica no fundo do copo, dê um nó bem grosso. Dê uma ponta (um copo) a cada educando e peça que estiquem o fio. Enquanto um fala uma mensagem, colocando a boca dentro do copo, o outro deixa no ouvido e tenta ouvir a mensagem. É uma brincadeira muito antiga e divertida.

Essas são algumas brincadeiras que poderão compor as oficinas lúdicas de jogos tradicionais. Existem muitas atividades e cada uma delas poderá ser adaptada para a prática lúdica com os educandos com deficiências nas áreas visual, auditiva, física e intelectual, com transtorno global de desenvolvimento e com altas habilidades ou superdotação na escola, considerando a inclusão. Lembre-se de que nem sempre você, como adulto, terá a obrigação de definir como a atividade deverá ser realizada pelos estudantes, mas adaptações poderão ser feitas durante a prática, questionando, observando e ouvindo os estudantes com deficiências e seus amigos. Os jogos e as brincadeiras estão aí para que todos participem, então, divirta-se junto com os educandos nas oficinas lúdicas.

Os jogos tradicionais possibilitam o desenvolvimento das funções psicomotoras e de todo o processo de aprendizagem, assim, refletindo sobre a turma do Gustavo: "por volta dos 7 ou 8 anos, os educandos desenvolvem maior orientação espacial e temporal. Com isso, já conseguem distinguir direita da esquerda em si próprias e nos outros" (Jacowski et al., 2014, p. 88). O trabalho com as regras nos jogos também é importante, pois propicia a reflexão sobre as relações intra e interpessoais, colocando cada um como sujeito ativo e responsável pelo coletivo. Contudo, as regras e as leis são vistas como inflexíveis e seguidas pelo medo de punição externa, não pelo senso de justiça e da autoconsciência que se manifesta posteriormente.

Dessa forma, a mediação do adulto em relação à criticidade na prática de jogos e brincadeiras é fundamental. Ainda estamos acostumados a ter alguém que detém o poder de decisão e, muitas vezes, as pessoas sentem mais comodidade em simplesmente aceitar as regras impostas. Na escola, as crianças e os jovens devem ter o direito de questionar, colocar suas ideias abertamente e ser ouvidos e respeitados. O brincar é individual, quando se cria um jeito próprio de expressar corporalmente e verbalmente suas ideias, e coletivo, quando essas ideias encontram as ideias do outro. O coletivo requer empatia, cooperação e respeito, mesmo quando as atividades envolvem a competição.

Quando iniciamos o capítulo, convidamos você a pensar sobre como poderíamos encontrar práticas lúdicas que possibilitassem a inclusão do Gustavo e de todos os estudantes com deficiências no brincar. Esperamos que a leitura tenha propiciado a reflexão sobre novas criações com os jogos tradicionais no trabalho com oficinas.

Síntese

Vimos neste capítulo que os jogos tradicionais expressam a cultura infantil de determinada época e proporcionam diversão, por isto devem ser preservados e entregues às novas gerações como um legado. O brincar é um elo entre as gerações, considerando sua função e valores sociais transmitidos por meio dos jogos tradicionais. Como vimos, "O jogo tradicional faz parte do patrimônio lúdico-cultural infantil e traduz valores, costumes, formas de pensamento e ensinamentos" (Friedmann, 1996, p. 43).

Falamos também sobre como o grande interesse pelos jogos eletrônicos, o impulso para o consumo e a participação da criança em diversas atividades impostas pela família diminuíram o tempo de brincar. Sendo assim, a prática dos jogos tradicionais para a inclusão oportuniza à escola se transformar e estimular aprendizagens multidisciplinares para lidar com a diversidade.

O movimento e a prática lúdica nos jogos e brincadeiras tradicionais nas ruas, nos parques e em outros espaços possibilitam a expressão de emoções, sentimentos, desejos, frustrações e o diálogo aberto e espontâneo, favorecendo as formas de comunicação e interação social.

Vimos ainda que a sucata é classificada em *natural*, que inclui pedras, folhas, galhos, madeira, areia etc., e *industrializada*, que abrange materiais como caixas de papelão de diferentes tamanhos e formas, copos plásticos, garrafas PET etc. Os recursos da sucata deverão ser separados previamente. Para isso, é importante que estejam organizados. Para a confecção dos brinquedos, inicialmente é preciso definir o tipo de brinquedo a ser criado com os estudantes com deficiências, de acordo com a sua classificação e objetivos. A criação de brinquedos propicia diversão também ao adulto, pois quando o ser humano se percebe criativo, experimenta alegria e satisfação com os resultados.

A confecção dos jogos propicia identificar as dificuldades motoras e cognitivas antes da prática com os estudantes com deficiências.

Também tratamos do Transtorno de Déficit de Atenção com Hiperatividade (TDAH), que é caracterizado por sintomas de desatenção/desorganização, hiperatividade e impulsividade. O TDAH é um transtorno neurocomportamental, ou seja, por uma disfunção cerebral, o indivíduo passa a apresentar problemas de comportamento quando não são orientados e trabalhados adequadamente."

Nesse sentido, os jogos tradicionais, especificamente a construção de brinquedos artesanais, são ótimas práticas lúdicas para desenvolver a atenção, a concentração e a coordenação motora. O trabalho com as regras nos jogos também é importante, pois propicia a reflexão sobre as relações intra e interpessoais, colocando cada um como sujeito ativo e responsável pelo coletivo.

Numa última análise, verificamos que, na escola, os estudantes devem ter o direito de questionar, colocar suas ideias abertamente e ser ouvidos e respeitados.

Por fim, mencionamos que o brincar é individual e em equipe. Individual quando cria-se um jeito próprio de expressar corporalmente e verbalmente suas ideias, e em equipe quando essas ideias precisam encontrar as ideias do outro. O coletivo requer empatia, cooperação e respeito quando as atividades envolvem a competição.

Indicações culturais

Artigos

CAVALCANTE, M. A base da escrita. **Revista Educação**, 21 mar. 2018. Disponível em: <http://www.revistaeducacao.com.br/letramento/>. Acesso em: 15 jun. 2019.

> Esse artigo discute a precocidade com que as crianças são inseridas na alfabetização na atualidade, evidenciando, assim, a escolarização precoce e que muitas vezes retira tempo e espaço da infância.

PORTAL VILA SÉSAMO = SESAME WORKSHOP. Disponível em: <https://www.sesamestreet.org//>. Acesso em: 15 jun. 2019.

> O portal contém artigos que enfocam os aspectos da inclusão e da infância por meio de sugestões de jogos, programas de TV.

RODRIGUES, K. L. Q. O brincar inclusivo e o desenvolvimento infantil. **Portal Vila Sésamo**, 4 abr. 2014. Pais e Educadores. Disponível em: <http://cmais.com.br/vilasesamo/pais-e-educadores/o-brincar-inclusivo-e-o-desenvolvimento-infantil>. Acesso em: 15 jun. 2019.

O artigo aborda a relevância do brincar para o processo de desenvolvimento e aprendizagem das crianças e para a inclusão.

Atividades de autoavaliação

Leia o Capítulo 3 para responder às questões que seguem. Faça anotações individuais e questionamentos que o auxiliarão na compreensão do tema abordado.

1. Os jogos tradicionais envolvem as brincadeiras vivenciadas pelas crianças em todas as fases da infância e em diferentes culturas. As oficinas de jogos tradicionais incluem as ações do brincar, a cultura lúdica e a infantil; sendo assim, pode-se definir os jogos tradicionais como:

   a) jogos que expressam a cultura infantil de determinada época e que, por proporcionarem diversão, são preservados e entregues às novas gerações como um legado.

   b) jogos pedagógicos, criados há muito tempo.

   c) jogos dinâmicos corporais, que trabalham as habilidades sociais.

   d) jogos coletivos de uma criança com idade escolar avançada.

   e) jogos que expressam a cultura infantil da época atual.

2. "O jogo tradicional faz parte do patrimônio lúdico cultural infantil e traduz valores, costumes, formas de pensamento e ensinamentos" (Friedmann, 1996, p. 43). Indique se as afirmações a seguir são verdadeiras (V) ou falsas (F):

( ) O brincar é um elo entre as gerações, considerando sua função e valores sociais transmitidos por meio dos jogos tradicionais.

( ) Acredita-se que o movimento e a prática lúdica nos jogos e brincadeiras tradicionais nas ruas, parques e outros espaços trazem prejuízos à formação da criança.

( ) No contexto escolar inclusivo, resgatar a cultura lúdica possibilita relacionar o ensino, a aprendizagem e o desenvolvimento, conciliando a prática educativa à formação cultural da criança, na qual esta aprende a competir, cooperar, antecipar, imaginar, planejar e executar como aspectos básicos do processo de construção e aquisição do conhecimento.

( ) O crescimento urbano, a redução de espaços físicos para o lazer e a mídia reduziram o tempo e o espaço para as brincadeiras e, dessa forma, a criança passou a ocupar seu tempo com a televisão; a forte influência das propagandas sobre a aquisição de brinquedos industrializados e a mudança dos papéis na família, entre os quais o da mulher, foi significativo para as transformações sociais.

( ) O grande interesse pelos jogos eletrônicos, o impulso para o consumo e a participação da criança em diversas atividades impostas pela família contribuíram para o aumento do tempo de brincar.

Agora, assinale a alternativa que corresponde à sequência correta:

a) F, V, F, F, V.
b) F, F, V, F, V.
c) V, F, V, V, F.
d) V, V, F, V, F.
e) F, V, V, F, V.

3. Todo brinquedo confeccionado com material reciclável tende a despertar nos educandos novos interesses e desenvolve, grandiosamente, a criatividade, apresentando possibilidades de transformar objetos: "para essa produção, é necessário conhecer como as crianças brincam, reconhecer o valor do brinquedo para o seu desenvolvimento e a sua aprendizagem, atentar-se para a questão da segurança dos materiais que serão utilizados para a construção dos brinquedos, observando e tomando cuidados quanto à sua periculosidade" (Sommerhalder; Alves, 2011, p. 91). Para a construção de brinquedos artesanais e para que a prática de oficinas lúdicas alcance bons resultados, devemos observar alguns aspectos importantes. Sobre essa questão, analise as afirmativas a seguir:

I) Além da seleção e análise dos materiais, estes deverão estar higienizados e organizados. As caixas com os materiais etiquetadas facilitam o manuseio no momento da oficina lúdica.

II) Os recursos da sucata deverão ser separados previamente. Para isso, é importante que estejam organizados. Materiais como cola tudo, tesouras com pontas e estiletes são necessários.

III) No momento em que apresentar os recursos para os estudantes, deixar que estes os manipulem para experimentar as sensações que os materiais proporcionam.

IV) Para a confecção dos brinquedos, não há a necessidade de definir o tipo de brinquedo a ser criado com os educandos, pois a classificação e os objetivos do brinquedo não interferem na confecção deste.

V) A criação de brinquedos propicia diversão também ao adulto, pois, quando o ser humano se percebe criativo, experimenta alegria e satisfação com os resultados.

Estão corretas as afirmativas:

a) II, III e IV.
b) III, IV e V.
c) I, III e V.
d) I, II e IV.
e) I, II e III.

4. O trabalho com as regras nos jogos também é importante, pois propicia a reflexão sobre as relações intra e interpessoais, colocando cada um como sujeito ativo e responsável pelo coletivo. Dessa forma, a mediação do adulto em relação à criticidade na prática de jogos e brincadeiras

é fundamental, pois ainda estamos acostumados a ter alguém que detém o poder de decisão e, muitas vezes, as pessoas sentem mais comodidade em simplesmente aceitar as regras impostas. Nesse sentido, assinale a alternativa correta:

a) Em se tratando de competições, os estudantes não devem ter o direito de falar, questionar ou colocar suas ideias abertamente, porque, para isso, o adulto detém o poder de decisão.

b) Observar regras e leis na atividade coletiva não requer empatia, cooperação e respeito quando as atividades envolvem a competição.

c) O trabalho com as regras nos jogos não propicia a reflexão sobre as relações intra e interpessoais.

d) Os estudantes precisam questionar, colocar suas ideias abertamente e serem ouvidos e respeitados.

e) As regras e leis são vistas como inflexíveis e devem ser seguidas pelo medo de punição externa.

5. A mediação do adulto em relação à criticidade na prática de jogos e brincadeiras é fundamental. Em relação a essa afirmação, indique se as alternativas a seguir são verdadeiras (V) ou falsas (F).

( ) Os educandos aceitam as regras impostas pelos adultos sem questionar.

( ) Ainda estamos acostumados a ter alguém que detém o poder de decisão e, muitas vezes, as pessoas sentem mais comodidade em simplesmente aceitar as regras impostas.

( ) Na escola, os estudantes devem ter o direito de falar, questionar, colocar suas ideias abertamente e serem ouvidos e respeitados.

( ) O brincar é individual quando se cria um jeito próprio de expressar corporalmente e verbalmente suas ideias, e coletivo, quando essas ideias precisam encontrar as ideias do outro.

( ) A prática lúdica em grupo nas brincadeiras requer empatia, cooperação e respeito quando as atividades envolvem a competição.

( ) Embora as regras na brincadeira tenham o objetivo de organizar a sua prática, não possibilitam a reflexão sobre as relações entre os educandos.

Agora, assinale a alternativa que corresponde à sequência correta:

a) F, V, F, F, V.
b) F, F, V, F, V.
c) V, F, V, V, F.
d) V, V, F, V, F.
e) F, V, V, V, F.

Atividades de aprendizagem

Questões para reflexão

1. O brincar é um elo entre as gerações considerando sua função e seus valores sociais transmitidos por meio dos jogos tradicionais. As brincadeiras são parte da história de vida de cada sujeito. Sobre os jogos tradicionais, aponte

sua reflexão sobre a importância da brincadeira para a infância nos seguintes aspectos:

a) a formação humana para a infância, na qual articula-se o ensino, a aprendizagem e o desenvolvimento.

b) o tempo de brincadeiras que os educandos dedicam ao movimento.

2. Atualmente há um grande interesse das crianças e dos jovens pelos jogos eletrônicos. Aliado a isso, o impulso para o consumo e a participação da criança em diversas atividades impostas pela família diminuíram o tempo de brincar. Reflita sobre o papel do adulto na mediação dos interesses da criança sobre os jogos eletrônicos e o apelo da mídia para a aquisição de brinquedos da moda.

a) Como você vê o contato com os jogos eletrônicos na formação social e cultural da criança?

b) Você considera que as brincadeiras tradicionais podem estimular o convívio social dos educandos? Justifique.

Atividades aplicadas: prática

1. Pesquise em revistas, *sites* ou *blogs* imagens de crianças e adultos brincando. Faça uma colagem com recortes ou uma apresentação utilizando recursos multimídia, indicando como deveria ser, na sua opinião, o espaço, o tempo e os tipos de jogos e brincadeiras na infância.

2. O que você entende por jogos tradicionais? No que eles se distinguem dos jogos eletrônicos? Faça uma lista de jogos e aponte no que eles intervêm construtivamente para o desenvolvimento sócio-afetivo, motor e cognitivo dos estudantes.

3. É possível dizer que, na atualidade, os adultos estão menos preocupados com a prática de exercícios físicos e o contato com a natureza ao propiciar momentos de lazer para as crianças? Discuta com seus colegas e escreva uma reflexão sobre o assunto.

Capítulo 4

Jogos cooperativos: cooperação e inclusão

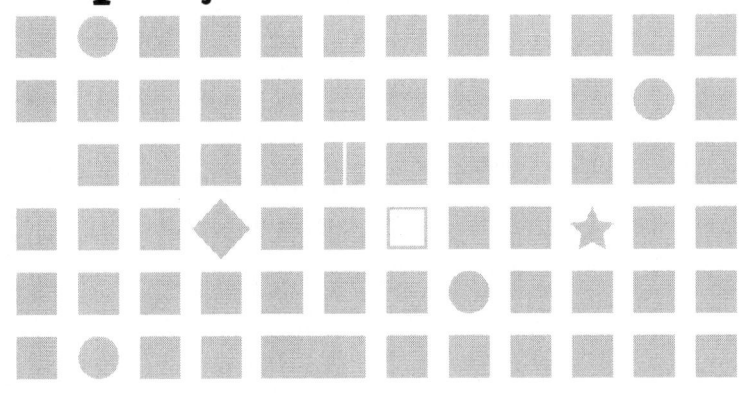

A leitura deste capítulo levará você, leitor ou leitora, a pensar sobre a competição que faz parte dos jogos e das brincadeiras. Essa parte da obra tem como ponto relevante identificar, na competição, ações de cooperação entre os participantes dos jogos como forma de pensar e agir, da criança com seus pares. Os jogos tradicionais, na sua maioria, apresentam a relação entre vencedor e perdedor, o que poderá ser transformado quando você repensar as regras e os objetivos dos jogos.

4.1 Jogos cooperativos

Os jogos cooperativos surgiram na década de 1950 e seu precursor foi Ted Lentz, nos Estados Unidos. Na década de 1970, o principal estudioso do assunto foi Terry Orlick (1989), pesquisador canadense que publicou o livro *Vencendo a competição* e que serve de base para estudos sobre o tema ainda hoje. A obra critica a exacerbação da competição no esporte desde a Antiguidade, com os gregos, e relaciona a visão da competição no esporte ao modelo competitivo das relações sociais e humanas na sociedade capitalista.

> Devemos trabalhar para mudar o sistema de valores, de modo que as pessoas controlem seus próprios comportamentos e comecem a se considerar membros cooperativos da família humana. [...] Talvez, se alguns dos adultos mais destruidores de hoje, tivessem sido, quando crianças, expostos ao afeto, à aceitação e aos valores humanos, o que tento promover com

os jogos e esportes cooperativos, teriam crescido em uma outra direção. (Orlick, 1989, p. 14)

No Brasil, os jogos cooperativos se destacaram na década de 1980, no Estado de São Paulo, e tem como principais autores Brotto (2002) e Soler (2009). O que são jogos cooperativos? Os jogos cooperativos são atividades lúdicas que estimulam o trabalho em equipe, na qual todos colaboram para atingir os objetivos. São práticas que desenvolvem a união, a coragem para o enfrentamento de riscos e que têm no sucesso coletivo mais ênfase do que no fracasso individual. "Quando cooperamos, algo muito interessante acontece. Percebemos como é bom poder ajudar alguém" (Soler, 2009, p. 137).

Na escola, a educação física desenvolve propostas de socialização entre os estudantes por meio de práticas lúdicas e cooperativas, superando a visão de que sempre se participa de um jogo para vencer, dando lugar à ideia de que jogando podemos ganhar: ganhar amigos, ganhar juntos, ganhar em criatividade, solidariedade e convivência. Os jogos cooperativos na escola proporcionam alegria, satisfação e vontade mútua de solucionar os problemas na prática das atividades. O processo de jogar e divertir-se, nessa perspectiva, desenvolve a integração e formas saudáveis de competição. Conforme Soler (2009, p. 136): "Para as crianças, tanto faz competir ou cooperar, pois o que elas querem é se divertir".

Vamos contextualizar essa concepção descrevendo uma vivência com os jogos cooperativos para a inclusão na escola.

Bruno, 9 anos, era um menino que tinha dificuldades em participar das atividades em grupo nas aulas de Educação Física. A professora Márcia muitas vezes tentava fazer com que ele se integrasse aos grupos, mas os colegas quase sempre o excluíam e reclamavam: – O Bruno é lento, erra a bola, nós não o queremos no nosso time. Somos mais fortes que ele.

A professora conversava com os estudantes, mas pouco obtinha em resultados positivos. Até que um dia pensou numa proposta diferente para as aulas. Convidou os educandos para sentar no centro da quadra e falou sobre os jogos e as brincadeiras. Os educandos logo falaram sobre suas experiências, menos o Bruno. Então a professora pediu que os estudantes pesquisassem jogos e brincadeiras e conversassem com suas famílias sobre os que conheciam e os trouxessem na próxima aula.

Na aula seguinte, a professora Márcia pediu que formassem grupos com cinco estudantes para que falassem sobre os jogos que pesquisaram ou já conheciam. Foi então que Bruno decidiu que ensinaria basquete aos colegas. A Educação Física do quarto e quinto anos do ensino fundamental trabalhava com o esporte de forma lúdica e ainda não priorizava a técnica, mas muitos estudantes já haviam iniciado a formação esportiva em escolas de ensino esportivo e clubes, como era o caso do aluno em questão. Todos adoraram aprender sobre o basquete com o Bruno. Deste dia em diante, a relação dos colegas com o menino que era excluído mudou e, como nas fábulas infantis, que sempre apontam um princípio: todos jogaram juntos e aprenderam sobre a cooperação para sempre!

A capacidade de comunicação e confiança do ser humano é uma das principais características a ser estimulada na prática dos jogos cooperativos. Como vimos no exemplo das aulas de Educação Física, a prática não descreveu um jogo diferente, mas uma maneira distinta de conduzir as relações entre os estudantes, seus saberes particulares e o saber escolar. A professora oportunizou a comunicação entre todos os educandos e, dessa forma, as relações de dominação se modificaram e deram lugar às relações de cooperação e entusiasmo. A Lei n. 13.146, de 6 de julho de 2015, no Capítulo IV, "Do Direito à Educação", em seu art. 27, esclarece que

> Art. 27. A educação constitui direito da pessoa com deficiência, assegurados sistema educacional inclusivo em todos os níveis e aprendizado ao longo de toda a vida, de forma a alcançar o máximo desenvolvimento possível de seus talentos e habilidades físicas, sensoriais, intelectuais e sociais, segundo suas características, interesses e necessidades de aprendizagem. (Brasil, 2015)

Quanto maior a capacidade de cooperação entre crianças, jovens, adultos e idosos, maior será a capacidade de autocontrole nas emoções e nos sentimentos que levam à exacerbação.

Brown (1995) destaca, como características essenciais dos jogos cooperativos, o incentivo à participação de todos e a não exclusão, como também a libertação da competição, já que o interesse e a motivação focam na convivência saudável, na transformação do que significa ganhar ou perder, na interação de todos os participantes, independente de suas habilidades motoras. Os jogos cooperativos encontram nas regras maior flexibilização, o que favorece a participação e a criatividade para o sucesso coletivo. Soler (2009, p. 137), de maneira muito criativa, propõe uma nova sigla *PNC* (Portadores de Necessidades Cooperativas), "pois muitas pessoas necessitam conhecer e praticar atividades cooperativas, escapulindo da única forma que infelizmente conhecem: A competição."

O menino de 9 anos da turma da professora Márcia enfrentava muitos desafios a serem superados, reflexos dos Transtornos de Ansiedade Generalizada (T.A.G.) e da Fobia Social (F.S.). A "ansiedade é um termo amplo que descreve um estado de preocupação para enfrentar situações de perigo" (Sousa et al., 2014, p. 101). Por isso, Bruno apresentava algumas características de comportamento que dificultavam a sua participação em grupo nas atividades escolares. Estudantes com T.A.G e F.S. apresentam "respostas ansiosas inadequadas, preocupação excessiva e persistente, pensamentos de conteúdo negativo e comportamentos que afetam o dia a dia do indivíduo" (Sousa et al., 2014, p. 101).

Um dia, a professora Márcia conversou com Bruno sobre o que ele sentia. A sua fala foi motivo de surpresa para a educadora: "Professora, eu tenho problemas.". Ela perguntou: "Quem lhe disse que você tem problemas?". A sua resposta foi: "O médico e o meu pai.". O tratamento e a compreensão da família e dos educadores são fundamentais no enfrentamento do transtorno, uma vez que "as respostas de ansiedade dependem de estruturas cerebrais que integram por meio de um delicado equilíbrio de substâncias químicas, conhecidas como neurotransmissores, dos quais a serotonina e a dopamina são os mais importantes" (Sousa et al., 2014, p. 101). É importante que os estudantes com T.A.G e F.S. recebam apoio para participar das práticas pedagógicas na sala de aula. O exemplo descrito na aula de Educação Física poderá ser pensado pelos professores em outras áreas. O que você acha? A prática da cooperação, como proposta a ser incluída no ensino, considera o que Soler (2009, p. 139) destaca como atitudes a serem fortalecidas:

> a empatia como a capacidade de colocar-se no lugar do outro, a estima como a capacidade de reconhecer e expressar a importância do outro, a cooperação como a capacidade de trabalhar em prol de uma meta comum, a comunicação e o diálogo como o intercâmbio de sentimentos, conhecimentos, estima, problemas e perspectivas.

A prática lúdica nos jogos cooperativos proporciona a reflexão sobre o agir consigo e com o outro, de maneira diversa ao que se tem percebido nas relações entre as práticas competitivas. A cooperação incentiva as relações de respeito e amizade ao permitir aos educandos uma forma diferente de jogar e brincar. Assim, mesmo quando há a competição, a ética fará parte das ações individuais e coletivas.

4.2 Competição ou cooperação?

Quando a palavra *competição* surge, comumente está ligada aos esportes. As relações sociais na atualidade, no entanto, muitas vezes impõem escolhas submissas que destituem o sujeito da autonomia e da liberdade para tomar suas próprias decisões. Quem somos? Pessoas na sua essência ou pessoas que ocupam cargos e posições na sociedade? A educação escolar e, sobretudo, a inclusão, poderá contribuir na formação de um sujeito crítico e reflexivo em suas escolhas, decisões e relações para consigo e com o outro. As atitudes cooperativas no cotidiano levam à compreensão da diversidade social e cultural da qual as pessoas fazem parte.

A educação física, como área de conhecimento, aborda os saberes sobre os jogos, a dança, os esportes, as lutas e a ginástica. Cada eixo, com a sua construção metodológica, atende aos pressupostos teóricos e práticos da cultura corporal.

Será que esportes e jogos são a mesma coisa? Os conteúdos dos esportes e dos jogos são diferentes. Enquanto o primeiro aborda o futebol e o voleibol, por exemplo, o segundo tem seu enfoque nos jogos tradicionais, que apresentam classificações de acordo com seus objetivos, como destacamos no Capítulo 1. Você poderá pensar: Mas como utilizamos o termo *jogar* para o futebol e também para o jogo do caçador ou queimada? *Jogar* é um verbo e, quando transitivo direto, significa participar de algo – no caso, participar de uma atividade lúdica ou competitiva de acordo com algumas regras – e, quando intransitivo, significa participar de atividade lúdica por prazer. Como observamos, o verbo *jogar* está presente tanto nos esportes como nos jogos educativos. Os esportes visam à formação técnica para a sua prática e, na escola, atende a esse aspecto e à formação pessoal; assim, a competição e a cooperação se fazem presentes. Os jogos também têm como objetivos a formação pessoal, podendo ser competitivos ou cooperativos. Os competitivos atendem a determinadas regras e, na sua prática, os participantes têm como objetivo principal vencer. Os jogos cooperativos têm maior flexibilidade nas regras e apresentam como objetivos a formação pessoal e o fortalecimento das relações de solidariedade e respeito.

Contudo, não se trata aqui de defender a competição ou a cooperação na prática lúdica, mas sim de refletir sobre a formação humana em que estão inseridos os educandos na escola, na família, na comunidade e na sociedade. Não julgando competir ou cooperar, optamos em questionar: Qual a qualidade da formação humana que é oferecida aos estudantes hoje?

Na escola, estudantes trazem consigo a sua história de vida e, com ela, valores sociais e afetivos que lhes são transmitidos pelas suas famílias e pela comunidade da qual fazem parte. Também não nos cabe julgar esses valores, mas sim compreender como se manifestam na afetividade e na agressividade dos educandos. Sentimentos de medo e raiva fazem parte das emoções das pessoas, mas também os sentimentos que são expressos pela compaixão e empatia para com o outro.

Compreender as emoções é importante para o autocontrole. As agressões físicas e verbais são desagradáveis também para a própria pessoa que as expressa, pois geralmente levam à culpa após o descontrole emocional; ferem e machucam a si, o outro e o ambiente em que as pessoas convivem; dificultam relacionamentos, impedem a evolução ética e, consequentemente, interferem no processo de construção do conhecimento; por fim, levam à exclusão e à solidão.

A empatia e a compaixão, pelo contrário, levam à reflexão sobre quem somos, quem é o outro e como, juntos, poderemos lidar com as dificuldades, enfrentar os desafios, elaborar regras e princípios que levem à coletividade. A cooperação está nas atitudes com relação ao ambiente, à educação, à doença, à saúde, à segurança, à criança, ao adulto e ao idoso, à política e a todos os segmentos que formam as relações sociais.

Competir faz parte das relações sociais. Competir com ética e respeito à vida faz parte das relações sociais. Cooperar também! A prática lúdica atende essa ideia quando propicia que todos participem ativamente da construção coletiva das regras, da organização do espaço e do ambiente, da utilização cuidadosa dos jogos e dos brinquedos, estimulando, dessa forma, a autonomia e a criatividade. A prática de jogos e brincadeiras encontra significado na experiência cooperativa, na qual "o que se almeja é trabalhar com as pessoas no sentido de procurar sempre ampliar a participação e a integração delas nos processos em curso" (Soler, 2009, p. 139).

Vamos compreender como isso poderia ser feito na prática?

Maria Júlia, 13 anos, estuda numa escola de ensino regular. É bastante alegre e comunicativa, como a maioria das meninas da sua idade. Adora dançar e participa de um grupo na sua comunidade todos os sábados, dia em que uma professora de balé desenvolve um projeto de expressão corporal para pessoas com deficiência. Na escola, sua motivação para a prática corporal não é diferente. Nas aulas de Educação Física sempre procura uma forma de participar das atividades. Uma delas foi bem interessante.

A professora Ingrid propôs um jogo para trabalhar habilidades com bolas. Para isso, utilizou bolas de borracha números 9 e 11. Os educandos da turma de 9º Ano começaram a praticar arremessos e passes, movimentando-se pela quadra, porém Maria Júlia não estava conseguindo participar das atividades porque os colegas moviam-se muito rapidamente, dificultando que ela os acompanhasse, sentada em sua cadeira de rodas. A professora parou a aula e fez um convite inesperado à turma:

Pessoal, hoje vou passar a bola para vocês! Quero que pensem como poderão modificar as regras e os movimentos deste jogo para que todos tenham a mesma oportunidade. Olhares! Cochichos! Resistências... Até que surgiu uma proposta!

Os estudantes criaram o jogo do pé quebrado. Ao analisar essa atividade, observamos que tem o objetivo de promover o respeito às diferenças e refletir sobre a estrutura e as regras do jogo.

Márcia e alguns estudantes criativos e atuantes propuseram que os colegas sentassem com as pernas estendidas na quadra esportiva, demarcada no espaço da área do voleibol. Distribuíram algumas tiras feitas de TNT a cada um dos colegas para que prendessem suas pernas na altura do tornozelo. Explicaram-lhes que a bola deveria ser passada de uma pessoa a outra com as mãos, em arremessos, até que chegasse a uma extremidade da quadra. A regra era que, para marcar pontos, a bola deveria ser passada por cinco pessoas sem que caísse no chão. O jogo teve o tempo estipulado em 10 minutos.

Ao final da atividade vivenciada pelos estudantes, a professora Ingrid conversou sobre a relação de competição e cooperação. Quais dificuldades encontraram para realizar a prática? Houve consenso de que todos deveriam colaborar com as aulas, já que a diversão não acontecia somente em jogos competitivos. Disseram também que, mesmo nos jogos competitivos, deveria haver a colaboração de todos, pois ninguém vence sozinho. Todos têm a contribuir.

Segundo Wilson (1971), crianças e adolescentes com deficiências físicas/neuromotoras, quando não possuem também deficiências intelectuais, podem aprender por meio de metodologias que considerem pequenas adaptações nos equipamentos e recursos didáticos, para facilitar a sua execução nas atividades escolares. Essa proposta atende ao exposto na Lei n. 13.146/2015, art 3º,

> VI – adaptações razoáveis: adaptações, modificações e ajustes necessários e adequados que não acarretem ônus desproporcional e indevido, quando requeridos em cada caso, a fim de assegurar que a pessoa com deficiência possa gozar ou exercer, em igualdade de condições e oportunidades com as demais pessoas, todos os direitos e liberdades fundamentais. (Brasil, 2015)

Maria Júlia apresentava deficiência física causada por um acidente de carro, no qual ela perdeu o movimento das pernas. Os aspectos culturais de uma sociedade reforçam as relações de dominação quando destacam os jogos como palco para ganhadores ou perdedores. "Igualdade de direitos e deveres: assegura a participação e a responsabilidade de todos pela decisão e gestão, bem como a justa repartição dos benefícios promovidos pela atividade cooperativa" (Soler, 2009, p. 140). O jogo cooperativo é divertido e, como observamos no exemplo anterior, problematizar a participação de todos estimula o compartilhamento de soluções, cria elos entre as pessoas e traz possibilidades de ações que envolvem a solidariedade e a melhora da autoestima. "E uma autoestima saudável é fundamental para que a pessoa possa tentar aprender cada vez mais e ensinar, também, pois só aprende ou ensina quem tem coragem para se mostrar como é, quem tenta novamente após um fracasso" (Soler, 2009, p. 147). As práticas educativas que levem à cooperação estimulam a vida em sociedade de forma construtiva e saudável. Embora os desafios sejam muitos, as atividades diárias no interior da escola se refletem no comportamento dos educandos e têm efeito na sociedade.

A inclusão de estudantes com Síndrome de Down (SD) na escola possibilita muitas aprendizagens para quem convive com eles, pois são atentos e carinhosos. A prática de atividades lúdicas que envolvem as interações, a percepção de si e do outro poderão estar presentes, desde muito cedo, para que todos aprendam a se divertir e compartilhar abraços, sonhos, fantasias, risadas, enfim, alegrias.

Rosot e Riechi (2017, p. 119) esclarecem que a SD é o "distúrbio cromossômico mais bem conhecido, pesquisado e divulgado, além de ser considerada a causa genética mais comum do déficit intelectual moderado". A criança com SD tem características, cognitivas e de comportamento, afetadas por um conjunto de alterações no funcionamento do sistema nervoso. O córtex pré-frontal possui um nível menor de serotonina, dopamina, taurino e ácido aminobutírico que causam déficits nas funções executivas e de memória. A hipoplasia no cerebelo leva às disfunções motoras e à hipotonia.

Essas características, contudo não impedem seu desenvolvimento, pois a estimulação desde os seus primeiros anos de vida potencializa suas capacidades motoras, cognitivas e comunicativas. "As crianças pequenas que ainda não falam utilizam o movimento como forma de expressão" (Rau, 2011b, p. 238), sendo assim, você poderá realizar algumas atividades lúdicas com os bebês na creche.

4.3 Cooperação entre pares nas brincadeiras

Os jogos e as brincadeiras cooperativas na escola justificam e encorajam as interações sociais e culturais, significativas para a vida das crianças e dos jovens. A transformação das concepções de educação, homem e sociedade e das práticas pedagógicas precisa considerar novas formas de ensinar e aprender. Nesse sentido, a Política Nacional de Educação Especial (PNEE) destaca:

> A educação inclusiva constitui um paradigma educacional fundamentado na concepção de direitos humanos, que conjuga igualdade e diferença como valores indissociáveis, e que avança em relação à ideia de equidade formal ao contextualizar as circunstâncias históricas da produção da exclusão dentro e fora da escola. (Brasil, 2008, p. 1)

A aprendizagem cooperativa tem no papel do professor a mediação sobre inúmeras diferenças que acompanham os estudantes, o que talvez seja uma exigência muito ampla para os educadores. Contudo, o conhecimento sobre as relações humanas construído no cotidiano da escola a função do educador privilegia no sentido de integrar o grupo, fortalecendo as atitudes de cooperação. Seu papel é primordial, mas o objetivo dessa mediação é que os educandos tenham autonomia quanto ao seu papel social de respeito à diversidade.

A prática lúdica com os jogos cooperativos, nesse sentido, auxilia a ação docente para a construção de relações mais humanas e solidárias.

Soler (2009) destaca alguns aspectos que facilitam a aprendizagem cooperativa. Para o autor, trabalhar com turmas de 15 a 20 educandos é o ideal, mas sabemos que a escola tem turmas de 30 a 40 estudantes em cada sala. Como resolver essa questão? Organizando atividades em que pequenos grupos, de 4 a 5 educandos, possam realizá-las. "Grupos maiores também terão maiores dificuldades para organizar tarefas, harmonizar habilidades diferentes, solucionar problemas e alcançar objetivos" (Soler, 2009, p. 143).

Um ótimo exemplo de jogo competitivo que poderá se tornar um jogo cooperativo é a dança das cadeiras. A maneira tradicional de brincar é organizando as cadeiras em círculo, em número inferior ao de participantes. Para um grupo de 20 estudantes, usam-se 19 cadeiras, coloca-se uma música alegre e explica-se aos estudantes que devem dançar em volta das cadeiras, mas que, no momento em que parar a música, deverão correr para se sentar. A criança que não conseguir sentar sairá da brincadeira. A atividade terminará quando houver uma vencedora.

Analisamos essa atividade e a consideramos bastante complexa. Para participar, o educando deverá estar atento a vários estímulos: o auditivo, uma vez que há uma música; a atenção, para quando a música parar; o motor, em que ela deverá usar suas habilidades de correr e sentar; o domínio de uma boa lateralidade, de uma organização espacial e temporal e da agilidade. Mas e o brincar? E a diversão? Geralmente os educandos com dificuldades apresentam maior lentidão nos movimentos, ou estão mais desatentos, e são os primeiros a sair. O brincar e a diversão dão lugar à frustração imediata. Não há chance para que os educandos possam, inicialmente, compreender a brincadeira para, depois, vivenciá-la de forma integral. Há uma chance sim, aliás, todas as chances possíveis. No caso da dança da cadeira cooperativa, a reinvenção desse jogo foi estimulada por Brotto (2002).

4.4 Sugestões de jogos cooperativos

A seguir, apresentamos algumas sugestões de jogos cooperativos que podem ser realizados com os educandos em oficinas lúdicas.

Dança da cadeira cooperativa

Objetivos:

- Discriminar sons e ritmos.
- Desenvolver a organização espacial e temporal.
- Identificar espaços coletivos e participar destes de forma cooperativa.
- Divertir-se nas vivências lúdicas.

Como jogar:

A organização da atividade é a mesma da brincadeira tradicional, porém você explicará ao grupo de estudantes que o objetivo comum é que, ao terminar o jogo, todos os participantes deverão estar sentados nas cadeiras que sobrarem. Ou seja, as cadeiras são retiradas, mas as pessoas permanecem na brincadeira. É um grande desafio participar da atividade, pois todos precisarão resolver o problema juntos enquanto se divertem.

Na brincadeira tradicional, a tensão é grande e as pessoas ficam mais preocupadas em sentar do que em dançar e se divertir. Na brincadeira cooperativa, as pessoas poderão escutar a música, perceber o ritmo, dançar com os pares e se deslocar pelo espaço, pois, quando parar a música, terão um lugar perto de alguém para sentar.

As crianças, ao participarem dessa atividade, nos mostram o quanto a empatia faz parte da sua vida. Logo no início, quando compreendem o objetivo da atividade e que não serão excluídas caso não se sentem primeiro, já começam a sentar umas no colo das outras e as cadeiras acabam sobrando. Brotto (2002) destaca que os educandos vão percebendo que podem se liberar dos velhos, desnecessários e bloqueadores padrões competitivos, emancipando-se dos antigos hábitos, e começam a fortalecer a expressão do potencial cooperativo de jogar e se divertir.

Experimente a atividade na escola, na comunidade ou em reuniões com pais e professores. Você perceberá que o potencial criativo e a empatia das pessoas não têm idade para serem resgatados. Divirta-se!

A escola, instituição sociocultural, é privilegiada no sentido de estimular atitudes e valores humanos, mas os professores e os educandos serão os protagonistas da maioria das cenas. O texto da peça será criado e interpretado por sujeitos críticos e criativos, na direção de organizar espaços e atividades que estimulem o desenvolvimento sadio e diversificado para a construção de valores democráticos e solidários.

Agora que conhecemos um pouco sobre os jogos cooperativos e suas possibilidades educativas, vamos praticar.

Basquete cooperativo

Objetivos:

- Estimular atitudes de cooperação.
- Favorecer o desenvolvimento psicomotor.

Como jogar:

Para dividir os educandos em duas equipes, você pode propor algumas formas diferentes: os educandos que têm o nome iniciando por vogais farão parte da equipe A e os educandos que têm o nome iniciando por consoantes ficarão na equipe B. Provavelmente, os times não estarão equilibrados em número de participantes logo no início e, assim, você poderá propor outras categorias para a formação desses mesmos grupos, como separar-se pela cor de cabelo, cor dos olhos, nascimento no primeiro ou segundo semestre do ano e assim por diante, até que estejam todos organizados. Será divertido ver como os educandos trocam de equipe, mas também haverá resistências.

Essa forma de escolha de equipes é interessante para os educandos, pois favorecerá a socialização. Os educandos com altas habilidades ou superdotação, por exemplo, podem se sentir inibidos em participar de atividades em grupo por considerarem que suas habilidades motoras não são suficientes para a prática de jogos. Nem todos os estudantes com altas habilidades ou superdotação apresentam essas características, mas comumente:

aqueles que apresentam uma inteligência excepcionalmente elevada tendem a enfrentar maior número de situações que poderão ter um impacto negativo no seu ajustamento socioemocional. Neste grupo, é mais frequente os alunos se sentirem pouco estimulados pelo programa levado a efeito na escola, apresentando ainda dificuldades de relacionamento social com os colegas, por terem interesses distintos, o que gera sentimentos de solidão e isolamento. (Fleith, 2007a, p. 19)

No próximo capítulo, apresentaremos sugestões de práticas lúdicas para os educandos com altas habilidades ou superdotação.

A prática lúdica evoca a espontaneidade nas pessoas, e, com efeito, a resistência à mudança de atitudes fará parte da aprendizagem. Nem todos estarão abertos à cooperação por ter uma educação voltada à competição. Procure refletir com o grupo sobre o comportamento e as relações de cooperação. Para o jogo, serão utilizadas caixas de papelão e bexigas. As caixas ficarão nos extremos do espaço, que poderá ser uma sala ou a metade da quadra esportiva, e representarão as cestas. A bola será substituída por uma bexiga ou balão.

Para iniciar o jogo, você poderá usar um apito ou uma palavra combinada anteriormente. Convide duas pessoas para estarem no centro da quadra e jogue a bexiga para cima, a fim de que que disputem e tentem passar a alguém do seu time. A bexiga só poderá ser movimentada assoprando, até que um time consiga colocá-la dentro da caixa do outro time. Quando isso acontecer, a pessoa que fizer a cesta trocará de lugar com alguém do outro time e, assim, os grupos irão se modificando, jogando uns com os outros. Variações: jogar de mãos dadas, passar a bexiga apenas com uma mão etc. Você poderá criar as variações com os estudantes e, assim, envolver os educandos com deficiências nas áreas visual, auditiva, física e intelectual, com transtorno global de desenvolvimento e com altas habilidades ou superdotação.

Esconde-esconde

Objetivo:

- Propiciar a melhora da atenção, da memória e do raciocínio.
- Estimular a discriminação visual.

Como brincar:

Utilize uma caixa de papelão coberta com um tecido ou papel macio por dentro e por fora. Coloque no seu interior alguns brinquedos de borracha e, se o educando não tiver algum tipo de alergia, alguns brinquedos em tecido, como bonecas e animais – estes poderão ser utilizados representando um *pet shop*, tema de muito interesse para os educandos atualmente. Deixe que o aluno toque na caixa, nos objetos e nos brinquedos. Retire um brinquedo e o nomeie, fale sobre suas cores, seu tamanho, seu significado etc. e estimule para que o coloque novamente dentro da caixa. Cubra a caixa com um tecido maior e pergunte ao educando para onde foi o brinquedo. Deixe que ele o procure e, quando encontrar, demonstre satisfação.

Figura 4.1 – Maquete: cantinho do *pet shop*

Maria Cristina Trois Dorneles Rau

Como se chama este brinquedo?

Objetivo:

- Estimular a oralidade, fazendo com que descubram o nome dos objetos.

Como brincar:

Selecione alguns objetos do cotidiano do educando com temas específicos, como os que são utilizados para a alimentação. Coloque-os organizados à frente dele, sobre um tatame. Deixe que ele explore livremente e, a cada objeto que pegar, pergunte-lhe se conhece o nome, para que serve e como é utilizado. Talvez ainda não consiga nomeá-lo, mas poderá demonstrar como utilizá-lo, por exemplo, levando uma colher a boca ou mexendo dentro de uma panela. Espalhe os objetos de forma que a criança precise ir buscar para alcançá-los. "O bebê precisa se arrastar, engatinhar, segurar-se até que consiga levantar e andar. Esse processo favorece gradualmente o desenvolvimento da consciência dos limites do seu corpo, assim como da consequência dos movimentos" (Rau, 2011b, p. 239).

Figura 4.2 – Maquete: cantinho da cozinha

Maria Cristina Trois Dorneles Rau

Agora que conhecemos algumas práticas lúdicas para desenvolver com os educandos com deficiências, o que você acha de praticarmos os jogos cooperativos com um grupo de crianças na educação infantil? Veja os exemplos na sequência.

O corpo

Objetivo:

- Identificar as partes do corpo e suas possibilidades de movimento.

Como brincar:

Geralmente, as salas de educação infantil têm um espelho que fica a altura dos olhos e são utilizados para o conhecimento corporal e a formação da identidade. Mesmo pequenos, por volta dos dois anos e meio, os alunos já se reconhecem e demonstram curiosidade em conhecer os colegas.

Convide os educandos a ficarem de frente para o espelho. Brinque com eles de fazer caretas e cantar músicas que citem as mãos, os braços, os olhos e outras partes do corpo. Estimule oralmente ou tocando em outras partes do corpo, como joelhos, costas etc., para que as crianças modifiquem as posturas. Cante a música com todos sentados, em pé e agachados. Convide para que deem as mãos para um amigo e brinquem de dançar de mãos dadas. A alegria dos educandos será contagiante. "As crianças podem identificar as partes do corpo batendo palmas, empurrando ou batendo em objetos, ficando em pé sobre o pé direito ou esquerdo ou levantando a mão esquerda. Os instrumentos musicais, como pandeiros e tambores, podem ditar o ritmo dos movimentos" (Rau, 2011a, p. 244). Criar um cantinho da música também poderá ser uma boa ideia para estimular a alegria entre os educandos, explorando sons do corpo e dos instrumentos musicais, por exemplo: chocalho, bumbo, tambor, pandeiro etc. Além da percepção auditiva e rítmica, você também incentivará os educandos a conhecerem sobre a reciclagem para a preservação do meio ambiente.

Aventura no bosque!

Objetivo:

- Conhecer posturas e expressões corporais.

Como brincar:

Os educandos da pré-escola gostam muito de atividades corporais fora da sala de aula, o que é muito saudável porque o contato com a natureza e a interação em espaços amplos favorece seu desenvolvimento. "A percepção pode ser estimulada com exercícios táteis, como apalpar sacos de tecido cheios de vários tipos de objetos, identificarem os colegas pelo tato, andar descalço sobre diferentes texturas, como lama, água, areia, terra e madeira" (Rau, 2011a, p. 257). Convide-os a brincar perto de árvores, gramados ou terra. Passe uma corda forte por dentro de alguns arcos (bambolês) e amarre-a nas árvores a uma altura próxima ao chão. Conte uma história em que tenha alguns desafios corporais, como passar por dentro dos arcos sozinho, de mãos dadas com o colega e segurando nos ombros dos amigos. Deixe que brinquem por um tempo e observe as suas criações com o corpo e os movimentos.

Desenhando a aventura no bosque

Objetivo:

- Representar as posturas corporais.

Como brincar:

Após a realização da atividade anterior, peça para que cada criança escolha um ou dois amigos para brincar. Leve folha de papel *kraft* do tamanho dos educandos. Espalhe-as pelo chão e peça que cada um escolha uma folha para deitar em cima mostrando uma das posturas que fez na brincadeira. A outra criança contornará o corpo do amigo com uma caneta grossa. Depois de pronto o esboço, juntos poderão completar as partes do corpo, desenhando os olhos, a boca, o nariz, o cabelo, o uniforme e o que mais a criatividade propor. As atividades poderão compor a decoração da sala de aula.

Figura 4.3 – Maquete: a sala de aula

Maria Cristina Trois Dorneles Rau

Os jogos cooperativos podem ser desenvolvidos a partir da recriação dos jogos tradicionais mais conhecidos. Por exemplo, o jogo o coelhinho sai da toca. É uma brincadeira bastante conhecida e realizada pelos professores e educandos na escola, não apenas nas aulas de Educação Física, mas também para trabalhar conceitos como dentro, fora, conjunto, entre outros conteúdos.

Coelhinho sai da toca

Como brincar:

Organize as crianças em duplas, de mãos dadas, espalhadas por um espaço como uma quadra ou sala. Entre as duplas ficará uma criança. Quando você disser "coelhinho sai da toca", os educandos que estiverem no meio das duplas deverão correr para outra toca (outra dupla). Quem não conseguir entrar em uma toca, sai da brincadeira, até que fique apenas uma toca e dois estudantes do lado de fora. Se a turma de estudantes tiver número par, você poderá participar.

> Como poderemos mudar essa brincadeira para que não haja exclusão, ou seja, quem errou não possa mais participar da brincadeira? O educando que ficou fora da toca (porque todas já estavam ocupadas no momento da troca) poderá continuar a brincadeira, ficando no centro e falando novamente coelhinho sai da toca. Ainda poderemos propor formas criativas para a brincadeira, modificando os movimentos. A criança poderá trocar de toca pulando num pé só, em duplas de mãos dadas, enfim, criando novas maneiras de participar da brincadeira. Lembre-se de que o importante é a diversão.

A prática de jogos cooperativos poderá terminar sempre com uma conversa sobre as atitudes e comportamentos dos educandos. Estimular a expressão de sentimentos, como medo, ansiedade e impulsividade, é importante. O diálogo também poderá possibilitar a reflexão sobre o respeito às regras, aos movimentos, aos limites do espaço e ao outro. Punições não são interessantes, pois reforçam posturas excludentes. Quando alguém burlar a regra, uma conversa sincera contribuirá para o processo de formação social e comunitária. Orlick (1989) propõe que o processo de transformação dos jogos tradicionais seja feito lentamente, de forma a refletir e construir os valores e princípios dos jogos cooperativos. O autor esclarece que as transformações na maneira como ocorrem as brincadeiras podem ocorrer modificando o objetivo de vitória apenas para um grupo ou participante, pois ela faz da derrota sinônimo de fracasso e incita o confronto agressivo com os adversários pela vitória. A não exclusão e o trabalho coletivo poderão dar conta desse pensamento, transformando as características de seletividade e exacerbação e buscando um objetivo comum: a cooperação entre pares. A arte é uma forma de expressão muito importante no desenvolvimento da comunicação. Problematizar questões da formação humana na escola visa a melhoria das relações sociais dos estudantes com deficiências ou não. Atividades como a pintura e a escultura contribuem para o senso crítico e estético. "Ao acompanhar o desenvolvimento expressivo e comunicativo da criança percebe-se que ele resulta das elaborações de sensações, sentimentos e percepções vivenciadas intensamente. Por isso, quando ela desenha, pinta, dança e canta, o faz com vivacidade e muita emoção" (Ferraz; Fusari, 2009, p. 85).

Continuemos verificando mais algumas atividades que podem ser realizadas nas oficinas lúdicas.

Cantinho da arte

Nesse espaço poderão ser desenvolvidas atividades com pintura a dedo, massa de modelar, canetas coloridas, lápis de cor, giz de cera, folhas brancas e coloridas e outros materiais disponíveis. Peça que os estudantes escolham um de seus desenhos favoritos. Para confeccionar o quebra-cabeça, você poderá pedir que colem o desenho em uma folha de papelão. Oriente para que eles façam traços e recortem, formando as peças do quebra-cabeça. Depois é só misturar e se divertir.

Figura 4.4 – Maquete: cantinho da arte – confecção
de quebra-cabeça

Maria Cristina Trois Dornelles Rau

O objetivo desse espaço será estimular a criatividade, a apreciação artística e a expressividade infantil, o que contribuirá na inter-relação entre os estudantes na escola.

Para confeccionar a girafa, você precisará de caixas de papelão, garrafa PET grande, pincéis e tinta acrílica nas cores que desejar. Com os estudantes, explorem imagens e fotos de girafas, observem suas formas e pensem como poderão confeccionar um brinquedo. Será divertido e estimulará o raciocínio.

Flâmula da cooperação

Objetivos:

- Estimular a criatividade e a superação de desafios de forma coletiva.
- Buscar formas de diálogo e aceitação da opinião do outro para a coletividade.

Como criar:

Essa atividade é interessante para desenvolver o espírito de equipe numa gincana, por exemplo. Serão necessários pelos menos dois professores para mediar o desenvolvimento da prática lúdica.

Convide os estudantes para participar de uma gincana com jogos tradicionais. Explique que precisarão formar equipes de acordo com o número de estudantes a ser definido. Forme um círculo com os estudantes com deficiências e peça que cada um fale sobre o que considera ter como habilidades que facilitam a sua vida. Provavelmente, haverá expressões sobre habilidades cognitivas, motoras, comunicativas, artísticas e afetivas. Neste exemplo, poderemos pensar em duas equipes. Assim, o João escolherá o Tiago (equipe A), a Maria escolherá a Marta (equipe B) e, para dar continuidade na escolha dos pares, a pessoa que foi escolhida fará o próximo chamamento de outro colega. Na equipe A, o Tiago escolherá a Ivete e na Equipe B, a Marta escolherá o Júnior, por exemplo, e assim por diante, até que as duas equipes estejam formadas. A primeira tarefa será a atividade descrita nesta prática. Por isso, é necessário que haja mais professores da escola mediando o trabalho, para auxiliar os estudantes. Os educandos gostam de ter professores participando de suas atividades, principalmente no que se refere ao lúdico. Assim, é um momento em que o vínculo entre docentes e educandos se fortalece. "O maior compromisso do professor é, portanto, adequar as suas ações para a ampliação das expressões e percepções sensoriais infantis" (Ferraz; Fusari, 2009, p. 87).

Tarefa:

Crie uma flâmula com o nome e o símbolo da equipe. Para essa tarefa, será necessário que todos tenham participado e deixado sua marca na flâmula.

Vamos lá? A primeira ação será separar os materiais para a realização da tarefa e, depois, pensar no desenho da flâmula e como todos poderão participar da confecção.

Você poderá mediar a atividade estimulando as ideias dos estudantes e criando frases que incitem a participação cooperativa de todos.

A criação poderá ser feita com recortes e desenhos, como na imagem a seguir.

Figura 4.5 – Flâmula da oficina de jogos cooperativos

Lembre-se de que os professores estarão na função de mediadores de ideias e conflitos que forem surgindo durante a tarefa, para estimular os educandos a resolver seus próprios problemas por meio do diálogo e da cooperação.

As tarefas seguintes seguem a rotina de gincanas e poderão enfocar, além de atividades motoras, como os jogos educativos, as corridas, a dança, as atividades culturais, como pesquisar edições antigas de clássicos da literatura, artistas da própria comunidade e o que mais for de acordo com os interesses dos estudantes na escola e na comunidade. As famílias também poderão participar da gincana, pois é um momento de integração em que todas as pessoas envolvidas no processo de ensino e aprendizagem estarão interagindo. As gincanas são atividades lúdicas e culturais que deixam marcas na memória dos estudantes, principalmente no que se refere às relações de competição e cooperação.

Túnel ou minhocão

O túnel ou minhocão é uma atividade prazerosa para os estudantes. É fácil de confeccionar e pode ser feito com tecido ou TNT envolto em arcos de plástico. Nessa atividade, o estudante deve passar por dentro de um túnel em tecido. Fazer um caminho dentro do túnel é um desafio motor, pois exige agilidade e destreza, e afetivo, pois estimula o educando a lidar com o desafio.

Você também pode confeccionar o túnel com os estudantes na escola. Outra maneira de confeccioná-lo poderá ser em caixas de papelão grande. Se você fizer alguns recortes nas paredes laterais, eles poderão servir de janelas para que os educandos compartilhem diálogos ou entreguem objetos e brinquedos.

Aproveite a confecção do túnel com a caixa de papelão para trabalhar com a matemática: tire as medidas do comprimento da caixa, compare com as medidas de altura dos educandos e faça um desafio para que calculem a área das janelas. Será uma atividade enriquecedora para o estudo da disciplina e de seus conteúdos e poderá envolver de forma significativa os alunos com altas habilidades ou superdotação, uma vez que a resolução de problemas é um conteúdo interessante para eles.

Outras atividades também poderão ser desenvolvidas no cotidiano da escola e atender aos objetivos dos jogos cooperativos e das dificuldades de aprendizagem.

Um exemplo é a criança com Transtorno de Ansiedade de Separação (TAS).

> A ansiedade de separação é um sentimento natural da criança, ocorrendo nos momentos de separação entre indivíduo e alguma pessoa de grande importância pessoal ou afetiva em sua vida. Dito de outra forma, é o desconforto significativo que surge ao afastar-se (separar-se) de uma grande figura de vinculação. (Sousa et al., 2014, p. 107)

Para o trabalho com esse tipo de transtorno, sugerimos algumas brincadeiras cooperativas.

Passeio de trem

Objetivo:

- Participar de brincadeiras para o desenvolvimento da autoconfiança e da interação com o outro.

Como brincar:

Crie uma história sobre uma viagem de trem. Nessa viagem, os educandos terão de imaginar algumas situações que envolverão a empatia.

Por exemplo: Era uma vez um menino que queria muito viajar de trem. Ele morava perto de uma estação e sempre ouvia o apito quando o trem passava perto da sua casa. (usar um apito ou imitar o som do trem). Até que um dia...

Convide os estudantes para continuar a história. Assim que ela estiver pronta, passem para a organização de um circuito motor com cadeiras, almofadas, pneus, caixas de papelão, bolas e tecidos. Esses materiais são importantes para o desenvolvimento de atividades psicomotoras e podem ser organizados também num cantinho da brinquedoteca.

Figura 4.6 – Canto do movimento

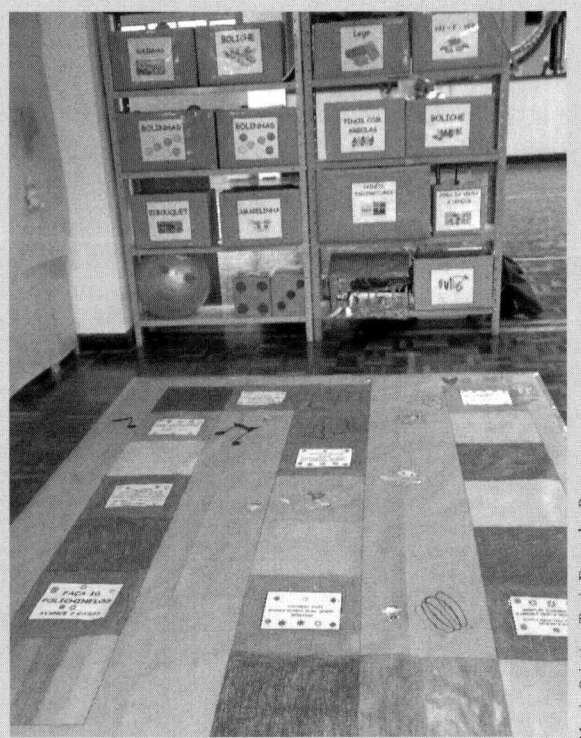

Maria Cristina Trois Dorneles Rau

Estimule os estudantes a explorarem as possibilidades de movimentos no circuito, passando por eles em diferentes posturas. Quando perceber que já se familiarizaram com o circuito, peça que formem duplas. Inicie a contação da história para que, juntos, eles passem pelo circuito, ajudando uns aos outros. Esse momento da brincadeira desenvolverá a confiança mútua, fazendo com que os estudantes com deficiências se sintam parte de um grupo, compartilhando interesses, dificuldades e conquistas. Apesar de a ansiedade pela separação ser normal para os educandos e iniciar ainda quando somos bebês, "esse aprendizado talvez continue por toda a vida, mas certamente é mais intenso na infância" (Sousa et al., 2014, p. 108).

Finalize a atividade com a confecção de cartazes sobre a história, o circuito ou o que as os educandos desejarem representar. Utilize alguns recursos naturais para que a atividade desenvolva a sensibilidade.

Os educandos com deficiências nas áreas visual, auditiva, física e intelectual, com transtorno global de desenvolvimento e com altas habilidades ou superdotação demonstram continuamente suas percepções de mundo. A compreensão do meio que os circunda ocorre por meio das suas impressões com suas vivências e objetos percebidos, o que leva à ampliação das relações sociais, afetivas e cognitivas. Essas relações são base para outras representações. Com efeito, a prática cooperativa nos jogos e nas brincadeiras valoriza a criatividade na superação de obstáculos e é uma atividade capaz de sensibilizar a criança para o domínio da realidade.

Síntese

Os jogos cooperativos surgiram na década de 1950 e seu precursor foi Ted Lentz, nos Estados Unidos. Na década de 1970, o principal estudioso do assunto foi Terry Orlick (1989), pesquisador canadense que publicou o livro *Vencendo a competição*, que serve de base para estudos sobre o tema ainda hoje. São atividades lúdicas que estimulam o trabalho em equipe, em que todos colaboram para atingir os objetivos. São práticas que desenvolvem a união, a coragem para o enfrentamento de riscos e que têm no sucesso coletivo mais ênfase do que no fracasso individual. Na escola, a educação física escolar desenvolve propostas de socialização entre os estudantes por meio de práticas lúdicas e cooperativas, superando a visão de que sempre se entra num jogo para vencer, dando lugar à perspectiva de que jogando podemos ganhar: ganhar amigos, ganhar juntos, ganhar em criatividade, solidariedade e convivência. A capacidade de comunicação e confiança do ser humano é uma das principais características a ser estimulada na prática dos jogos cooperativos. Quanto maior a capacidade de cooperação das crianças, dos jovens, dos adultos e dos idosos, maior será a capacidade de autocontrole nas emoções e nos sentimentos que levam a exacerbação. Competir faz parte das relações sociais. Competir com ética e respeito à vida faz parte das relações sociais. Cooperar também! A prática lúdica atende essa ideia quando propicia que todos participem ativamente da construção coletiva das regras, da organização do espaço e do ambiente, da utilização cuidadosa dos jogos e dos brinquedos, estimulando, dessa forma, a autonomia e a criatividade. A aprendizagem cooperativa tem no papel do professor a mediação sobre inúmeras diferenças que acompanham os estudantes e talvez seja uma exigência muito ampla para os educadores. Brotto (2002) destaca que os educandos vão percebendo que podem se liberar dos velhos, desnecessários e bloqueadores padrões competitivos, emancipando-se dos antigos hábitos, e começam a fortalecer a expressão do potencial cooperativo de jogar e se divertir. A escola, como instituição sociocultural, é privilegiada no sentido de estimular atitudes e valores humanos, mas os professores e os educandos serão os protagonistas da maioria das cenas. Os jogos cooperativos podem ser desenvolvidos por meio da recriação dos jogos tradicionais mais conhecidos.

Indicações culturais

Filme

A CORRENTE do bem. Direção: Mimi Leder. EUA: Warner Bros., 2000. 123 min.

O filme aborda um projeto em que o professor desafia o seu aluno, Trevor McKinney, a retribuir as ações de gentileza e, dessa forma, cria uma corrente de solidariedade.

Livro

BROTTO, F. O. **Jogos cooperativos**: se o importante é competir, o fundamental é cooperar. 2. ed. São Paulo: Re-Novada, 2002.

O autor foi um dos pioneiros a abordar os jogos cooperativos no Brasil. O livro explica com clareza a importância da prática de jogos cooperativos para as crianças e traz várias sugestões de jogos cooperativos para realizar com crianças, jovens e adultos.

Site

PORTAL DO PROFESSOR. **Jogos cooperativos**. Disponível em: <http://portaldoprofessor.mec.gov.br/fichaTecnicaColecaoAula. html?id=32>. Acesso em: 15 jun. 2019.

Nesse portal, os jogos cooperativos são abordados de maneira reflexiva e são apontadas várias sugestões de jogos e brincadeiras que estimulam a cooperação e a solidariedade.

Atividades de autoavaliação

Leia o Capítulo 4 para responder às questões que seguem. Faça anotações individuais e questionamentos que o auxiliarão na compreensão do tema abordado

1. Jogos cooperativos objetivam a união entre os participantes e aumentam a confiança do aluno em si mesmo e nos outros. As pessoas participam espontaneamente deles, pois ganhar ou perder não é o que realmente importa, e sim o processo como um todo. Os jogos cooperativos resultam numa vontade de continuar jogando e aceitar todos como são verdadeiramente. Sobre os jogos cooperativos, assinale a alternativa correta:

    a) Foram realizados na capital da Alemanha, em 1936, tornando-se então os mais importantes jogos olímpicos no moderno Estádio Olímpico de Berlim, com a abertura feita por Adolf Hitler.

    b) Ficaram conhecidos oficialmente como os Jogos da XXII Olimpíada na capital da União Soviética, nos quais participaram 5.179 atletas de 80 países.

c) Surgiram na década de 1950 e seu precursor foi Ted Lentz, nos Estados Unidos. Na década de 1970, o principal estudioso do assunto foi Terry Orlick (1989), pesquisador canadense que publicou o livro *Vencendo a competição* e que serve de base para estudos sobre o tema ainda hoje.

d) São os Jogos Mundiais dos Povos Indígenas (JMI), evento multiesportivo que reúne atletas indígenas de diferentes países.

e) São os Jogos Olímpicos de Inverno de 1924, um evento multiesportivo criado para abrigar competições disputadas na neve.

2. Os jogos cooperativos desenvolvem diferentes possibilidades de escolhas pessoais, uma vez que as ações individuais têm consequência para todo o grupo. Nesse sentido, indique se as afirmações a seguir são verdadeiras (V) ou falsas (F).

( ) Os jogos cooperativos são atividades lúdicas que estimulam o trabalho em equipe, em que todos colaboram para atingir os objetivos. São práticas que desenvolvem a união e a coragem para o enfrentamento de riscos e que têm no sucesso coletivo mais ênfase do que no fracasso individual.

( ) Na escola, a Educação Física desenvolve propostas de socialização entre os educandos por meio de práticas lúdicas e cooperativas, superando a visão de que sempre se entra num jogo para vencer, dando lugar à ideia de que jogando podemos ganhar: ganhar amigos, ganhar juntos, ganhar em criatividade, solidariedade e convivência.

( ) O processo de jogar e se divertir, na perspectiva dos jogos cooperativos, desagrega e forma uma competição com o único propósito de vencer.

( ) A capacidade de comunicação e confiança do ser humano é uma das principais características a ser estimulada na prática dos jogos cooperativos.

( ) Os jogos cooperativos encontram nas regras a maior vantagem, o que favorece o sucesso da competição para se obter o objetivo de vencer a qualquer custo.

Agora, assinale a alternativa que corresponde à sequência correta:

a) F, V, F, F, V.
b) F, F, V, F, V.
c) V, F, V, V, F.
d) V, V, F, V, F.
e) F, V, V, F, V.

3. A aprendizagem cooperativa tem no papel do professor a mediação sobre inúmeras diferenças que acompanham os estudantes com deficiências e talvez seja uma exigência muito ampla para os educadores. Contudo, o conhecimento sobre as relações humanas construído no cotidiano da escola privilegia o educador no sentido de integrar o grupo, fortalecendo as atitudes de cooperação. A esse respeito o papel da mediação do adulto na prática de brincadeiras e jogos cooperativos objetiva:

I) que os educandos tenham autonomia quanto ao seu papel social de respeito à diversidade.

II) que os educandos desenvolvam a ideia de que o importante é vencer, fortalecendo a competitividade.

III) que os educandos compreendam a competição ou a cooperação na prática lúdica para a formação humana, contribuindo para o fortalecimento das relações de respeito à diversidade.

IV) que os educandos expressem seus sentimentos de raiva, verbalizando agressões ao outro quando este não concorda com suas ações.

V) que vivenciem os jogos e brincadeiras buscando ampliar a inclusão de todos para o convívio harmônico e solidário.

Estão corretas as afirmativas:

a) II, III e IV.

b) III, IV e V.

c) I, III e V.

d) I, II e IV.

e) I, II e III.

4. Os estudantes demonstram continuamente suas percepções de mundo. A compreensão do meio que os circunda ocorre mediante suas impressões diante de suas vivências e dos objetos percebidos, o que leva à ampliação das relações sociais, afetivas e cognitivas. Nesse sentido, assinale a alternativa correta:

a) A prática cooperativa nos jogos e nas brincadeiras não valoriza a criatividade na superação de obstáculos e é uma atividade incapaz de sensibilizar a criança para o domínio da realidade.

b) O estímulo à exploração das possibilidades de movimentos dos objetos deve ser restrito.

c) "A percepção pode ser estimulada com exercícios táteis, como apalpar sacos de tecido cheios de vários tipos de objetos, identificar os colegas pelo tato, andar descalço sobre diferentes texturas, como lã, água, areia, terra e madeira" (Rau, 2011b, p. 257).

d) Quanto maior a capacidade de cooperação entre crianças, jovens, adultos e idosos, menor será a capacidade de autocontrole nas emoções e sentimentos que levam à exacerbação.

e) A participação em brincadeiras, para o desenvolvimento da autoconfiança e da interação com o outro na escola, deve ser evitada.

5. Os esportes visam à formação técnica para sua prática e, na escola, atendem tanto a formação técnica como a pessoal; assim, a competição e a cooperação estão presentes. Os jogos também têm como objetivos a formação pessoal, podendo ser competitivos ou cooperativos. Como os jogos cooperativos estimulam a reflexão sobre as regras na prática lúdica coletiva?

Indique se as afirmações a seguir são verdadeiras (V) ou falsas (F):

( ) Os jogos competitivos atendem a determinadas regras, nas quais os participantes objetivam vencer.

( ) Os jogos cooperativos apresentam maior flexibilidade nas regras e têm como objetivo a formação pessoal e o fortalecimento das relações de solidariedade e respeito.

( ) Os jogos cooperativos são atividades lúdicas que estimulam o trabalho em equipe, em que todos colaboram para atingir os objetivos. São práticas que desenvolvem a união, a coragem para o enfrentamento de riscos e que têm no sucesso coletivo mais ênfase do que no fracasso individual.

( ) A capacidade de comunicação e confiança do ser humano é uma das principais características a ser estimulada na prática dos jogos cooperativos.

( ) Os jogos competitivos apresentam maior flexibilidade nas regras e têm como objetivo a formação pessoal e o fortalecimento das relações de solidariedade e respeito.

Agora, assinale a alternativa que corresponde à sequência correta:

a) V, V, V, V, F.
b) F, F, V, F, V.
c) V, F, V, V, F.
d) V, V, F, V, F.
e) F, V, V, F, V.

Atividades de aprendizagem

Questões para reflexão

1. Os jogos cooperativos são atividades lúdicas que estimulam o trabalho em equipe, em que todos colaboram para atingir os objetivos. A esse respeito, reflita sobre o papel da cooperação na formação humana da criança na escola:
   a) Quais os objetivos da prática de jogos cooperativos na escola, considerando a coletividade?
   b) Como a Educação Física escolar poderá contribuir para a socialização dos estudantes na escola?

2. A competição, historicamente, faz parte das relações sociais. Porém, deverá haver o cuidado com ética e respeito à vida, objetivando a construção de relações sociais saudáveis. A prática lúdica atende a essa ideia. A respeito disso, reflita sobre as relações de competição e cooperação nos jogos e brincadeiras na escola.
   a) Como a cooperação estimula a autonomia e a reflexão dos estudantes em vivências de jogos e brincadeiras na escola?
   b) A competição não precisa ser considerada um aspecto negativo no processo de desenvolvimento humano. Como você definiria a agressividade de algumas pessoas quando em situações que envolvam as regras e competição?

Atividades aplicadas: prática

1. Observe uma aula de Educação Física com estudantes e descreva as atividades lúdicas e/ou esportivas utilizadas pelo professor. Como você observou a participação dos educandos em relação à cooperação e à competição?

2. Analise dois ou três planejamentos de aula realizados por professores de Educação Física para os anos iniciais. Se possível, converse com os professores que os organizaram sobre quais as dificuldades que encontraram e que alterações precisaram fazer na prática para que os estudantes construíssem valores como respeito e solidariedade uns para com os outros?

3. No seu modo de pensar, é possível conciliar jogos e brincadeiras definidos pelo prazer, pelo lúdico, com aspectos como a competição? Justifique.

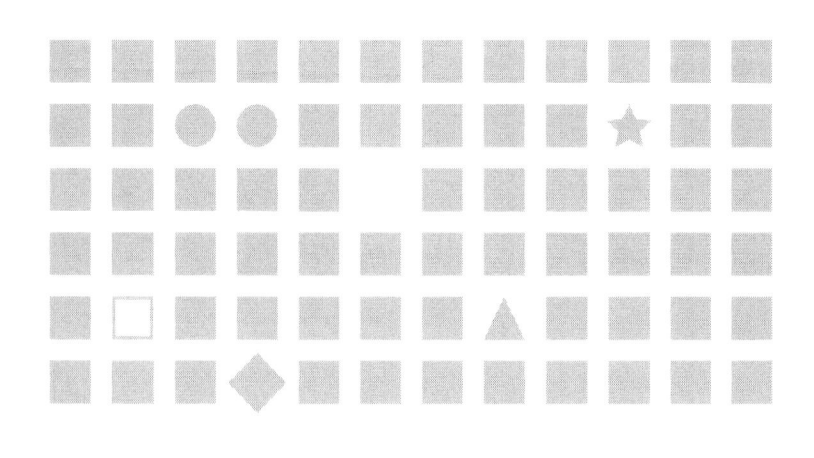

Capítulo 5

Oficinas: o brincar, o corpo e a psicomotricidade

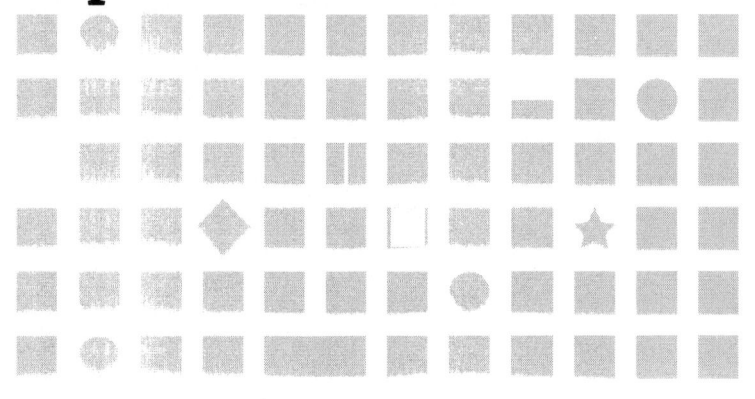

Este capítulo aborda a relação entre o corpo e o movimento, a psicomotricidade e o brincar no processo de desenvolvimento e aprendizagem dos educandos. O enfoque está nas sugestões de práticas lúdicas com o movimento. Os jogos e as brincadeiras motoras favorecem a consciência corporal, pois estimulam a função sensorial e sinestésica dos estudantes e são essenciais no processo de construção do conhecimento e da aprendizagem.

5.1 O corpo e o movimento

O movimento corporal na aprendizagem das crianças e adolescentes com deficiências, transtorno global do desenvolvimento e altas habilidades ou superdotação é fundamental para a sua evolução. Nas escolas e instituições de ensino, a concepção de corpo em movimento tem superado a visão tradicional de corpo treinado e educado por meio de práticas repetitivas. A educação física e a arte desenvolvem a prática, objetivando legitimar os estudantes como sujeitos de direito na escola inclusiva e, principalmente, valorizar seus gestos e suas posturas nas interações sociais, no movimento e nas linguagens, seja a musical, seja a lúdica ou a artística. Os estudantes falam o tempo todo com o corpo. Expressam seus sentimentos e significados sobre o que compreendem e lhes dá prazer, mas também sobre o oposto. Suas expressões faciais, olhares e mudança de tônus descrevem claramente seus desejos ou suas frustrações quanto ao que lhe é proporcionado no processo de ensino e aprendizagem. O corpo e o movimento iniciam esse processo: primeiramente, a criança age pelos sentidos, seguido pela percepção, pelos gestos e pela fala, por meio dos balbucios e onomatopeias. É claro nas suas atitudes que, quando o educando não se sente bem com seu corpo, demonstra dificuldades em interagir com o outro e com o meio, ignora o vocabulário corporal, seus gestos e posturas são tensos, seu olhar é silencioso e solitário. Tudo começa pelo corpo, pelo prazer da descoberta dos braços e dos ombros e seus movimentos. Dessa forma, é importante que você reflita sobre o movimento como forma de expressão corporal dos educandos, pois quando ele é controlado por rotinas rígidas e inflexíveis, fecham-lhes as portas e janelas para o mundo.

O brincar é uma das linguagens que facilita a interação dos educandos com o meio. Brincando, os estudantes criam gestos, exploram espaços, descrevem suas rotinas – as criam e recriam, brincando com o tempo. Cantando e dançando, exploram seus movimentos, brincam com os sons do corpo, desenham seus movimentos no espaço, desenvolvem ritmos próprios, conhecem os ritmos do outro e socializam-se. Desenhando, criando esculturas de areia, argila ou massinha de modelar, as crianças expressam suas vivências, significam o mundo que as rodeia, demonstram como são vistas pelo adulto e como gostariam que o adulto as visse. Assim, o tempo e o espaço das artes, da música, dos jogos e das brincadeiras propiciam formas de educação mais criativas.

5.2 A psicomotricidade e o desenvolvimento infantil

Os estudantes com deficiências e/ou transtornos de aprendizagem muitas vezes necessitam de auxílio para se comunicarem, pois encontram dificuldades em interagir com o espaço e o tempo, com o outro e com o meio, enfrentando, assim, desafios motores, cognitivos e afetivos.

A psicomotricidade aborda a estreita ligação entre corpo e mente, e é por meio de suas práticas que os estudantes desenvolvem suas capacidades sensoriais, cognitivas, sociais e afetivas. "Por meio da psicomotricidade, qualquer que seja a condição psíquica ou física da criança especial, o progresso é alcançado" (Alves, 2007, p. 36). Objetiva, dessa forma, trabalhar a educação e a reeducação psicomotora do educando que apresenta distúrbios psicomotores e que se expressa, mediante perturbações psicomotoras, debilidades motoras, inabilidade, atrasos psicomotores, instabilidade psicomotora e inibição psicomotora. Essa área tem no movimento do corpo uma infinita possibilidade de intervenção construtiva no processo de desenvolvimento dos educandos, sejam crianças, sejam jovens, sejam adultos.

O movimento corporal na prática de jogos e brincadeiras auxilia a formação do esquema corporal e o sentido do tempo e do espaço. Assim, mesmo que em ritmo lento, os educandos com deficiências severas desenvolvem-se e melhoram suas possibilidades de comunicação com o meio. "Sendo o movimento o primeiro a invadir o espaço com o corpo, desse movimento, inicia-se noção de duração, ritmo e sequência.

Da percepção do esquema corporal, nascem condições de trabalhar noções de localização, lateralidade, dominância lateral" (Alves, 2007, p. 37-38). A psicomotricidade possibilita que as ações entre o pensamento e a linguagem enriqueçam o senso crítico, tornando possível o desenvolvimento de novas ideias. Independente da hereditariedade, o cérebro humano necessita de estímulos que ampliem as funções cognitivas, como a memória, a percepção, o raciocínio lógico matemático, a linguagem, a atenção e, consequentemente, o aprendizado.

Os estudantes com deficiências, transtornos ou dificuldades de aprendizagem apresentam ritmo próprio, mas, como outras crianças e jovens, são ativos e gostam de brincar. No entanto, é preciso que a interação com os educandos ocorra de forma contínua e qualitativa. Para um bebê, o olhar e o sorriso do adulto estimulam o desenvolvimento da afetividade, e mesmo uma criança com deficiência visual encontra na fala e no toque formas expressivas importantes. As interações sociais e afetivas nas brincadeiras estão relacionadas à expressão dos sentimentos e emoções e facilitam a socialização.

Assim, as atividades psicomotoras devem atender ao processo de desenvolvimento e aprendizagem, o que requer paciência e um olhar sensível para a comunicação dos educandos. Um educando com Paralisia Cerebral (P.C.) pode demorar muito tempo para responder a um estímulo oral e físico quando, por exemplo, é solicitado a pegar um lápis. Porém, a mudança na tensão da preensão poderá indicar uma conquista, num gesto simples e curto ao tentar pegá-lo.

Alguns autores abordam que o processo de desenvolvimento dos educandos ocorre em etapas sucessivas e complexidades crescentes. Entre eles, Alves (2007) destaca as fases de desenvolvimento da criança, o que consideramos um conhecimento relevante para os educadores que atuarão com a educação especial, pois, mesmo que as fases não sejam definitivas ou estanques, podem nortear o trabalho pedagógico com a psicomotricidade.

Na **fase oral** (0 a 18 meses), na qual a criança é significativamente dependente, o toque e a massagem são as formas de comunicação, pois propiciam maior flexibilidade, tonificação dos músculos e estimulação sensorial. Destaca-se que "o toque é uma comunicação de amor, fortalece o vínculo e contribui para o desenvolvimento do bebe" (Alves, 2007, p. 21).

Na **fase anal** (18 a 36 meses), as crianças apresentam a movimentação autônoma, os músculos e a percepção de espaço vão se definindo. O meio estimula a interpretação do que veem e, assim, as brincadeiras com os movimentos básicos naturais, como andar, correr, dançar ou pular, estimulam a percepção do espaço e promovem o fortalecimento do tônus muscular.

A **fase fálica** (4 a 6 anos) é constituída pela ludicidade. A criança toca nos objetos e descobre que estes apresentam semelhanças e diferenças. Também aprende que o outro tem um papel importante, já que propicia o compartilhamento de espaços e brinquedos, o que favorece a socialização. A imaginação e a criatividade são estimuladas pelas brincadeiras de faz de conta. Sendo assim, atividades lúdicas devem ser organizadas de forma simples, muitas vezes divididas em etapas. Sugere-se, dessa forma, práticas corporais com os recursos da música, a musicalização e os circuitos motores com aparelhos de ginástica (cordas, bolas, colchonetes, arcos, pinos de boliche etc.) para que aprendam a superar os desafios corporais.

Com suas bases na psiquiatria, a psicomotricidade teve seu estudo iniciado em 1950, na França. "Psicomotricidade é uma ciência que tem por objetivo o estudo da relação entre o pensamento e a ação, envolvendo a emoção" (Alves, 2007, p. 52). Provavelmente, quase que diariamente, você ouve falar de alguns termos que definem suas funções, como *esquema corporal, lateralidade, equilíbrio, coordenação motora, organização espacial e temporal, ritmo, postura e controle respiratório*. Essas funções organizam as habilidades perceptivas dos educandos, facilitando os gestos para as ações funcionais que envolvem o movimento. A psicomotricidade tem seus estudos fundamentados em Jean LeBoulch, Julyan de Ajuriaguerra, J. C. Coste e Henri Wallon.

A psicomotricidade relacional, criada por André Lapierre, professor de Educação Física francês, na década de 1970, aborda a análise corporal da relação, a qual intervém na afetividade, na agressividade, na comunicação e na orientação dos educandos. De valor terapêutico e preventivo, objetiva que as crianças, jovens e adultos expressem seus conflitos relacionais. Tem na abordagem do brincar e do jogo simbólico sua prática.

Os educandos com deficiências, transtornos e/ou dificuldades de aprendizagem recebem estímulos de acordo com suas capacidades motoras, cognitivas e afetivas. O estudo da psicomotricidade é amplo e, assim sugerimos que você aprofunde seu estudo sobre a área, uma vez que o desenvolvimento psicomotor favorece a consciência corporal, facilita a vida social e a aprendizagem dos estudantes, podendo contribuir consideravelmente com a educação.

5.3 Dicas para preparação de ambientes lúdicos para a estimulação psicomotora dos educandos

A organização de ambientes, práticas e recursos para o estímulo ao desenvolvimento neurossensóriomotor dos educandos requer cuidado e atenção. Sugerimos algumas dicas para que você observe antes de iniciar a prática lúdica com a psicomotricidade.

- Prepare o ambiente para que fique tranquilo e harmônico. Deve ser arejado, mas não frio.
- Utilize o tatame, pois facilita as atividades práticas e oferece segurança para o educando.

Figura 5.1 – Sala de psicomotricidade

antoniodiaz/Shutterstock

- Separe previamente todos os recursos que você planejou utilizar para as atividades lúdicas e exercícios. Isso evita que você se afaste do educando.

- Os materiais poderão ser simples, como arcos de plástico, cordas, bolas de borracha, bolas leves, bolinhas de tênis, elásticos, colchonetes, banco sueco, mesa de madeira, caixas de papelão em diversos tamanhos, cestos plásticos, quadrados de papelão colorido de 20 cm × 20 cm ou equipamentos de ginástica; ou mais elaborados, como bastões de madeira, cadeiras firmes, garrafas de plástico, túnel em tecido, cesta de basquete, pranchas de madeira, tapete, pinos de madeira ou cones de plástico.

- Quando as crianças forem pequenas, mostre os materiais e recursos para elas. Deixe que os toquem e manipulem. Os brinquedos e recursos lúdicos devem ser apresentados aos bebês individualmente. Cores alegres também ajudam a manter a atenção.

Figura 5.2 – Maquete: parque

Maria Cristina Trois Dorneles Rau

- Antes de iniciar a prática, converse com os educandos e estabeleça um vínculo por meio da fala, do olhar e do toque. Quando sentir que estão relaxados, inicie a prática lúdica.
- Evite desenvolver práticas lúdicas ou outras formas de atividades que os educandos ainda não conheçam ou que exijam maior habilidade quando não estiverem em boas condições de saúde, como nos dias em que estão gripados ou muito sonolentos.
- Ao desenvolver práticas com os bebês, olhe de frente para o educando, ficando bem próximo. Chame sua atenção para que olhe para o seu rosto, pois, dessa forma, a cabeça se manterá reta.
- A sua voz será um instrumento para que o bebê fique atento a você, por isso, você poderá cantar sorrir, contar histórias, mudar o tom e a entonação.

Figura 5.3 – Estímulo por meio do toque

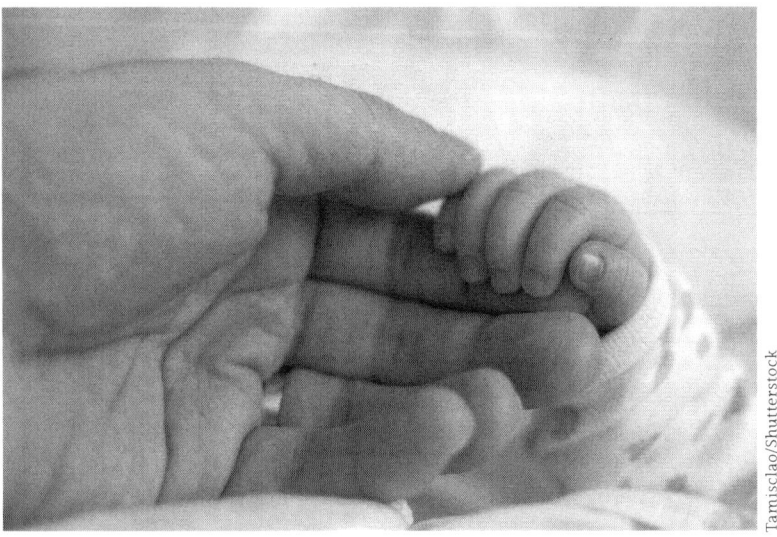

Tamisclao/Shutterstock

- Auxilie o bebê para que pegue os brinquedos, facilitando a preensão.
- Os objetos do cotidiando do bebê também são bem-vindos. Você poderá utilizar a própria escova de cabelo e de dente, os brinquedos a que está acostumado a manipular.
- Materiais, como esponjas macias, tecidos e papéis com diferentes texturas podem ser passados na pele tocando as mãos e pés. Varie os recursos com novas texturas.

Figura 5.4 – Pés sensoriais

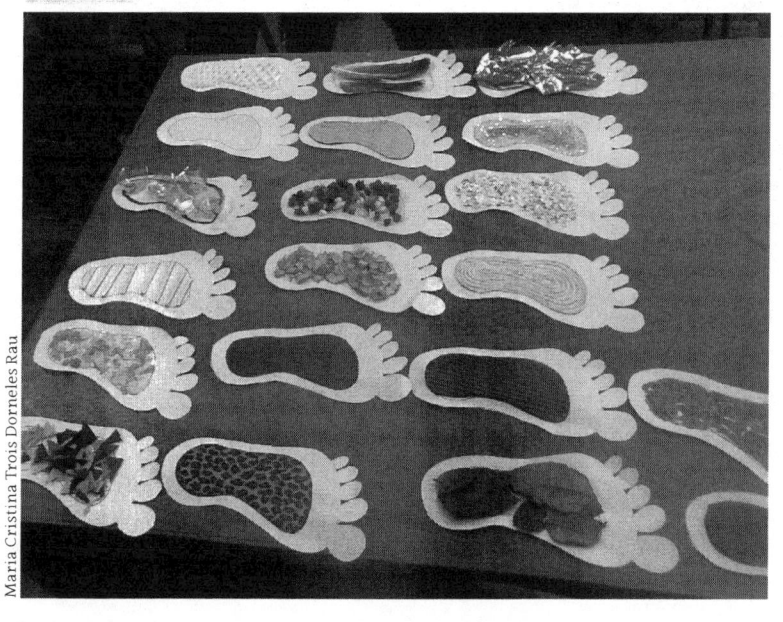

Maria Cristina Trois Dorneles Rau

- Observe atentamente a reação dos educandos durante as atividades. O toque deve acontecer em tempo suficiente para que receba o estímulo necessário.
- A música poderá auxiliar na harmonização do ambiente, por isso, tenha um equipamento com áudio para reproduzir canções e ritmos musicais.

Figura 5.5 – Tocando nos números

jojof/Shutterstock

- Os espaços devem ser amplos para a realização dos jogos e das brincadeiras; porém, na falta de espaço, divida os educandos em pequenos grupos, de 4 a 7 crianças.
- Procure verificar se os jogos e as brincadeiras estão adequados para os estudantes. Quando muito fáceis, podem desmotivá-los e, ao contrário, quando muito difíceis, poderão frustrá-los ou inibi-los.
- Os jogos poderão ser desenvolvidos repetidas vezes, no mesmo dia ou em dias alternados, pois possibilitam a ampliação gradual das habilidades motoras dos educandos.

5.4 Sugestões de brincadeiras e jogos psicomotores

As sugestões de atividades lúdicas para as oficinas poderão compor o trabalho pedagógico desde a educação infantil até o ensino fundamental, objetivando a inclusão dos estudantes com deficiências, transtornos globais do desenvolvimento e altas habilidades. Lembre-se de que os jogos e as brincadeiras podem ser adaptados de acordo com as potencialidades e/ou dificuldades dos educandos. Dessa forma, seu encaminhamento é flexível.

A seguir, apresentamos alguns jogos e atividades. Buscamos a fundamentação nas Diretrizes de Estimulação Precoce com crianças de 0 a 3 anos com atraso no desenvolvimento neuropsicomotor (Brasil, 2016b) e na abordagem de Alves (2007).

5.4.1 Estimulação auditiva

Marcha soldado

Convide as crianças para brincar com uma cantiga de roda chamada *Marcha soldado*. Com o auxílio de um equipamento de áudio, mostre a letra para ensiná-la aos educandos.

Marcha soldado

Cabeça de papel
Quem não marchar direito
Vai preso pro quartel
O quartel pegou fogo
A polícia deu sinal
Acode, acode, acode a bandeira nacional

Cante a letra da música junto com as crianças e, aos poucos, vá inserindo gestos, nomeando diferentes partes do corpo.

Por exemplo:

Marcha soldado / Cabeça de papel: movimentar braços, pernas e cabeça.

Quem não marchar direito / Vai preso pro quartel: pedir que parem os movimentos na postura em que estiverem.

O quartel pegou fogo
A polícia deu sinal
Acode, acode, acode a bandeira nacional: estimular a engatinhar, andar ou correr.

Nessa atividade devem ser levadas em consideração as diretrizes a seguir:

A audição será estimulada por meio da localização sonora a fim de exercitar a memória, atenção e a repetição de sons ludicamente. Imitando os sons, possibilita-se a repetição por parte da criança e início de um jogo que será importante para a futura articulação da fala. Iniciando assim a possibilidade de discriminação dos sons. (Brasil, 2016b, p. 82)

Cantando com o corpo

As brincadeiras com o corpo são muito divertidas. Para realizar essa atividade, você poderá usar uma sala de aula, desde que esteja vazia. Faça alguns cartazes com imagens de diferentes partes do corpo e cole nas paredes. Lembre-se de que deverão estar na altura da visão dos educandos. Converse sobre as partes e os movimentos do corpo.

"A reeducação por meio da música ocorre quando se utiliza metodicamente o poder dos ritmos e dos sons que justamente e juntamente com a reeducação psicomotora é dirigida às crianças que sofrem perturbações instrumentais (dificuldades ou atrasos psicomotores)" (Alves, 2007, p. 135-136).

Brincando com água

Para essa atividade, separe duas vasilhas de plástico grandes, uma vazia e outra com água, e uma esponja macia cortada em cubos. Inicialmente, explore as texturas da esponja e fale sobre a temperatura da água para que percebam as diferenças. Convide-os a colocar as esponjas na bacia com água para que percebam a transformação. Em seguida, peça que troquem as esponjas para a bacia vazia. A brincadeira é divertida e a criança desenvolve a coordenação motora e a percepção sensorial.

"Para as crianças de 6 a 12 meses, é importante a estimulação de vocabulário voltada à criança, como o uso de objetos de uso diário, partes do corpo e nomes de pessoas e animais" (Brasil, 2016b, p. 82).

Nossos brinquedos

Para essa atividade, você poderá contar com uma bela e tradicional canção. Sugerimos *Passa-passará*, que provavelmente você já conheça.

> Passa, passará,
> Pelo último ficará
> A porteira está aberta
> Para quem quiser passar,
> Passa um, passam dois, passam três
> E o último ficará.

Cantarole a música com as crianças para que fiquem atentas ao som. Se você ou outra pessoa puder acompanhar com o som de um violão, será muito produtivo e interessante. Mostre uma caixa de papelão com brinquedos e objetos do cotidiano da criança, como carrinhos e bonecas, animais de borracha, escova de cabelo, escova de dente, chocalhos etc. Explique aos educandos que, enquanto estiverem ouvindo a música, deverão passar a caixa para os colegas (lado direito e lado esquerdo). Quando o som parar, quem estiver com a caixa irá abri-la, retirar um objeto e nomeá-lo. Essa atividade poderá ser feita com crianças de várias idades, uma vez que os maiores poderão auxiliar os menores a reconhecer os objetos.

A estimulação auditiva pode ocorrer de forma isolada a fim de trabalhar gradativamente as habilidades auditivas de: atenção, localização, lateralização, discriminação, compreensão auditiva. Logo este aspecto pode ser eliciado conjuntamente com a estimulação de linguagem durante o momento lúdico e contextual. (Brasil, 2016b, p. 83)

Musicando

Grave o som de várias palavras iguais ou parecidas no som, em dupla. Por exemplo: mata/mata, maçã/massa, ser/ser, ter/ser, gato/pato, topo/copo, ordem/ordem, missa/pizza. Em alguns pares repete-se a palavra e em outros são duas palavras diferentes, porém com sons muito parecidos. Faça um círculo com as crianças ou trabalhe individualmente com cada uma. Peça que escutem o som das palavras com atenção e tentem identificar se são iguais ou parecidas no som. "Nas perdas auditivas de grau leve e moderado, a criança vai ser capaz de ouvir sons como as vogais e consoantes mais graves do tipo: /m/, /d/, /b/ etc. A dificuldade maior será para ouvir os sons fricativos do tipo: /f/, /v/, /s/, /z/ etc." (Brasil, 2016b, p. 83).

> Para trabalhar as habilidades auditivas, em situações ou atividades que têm por objetivo desenvolver a discriminação auditiva, a criança deverá indicar se os sons, palavras, frases são iguais ou diferentes, começando por grandes diferenças e avançando com diferenças mais sutis entre os sons. (Brasil, 2016b, p. 86)

Lendo uma história para a turma 1

Você se lembra dos cantos temáticos que sugerimos para o trabalho com oficinas lúdicas? O que acha de fazer uma atividade com a leitura e contação de histórias?

Você poderá escolher alguns livros com os educandos. Trouxemos uma sugestão muito boa para a atividade.

Sugestão:

CAVARSAN, C. H. G. **Alexandre, pequeno ou GRANDE?** Curitiba: Ponto Vital, 2017.

Convide os educandos para sentar junto a você no canto de leitura. Após a escolha do livro, faça a contação da história de forma lenta e com diferentes entonações de voz. Estimule os estudantes para que também criem entonações de voz para os personagens. Converse sobre o tema. A narrativa sugerida trata do dilema dos estudantes quando se sentem confusos nas fases da pré-adolescência e da adolescência, os quais, em alguns momentos, não sabem dizer se são grandes ou pequenos. Após a conversa, entregue um pedaço de argila para cada um e peça que representem o que compreenderam da história, criando personagens ou objetos. Depois, ouça suas reflexões sobre a atividade.

"Para uma criança aprender a ler, é necessário que possua domínio do ritmo, uma sucessão de sons no tempo, uma memorização de sons, um reconhecimento das frequências e das durações das palavras" (Alves, 2007, p. 143).

Lendo uma história para a turma 2

Por meio da leitura da história *Alexandre, pequeno ou grande?*, sugerida na atividade anterior, converse com os educandos sobre os nomes e adjetivos presentes no texto. Faça a leitura da história novamente, dessa vez combinando que deverão bater palmas cada vez que ouvirem o nome *Alexandre* (1 palma), ou os adjetivos *pequeno* (2 palmas) e *grande* (3 palmas).

"O Distúrbio do Processamento Auditivo pode interferir na compreensão verbal e consequentemente na expressão linguística do indivíduo, afetando a comunicação verbal." (Brasil, 2016b, p. 83).

Onde está o brinquedo?

É comum que as salas de aula da educação infantil tenham brinquedos, geralmente organizados em estantes, para que todos tenham livre acesso. Com os educandos, escolham alguns brinquedos. Deixe que explorem e brinquem livremente por algum tempo. Assim que perceber que já exploraram o suficiente, faça um círculo com os educandos sentados no chão ou no tapete. Pergunte sobre o que sabem das características dos brinquedos: cor, tamanho, como brincar, textura etc. Após a exploração do brinquedo, peça para que se espalhem pela sala de aula e que um educando fique fora da sala. Enquanto uma criança estiver lá fora, combine com as outras um local para que um dos brinquedos seja escondido. Quando a criança que estiver lá fora voltar, explique-lhe que deverá encontrar esse objeto oculto. Os brinquedos que não foram escondidos devem estar no centro do círculo. Peça para a criança observar com atenção. No início da procura pelo brinquedo, vocês poderão ajudar com o som das palmas. Quando o educando estiver perto do brinquedo, todos baterão palmas bem rápidas, quando estiver longe, as palmas serão bem leves. Combinar as regras, como o número de chances que o educando terá para encontrar o brinquedo.

"A criança deve reconhecer os sons produzidos por objetos e pelas pessoas através da fala, monitorar a própria voz em termos de padrões de timbre, duração, intensidade e entonação e desenvolver a percepção auditiva, que compreende a consciência, a localização e a compreensão dos sons" (Brasil, 2016b, p. 86).

Achei o brinquedo!

Esta atividade poderá ser feita com bebês. Coloque o bebê sentado ou deitado em decúbito dorsal sobre o tatame. Com um tecido macio, esconda o rosto do bebê e as mãos, então retire novamente. Fale alegremente quando ele descobre partes do corpo ou o seu rosto. Brinque de esconder o seu rosto ou brinquedos com um tecido. Estimule o bebê a procurar o brinquedo embaixo do tecido e, quando ele encontrar, expresse-se alegremente.

"À medida que o bebê se autoexplora, ou seja, quando olha para suas mãos executando vários tipos de movimento, estará formando um esquema de si próprio que podemos designar como eu corporal" (Alves, 2007, p. 83).

Achei o brinquedo! 2

Brinque com o bebê de pega-pega. No primeiro momento vá ao encontro dele e depois, lentamente, vá se afastando, dando tempo para que ele reaja com a brincadeira e tente alcançá-la.

"Algumas respostas ao comportamento auditivo são expressas por meio de respostas motoras, como a localização do som, que é expressa por meio do controle e rotação cervical, e posteriormente pela dissociação de cinturas escapular e pélvica" (Brasil, 2016b, p. 60).

Vamos criar uma história? Já existe!

Faça um círculo com os educandos sentados sobre um tapete. Mostre um fantoche, que poderá ser de uma pessoa ou um animal. Comece uma história conhecida e estimule os educandos a continuar e terminar essa história. Lembre que deverão dar um enredo diferente ao conhecido.

Variações:

- Contar o final da história e pedir que elaborem o início.
- Colocar impasses durante a história.

Vamos criar uma história? Já existe! 2

A partir das atividades anteriores, proponha aos estudantes que contem a história com um tecido na mão, criando formas para dar vida aos personagens. À medida que o pano passa de mão em mão, é transformado em diferentes formas e significados.

"A criança deve ter a oportunidade de interagir com crianças que usam a fala como meio de comunicação. A exposição à língua oral deve ocorrer de forma frequente" (Brasil, 2016b, p. 86).

5.4.2 Estimulação visual

Árvore de texturas

Leve os estudantes a um parque onde possam ter contato com plantas aromáticas e árvores de diferentes espécies e tamanhos. O jardim botânico da sua cidade é um bom local para visitação. Convide para que caminhem pelo espaço, próximos a você, e sintam os aromas e as texturas das árvores e plantas. Converse sobre o que sentem e experimentam. Ouça e observe a expressão corporal dos gestos da criança ao tocar na grama e nas árvores, ao sentir os aromas das folhas e flores.

"É brincando que a criança experimenta o seu mundo e aprende mais sobre ele. Brincar pode ser uma forma de 'linguagem' – um simbolismo pelo qual a criança expressa coisas que não consegue fazer verbalmente" (Alves, 2007, p. 83).

Quando estiver na sala de aula, retome o passeio. Faça questionamentos para que os estudantes falem sobre o que observaram e sentiram durante a visitação ao parque ou ao jardim botânico. Após esse momento, leve os educandos para fora de sala e coloque uma folha de papel *kraft* para cada três ou quatro crianças. Convide-as a desenhar uma árvore com tinta guache. Ofereça-lhes alguns recursos naturais, como folhas, cascas de tronco, pequenos galhos, para que representem as raízes e flores, deixando a árvore mais próxima da realidade. Exponha as árvores, agora em forma de painel, na parede da sala de aula ou no corredor da escola. Você observará que os estudantes continuarão a tocar nas texturas em diversos momentos do dia, o que será ótimo para o desenvolvimento neurossensoriomotor deles.

"É importante que, durante a estimulação visual, seja observada a postura, uma vez que pode ocorrer desvios compensatórios inadequados a outros processos sensoriais, resultando em respostas desordenadas" (Brasil, 2016b, p. 89).

Sachês dos aromas

Para esta atividade, separe sobras de tecidos em algodão, tule e fitas de cetim ou mesmo lãs ou barbantes. Confeccione alguns sachês aromáticos com canela em pau, alecrim, cravos, hortelã, café e camomila.

Retome com os estudantes a vivência do passeio no parque, jardim botânico ou espaço parecido. Pergunte sobre o que se lembram das texturas e dos aromas encontrados nas árvores, ervas e flores. Ofereça em seguida os sachês para que explorem os aromas. Explique-lhes que esses cheiros são de ervas, temperos e ingredientes utilizados na alimentação. Crie formas de dar continuidade à atividade com os educandos.

> É importante que quando a criança localiza o brinquedo e leva as mãos para tentar alcançá-lo, seja permitido efetivar o alcance e a exploração do brinquedo através de outros sentidos (tato, olfato, gustação, auditivo), uma vez que o processo de aprendizagem de estudantes deficiências cegas se dá por meio dos sentidos remanescentes. (Brasil, 2016b, p. 91)

Hora do almoço

Com a atividade a seguir, além da estimulação do olfato e do paladar, você propiciará aos educandos o desenvolvimento da autonomia na escolha dos alimentos.

Convide os educandos para fazer uma gelatina. Comece explicando o procedimento e auxilie para que manipulem os ingredientes com segurança, principalmente quanto à temperatura da água. Leve a gelatina, ainda líquida, à geladeira. Após gelar, coloque o recipiente sobre uma mesa e converse com os estudantes sobre a mudança na consistência da gelatina. Corte-a em cubos para que possam experimentar e manipular a gelatina, sentindo o sabor doce. Pergunte se o aroma e o sabor lhes são conhecidos e com quais alimentos se parecem.

"Quanto ao alcance, considerando que a visão não será o seu motivador primário, são necessários outros atrativos para que a criança busque algo que não esteja em contato com o seu corpo." (Brasil, 2016b, p. 91).

Conhecendo o meu corpo

Esta atividade estimula a coordenação viso-manual e a percepção das partes do corpo, sendo sugerida para educandos com baixa visão. Coloque um espelho preso à parede na altura das crianças. Leve os estudantes para frente do espelho para que visualizem sua imagem. Converse sobre o que percebem e peça que nomeiem as partes do corpo. A brincadeira poderá continuar com todos fazendo caretas e posturas engraçadas, individualmente ou em duplas.

"A imagem corporal é a representação mental do corpo e não constitui uma mera percepção, mas, [sic] uma integração" (Alves, 2007, p. 90). Nomear as partes do corpo possibilita a criança verbalizar o que é vivenciado nas brincadeiras.

Montando um boneco igual a mim

Agora que você brincou em frente ao espelho, poderemos continuar a prática lúdica registrando a forma do corpo humano, que você poderá desenhar com os educandos. Recortem a imagem, separando as partes. Divida os educandos em pequenos grupos. Cada grupo receberá algumas partes para preencher com sobras de papéis coloridos. Oriente para que colem texturas iguais nos braços, nas mãos e também nas pernas e nos pés, formando pares. Para as outras partes do corpo, poderão usar texturas diferentes, que podem ser feitas com sobras de tecidos. Eles devem contornar a forma do corpo na imagem inteira com barbante grosso para que possam tocar e perceber suas formas. Convide-os a tocar nas formas, nomeando a qual membro representa. "O esquema corporal não é um conceito aprendido, que se possa ensinar. Ele organiza pela experimentação do corpo da criança. É uma construção mental que a criança realiza gradualmente, de acordo com o uso que faz de seu corpo. É uma síntese de sua experiência corporal" (Alves, 2007, p. 91).

Figura 5.6 – Oficina: o corpo humano

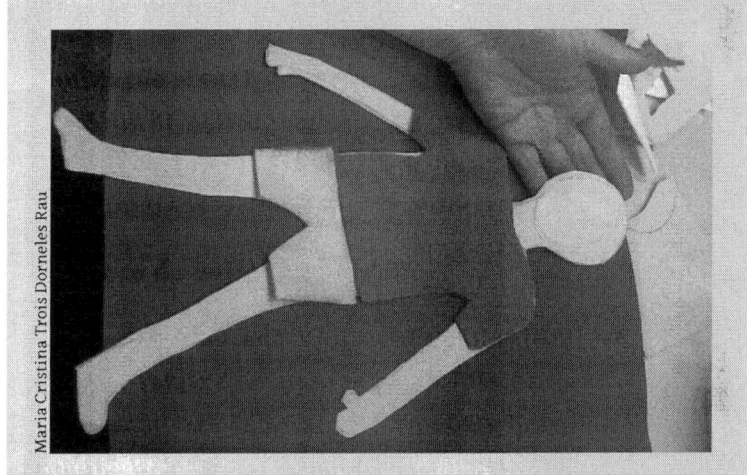

Maria Cristina Trois Dorneles Rau

Vamos cantar para o nosso corpo?

De acordo com Alves (2007, p. 134): "A influência da Psicomotricidade e da Educação Musical sobre o organismo humano se traduz por efeitos sensitivos e motores, cuja intensidade varia segundo as diferenças individuais".

Agora, você poderá retomar a atividade anterior sobre o reconhecimento das partes do corpo. Ensine a música *Cabeça, ombro, joelho e pé* aos estudantes.

Cabeça, ombro, joelho e pé

Joelho e pé
Olhos, orelha, boca e nariz
Cabeça, ombro, joelho e pé
Joelho e pé.

Combine com os educandos que, a cada vez que surgir o nome de uma parte do corpo, todos devem tocá-la no seu próprio corpo. A continuidade da brincadeira poderá ser feita com os educandos, criando novas formas e inserindo regras. Inicialmente, a criança aprende a nomear os diferentes segmentos corporais e suas funções. Conforme Alves (2007, p. 91), "para o desenvolvimento do esquema corporal, é necessário identificar, reconhecer, localizar e conhecer as funções de todas as partes do corpo".

Tapete sensorial temático

Esta atividade favorece o desenvolvimento neurossensoriomotor, pois estimula a visão, o tato e, se você considerar adequado ao grupo de educandos que está trabalhando, poderá acrescer também os estímulos sonoros e olfativos.

Recorte 2 metros de TNT nas cores preta ou branca e divida-o, desenhando de 6 a 8 quadros. Escolha ou crie uma história e conte para os educandos. Em seguida, defina com eles 6 a 8 momentos que representem o início, meio e fim. A história será recontada, agora criando as cenas definidas no tapete. Cada quadro do tapete será uma cena. Para a atividade, vocês poderão utilizar sobras de papéis, tecidos e objetos com diferentes texturas e criar os personagens e elementos da história. Colar os personagens e os objetos formando a sequência da narrativa. Você poderá criar o tapete com os estudantes do ensino fundamental e utilizá-lo para contar a história com as crianças pequenas na educação infantil.

"Uma criança pequena tem condições de perceber a ordem e a sequência de acontecimentos [...]. Uma das maneiras de verificação desse fato pode ser a apresentação às crianças de diversos momentos de um desenho e pedir-lhes para colocar na ordem que o desenhista pintou" (Alves, 2007, p. 98).

As atividades a seguir foram desenvolvidas por graduandos do curso de Pedagogia de uma faculdade confessional, por meio de um projeto de pesquisa e criação de espaços lúdicos para a inclusão de estudantes com baixa visão na brinquedoteca. A fonte de pesquisa para a confecção dos jogos foi o livro *Brincar para todos* (Siaulys, 2005). Os jogos foram confeccionados com material alternativo – sucata. As imagens mostrarão os resultados. Observe e faça você também alguns jogos para os educandos com deficiência visual. A descrição do encaminhamento segue a versão original do livro.

Body ball (Siaulys, 2005)

Confeccione dois painéis com bonecos, contendo todas as partes do corpo. Crie roupas coloridas em tecido, cabelo de lã ou pele sintética. Faça duas bolas com algodão ou manta acrílica, revestidas com tecidos. Cole uma parte do velcro nas partes do corpo dos bonecos e outra nas bolinhas. Defina algumas partes do corpo: mãos, olhos, cabelo, cabeça, pés, pernas etc.; prenda os painéis à parede, na altura dos educandos. Convide-os a identificar as partes do corpo e, a cada vez que reconhecerem, prendam a bolinha.

Dominó (Siaulys, 2005, p. 150)

Figura 5.7 – Dominó

Maria Cristina Trois Dorneles Rau

Faça uma caixa contendo 28 retângulos, de material emborrachado como EVA. Os círculos que representam a quantidade serão feitos com texturas: lixa, manta acrílica, EVA com glitter e EVA com tecido. Explique as regras do jogo para os estudantes e deixe que explorem as peças, reconhecendo formas, texturas e quantidades.

Regras do jogo:

- Formar duplas para iniciar o jogo.
- Contar juntos as peças existentes. Em seguida, cada jogador deve retirar sete peças para si e examiná-las detalhadamente.

- Os jogadores devem tirar par ou ímpar para ver quem inicia o jogo. O jogador sorteado coloca uma peça sobre a mesa.
- O próximo jogador deverá colocar uma peça que tenha, numa das pontas, um círculo com a mesma textura da peça já colocada, encostando as pontas iguais.
- O jogo prossegue, com os jogadores encaixando sempre as peças com círculos de texturas iguais.
- Quando o jogador não tiver mais peça que se encaixe, deverá comprar no monte até encontrar uma.
- Vence aquele que terminar primeiro as peças de sua mão.

Trilha (Siaulys, 2005)

Figura 5.8 – Trilha

Confeccione um tabuleiro com a trilha, conforme a imagem, e um dado coberto com EVA. Em cada lado do dado, cole miçangas (escolha um modelo que esteja cortado ao meio) e um peão, que será o marcador para cada jogador. Cada rodada poderá ter até 4 jogadores. O tabuleiro deve possuir 4 sequências de casas no sentido horizontal, com 9 casas que vão de um lado ao outro do tabuleiro. As casas devem ser feitas com adaptações em EVA com texturas diferenciadas. Além disso, cada sequência horizontal deve ter cores diferentes (marrom, laranja, amarelo e verde). Os jogadores movimentarão o peão nos quadrados, que serão limitados com bolinhas coloridas (Siaulys, 2005). Convide os educandos a escolherem a ordem de participação no jogo. O primeiro educando jogará o dado para o alto e o número que ficar virado para cima será a quantidade de casas que deverá andar no tabuleiro. Vence quem chegar, com o seu marcador, ao último quadrado.

Dama (Siaulys, 2005)

Figura 5.9 – Dama

Maria Cristina Trois Dorneles Rau

Confeccione um tabuleiro em madeira, conforme o modelo na imagem. Cole uma parte do velcro nos quadrados pretos. O jogo tem 24 peças em EVA com texturas, sendo: 12 com lixas, 12 lisas e 12 damas (que são 2 peças coladas, também com a variação de texturas, sendo 6 com lixas e seis lisas). Todas as peças possuem a outra parte do velcro colado na parte de baixo para que sejam fixas no tabuleiro.

Os jogadores (dois por jogada) devem escolher suas peças (cada um deverá ficar com 12 peças e seis damas). As 12 peças deverão ser colocadas nas casas de velcro das três primeiras linhas do tabuleiro. Em seguida, decidem entre si quem iniciará o jogo. As jogadas são alternadas e deve-se mover uma peça por jogada, em diagonal e para frente; não é permitido recuar peças. Só as casas de velcro são usadas e uma casa só pode ser ocupada por uma peça de cada vez. A captura é feita quando uma peça pula sobre outra peça adversária da casa vizinha a ela, e para na casa seguinte. Pode-se, na sequência, continuar pulando outras peças para capturar. O primeiro movimento, de captura, deve ser sempre para frente, mas, a partir daí, é permitido na mesma sequência, capturar também para trás. As peças capturadas são retiradas do tabuleiro.

A captura é obrigatória, ou seja, sempre que uma peça tem condições de fazer uma captura, deve-se fazê-la. Se um jogador alcança a última linha adversária, sua peça deve ser substituída por uma peça dupla (dama), o que não poderá ocorrer caso nenhuma de suas peças ainda tenha sido capturada pelo seu oponente. A peça deverá então permanecer na última linha até que o adversário consiga capturar alguma de suas peças, para só então formar a dama. A partida termina quando um dos jogadores eliminar todas as peças de seu adversário do tabuleiro ou não puder mover nenhuma de suas peças. O outro jogador é, então, declarado vencedor.

Pode terminar também quando um dos jogadores, acreditando não ter mais condições de vitória, abandona a partida. Os dois jogadores, de comum acordo, podem também considerar o resultado como empate. (Siaulys, 2005, p. 152)

Batalha naval (Siaulys, 2005, p. 154)

Figura 5.10 – Batalha naval

Maria Cristina Trois Dorneles Rau

Este jogo poderá ser confeccionado com duas placas de papelão, 32 cm × 32 cm. Forre-as com EVA. Cada tabuleiro terá 5 colunas. Na primeira coluna, em linha vertical à esquerda, você colocará as letras de A a H. Na linha horizontal superior, marque os números de 1 a 4, iniciando no segundo retângulo. Faça 8 barcos, 4 para cada jogador. Jogam duas pessoas de cada vez. Como jogar:

Cada barco está posicionado em retângulo, que corresponde ao encontro de um número com uma letra. A posição dos barcos de cada um não deve ser conhecida pelo seu adversário. Os jogadores devem decidir quem fará a primeira jogada e o escolhido deverá dizer uma letra e um número, na tentativa de acertar a posição de um dos barcos de seu adversário (ex. A1). Se ele acertar, o barco será afundado e retirado do tabuleiro. A próxima jogada será do adversário. O jogo termina quando um dos jogadores elimina (afunda) primeiro todos os barcos de seu adversário, declarando-se vencedor. (Siaulys, 2005, p. 154)

O objetivo do jogo é brincar e se divertir com independência e autonomia.

Jogo da memória (Siaulys, 2005)

Recorte 12 peças em madeira e cubra com EVA na cor verde. Cole desenhos de formas geométricas variadas em relevo no EVA com textura, pode ser com glitter, pois facilita o tato. Assim, serão formados 6 pares.

Figura 5.11 – Jogo da memória

Maria Cristina Trois Dorneles Rau

Como jogar:

As peças devem ser embaralhadas e colocadas sobre o tabuleiro com as texturas viradas para baixo. Os jogadores (dois por partida) devem decidir quem iniciará o jogo. Ele deverá virar duas peças do tabuleiro e mostrá-las para o outro participante. Se as peças não formarem um par, o jogador vai virá-las para baixo deixando-as no mesmo lugar e vai passar a vez para o seu colega. Se formar um par, ele retira as peças do tabuleiro, tendo o direito de virar mais duas. E assim sucessivamente, até que vire duas peças diferentes e passe a vez para o seu oponente. O jogo termina quando não houver mais peças sobre o tabuleiro e vencerá quem tiver o maior número de pares. (Siaulys, 2005, p. 155)

O objetivo é apresentar as diferentes formas geométricas para as crianças, identificando por meio do tato e da textura diferenciada.

Relógio (Siaulys, 2005)

Escolha uma peça de plástico, com forma redonda ou quadrada e, então, escreva os números em relevo, utilizando cola com textura. Use algarismos indoarábicos (1, 2, 3, ...) e o número correspondente em braile. É interessante confeccionar o relógio com os estudantes, ou, pelo menos, parte deles. Ofereça o relógio ao educando para que identifique a forma, a textura, os materiais e as cores, caso possua baixa visão. Mostre a sequência dos números e explique sobre a leitura das horas, minutos e segundos. Insira os ponteiros no centro do relógio, presos por clipe bailarina para que possam ser girados no sentido horário.

Trabalhar o conceito espacial: direita, esquerda, em cima, embaixo. Relacionar atividades rotineiras da criança com as horas: hora de dormir, acordar, de fazer as refeições, ir para a escola, tomar banho etc. Falar sobre o dia e a noite, sol, lua, estrelas. Contar histórias, introduzindo noções de semana, mês, ano e suas estações. Perguntar a data de seu aniversário, sua idade e fazer comparações com a de outras pessoas. (Siaulys, 2005, p. 129)

Figura 5.12 – Relógio em braille

Maria Cristina Trois Dorneles Rau

Jogo da velha (Siaulys, 2005, p. 156)

Utilize um tabuleiro de madeira e forre o centro com quadrados em feltro sobre um pedaço de manta sintética, com 5 mm de espessura, para que facilite o tato.

Escolha duas formas diferentes para serem as peças do jogo. No caso, escolhemos duas formas de coroas. Você poderá recortar algumas formas e colar sobre peças feitas com madeira ou mesmo em tampas de garrafas plásticas.

Como jogar:

> Os jogadores (dois por partida) devem escolher suas peças [...].
> Em seguida, decidem entre si quem iniciará o jogo. [...] Vence
> a partida quem conseguir fazer primeiro uma linha reta com
> suas três peças (na vertical, horizontal ou diagonal). Se nenhum
> dos jogadores conseguirem fazer a linha reta em uma partida,
> reinicia-se o jogo. (Siaulys, 2005, p. 156)

Figura 5.13 – Jogo da velha

Maria Cristina Trois Dorneles Rau

A convivência social exige aptidão a um sistema de regras previamente estabelecida. Neste sentido, os jogos, brinquedos e brincadeiras são atividades básicas que, por um lado, contribuem para o nosso desenvolvimento físico, motor, emocional etc. e, por outro, podem servir como uma espécie de laboratório onde praticamos e aprendemos as regras da sociedade com o qual vivemos e para a qual devemos apresentar a nossa parcela de contribuição. (Alves, 2007, p. 145)

Com efeito, a descoberta do corpo e dos movimentos é essencial na vida dos estudantes com deficiências, transtornos globais do desenvolvimento e altas habilidades ou superdotação. Os jogos psicomotores propiciam a construção da imagem corporal, pois os educandos estão em constante movimento, explorando o espaço, e brincando se organizam nos aspectos sensoriais, motores e emocionais, ampliando seu conhecimento de mundo.

A seguir apresentaremos sugestões de jogos motores para a prática lúdica.

5.4.3 Estimulação da função neurossensoriomotora

Vamos procurar o sol

Os móbiles são conhecidos por adultos e crianças. Há uma infinidade deles disposta no comércio. Alguns são sonoros, outros apenas com formas. O que você acha de confeccionar um móbile em forma de sol, bem colorido, e dispor sobre o berço do bebê? Faça um molde de um sol e recorte em EVA. Se preferir, você poderá usar as cores vermelho e amarelo ou outras. Prenda-o acima e à frente do bebê, de maneira que ele possa estar deitado e consiga olhar o móbile. Movimente-o de forma que a criança deseje tocá-lo. Aproxime-o dela para que consiga explorar com as mãos e os pés. Essa atividade propicia o fortalecimento do tronco, preparando para a postura sentada. É importante utilizar objetos coloridos, ruidosos ou luminosos para atrair a atenção do bebê, favorecendo o seguimento visual e a elevação da cabeça (Brasil, 2016b).

Coloque o bebê deitado sobre uma colcha macia ou um tatame. Fique de frente para o bebê e converse com ele. Faça expressões faciais relacionadas à alegria.

Estimulação visual

Ofereça um brinquedo de borracha para o bebê. Fique de frente para ele e observe sua expressão ao tocar no brinquedo. Fale o que o brinquedo representa, suas cores e texturas.

Boneco de bolinhas de papel

Ofereça aos educandos algumas revistas para que possam folhear, rasgar e amassar as folhas. Alterne os movimentos, entre amassar e desamassar. Forme bolinhas de papel e coloque dentro de meias de algodão. Em seguida, junte algumas bolas de meia e papel e forme um boneco. Vocês poderão criar o cabelo, o rosto, as roupas e os sapatos, formando um personagem completo.

A estimulação das funções motoras irá ocorrer por meio da abordagem proprioceptiva visando proporcionar a sensação de onde se localizam partes do seu próprio corpo, no espaço, com maior diversidade de experiências sensitivas/sensoriais e promoção de praxias do sistema sensório motor oral e do próprio toque. (Brasil, 2016b, p. 67)

Luva para contação de história

Os estudantes têm curiosidade e gostam de brinquedos e recursos que possam manipular livremente. Esta atividade possibilita o desenvolvimento da coordenação motora e da criatividade.

Escolha uma luva infantil, uma história e canetas coloridas. Conte essa história para os educandos e convide-os a criar os personagens e a sequência até o final. Após esse momento, recortem folhas de papel sulfite e confeccionem um livro escrito em forma de sanfona, medindo aproximadamente 5 cm. Na capa, escrevam o título da história e insiram as imagens, o nome dos autores etc. As páginas terão a narrativa da história, ilustrada com desenhos feitos pela própria criança. Veja um exemplo a seguir.

Figura 5.14 – Livro sanfonado na luva de contação de histórias

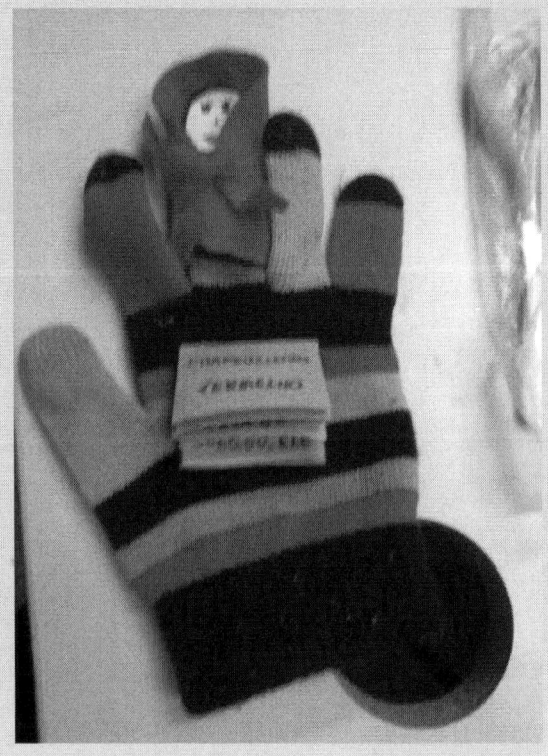

Maria Cristina Trois Dorneles Rau

Circuito motor

Os percursos motores, ou *circuitos motores*, são ótimas atividades para os educandos de todas as idades, pois desenvolvem a coordenação motora, o equilíbrio e a agilidade, entre outras habilidades e destrezas físicas. Geralmente, são feitos com cones, cordas, colchonetes, arcos de plásticos, mesas e cadeiras, entre outros diversos materiais, principalmente nas aulas de Educação Física.

Os percursos precisam de espaço para serem organizados; assim, procure uma quadra ou um pátio. Coloque 4 cones, separados a 1 m de distância um do outro em linha reta, 4 arcos seguindo o caminho, um colchonete para ginástica, uma corda em linha sinuosa e um banco sueco finalizando o circuito. Demonstre os movimentos do percurso inicialmente. Caminhe em zigue-zague pelos cones, pule com os dois pés juntos por dentro dos arcos, faça um giro sentado no colchonete ou vire uma cambalhota e finalize caminhando por cima do banco sueco com os dois braços abertos. Em seguida, faça o percurso com um educando de cada vez. Auxilie, dando a mão para quem precisar, ou apenas caminhe ao lado dele, para oferecer segurança. Após todos os estudantes terem participado, criem, juntos, outras formas de movimento para o percurso, alterando os materiais, espaços e movimentos.

"Cada esporte, cada modalidade, cada brincadeira e aspecto cultural abordado e aplicado na prática estarão sempre levando em conta o aspecto social e o desenvolvimento corporal da criança" (Alves, 2007, p. 155).

Essas foram algumas sugestões de práticas lúdicas, que objetivam o despertar psicomotor dos estudantes na escola e poderão ser desenvolvidas nas aulas de Educação Física, Artes, Musicalização, entre outras áreas, por meio de oficinas lúdicas, incluindo os educandos com deficiências, transtornos globais do desenvolvimento e altas habilidades ou superdotação. Divirta-se, criando outras formas de explorar os materiais e desenvolver os jogos e as brincadeiras com os estudantes e seus colegas, professores e coordenadores pedagógicos, na escola ou em outros espaços e ambientes.

5.5 Relato de oficina: o trânsito e a formação cidadã

A prática lúdica iniciou com uma conversa com os educandos, que responderam a alguns questionamentos: se utilizavam meios de transporte para vir à escola e se conheciam as leis de trânsito para os carros e ônibus e também para os pedestres. As participações dos alunos foram objetivas e breves, mas demonstravam a capacidade de raciocínio e memória por meio de suas falas.

Convidamos os educandos para participarem de uma oficina lúdica e explicamos que não seria no espaço da brinquedoteca da escola, mas no pátio em que eles estavam acostumados a brincar.

O trabalho contribuiu para o desenvolvimento psicomotor e, assim, a tarefa inicial ocorreu com atividades de alongamento, para que identificassem as partes corporais e as possibilidades de movimento. O tema das oficinas lúdicas deve ser considerado, mas, em se tratando de estudantes com deficiências, é importante que se verifique as habilidades ou as competências motoras e cognitivas que serão requisitadas. Dessa forma, a mobilização nem sempre inicia pela reflexão sobre o tema, mas pelo corpo.

Os educandos tiveram algumas dificuldades para a realização dos movimentos devido às deficiências, mas praticaram com entusiasmo e alegria. "A concepção do lúdico como um recurso pedagógico direcionado ao desenvolvimento psicomotor surge entre os aspectos relacionados à interação da criança com o meio em que vive" (Rau, 2011a, p. 85).

Corpo e mente aquecida? Vamos aprender sobre o trânsito! Abrimos espaço para um diálogo sobre o que observavam nas atitudes e reações das pessoas que dirigiam. Não foi surpresa a descrição de comportamentos inadequados dos motoristas. Um dos educandos contou que, um dia, quando estava indo para a escola na van, o motorista teve de virar muito rápido. Se não fosse o cinto de segurança, ele teria caído. Perguntamos o que havia acontecido e ele nos explicou que um carro atravessou muito rapidamente na frente da van.

Ouvimos seus relatos sobre como as pessoas andam pelas ruas a pé ou com meios de transportes e percebemos que eles tinham boa compreensão sobre atitudes corretas no trânsito. Mas as atividades principais ainda não haviam começado.

Convidamos todos para que fossem até uma rua, criada dentro da escola, para aprendermos um pouco mais sobre as regras e os cuidados que deveríamos ter no trânsito.

Foram construídos alguns carrinhos com caixas de leite e cobertos com papéis coloridos.

A rua foi confeccionada com TNT preto, imitando o asfalto, e fita crepe para as faixas. Placas de madeira, específicas para o trabalho pedagógico com direção e sentido, foram utilizadas para destacar as normas de trânsito. O material era bem simples, mas estimulou a brincadeira e a exploração dos recursos, o que expressou percepções sobre eles.

Como motoristas, com seus carrinhos pela pista, os estudantes foram convidados a seguir em frente, em diferentes posturas: agachados, em pé, virando para os lados ou voltando, como em ré. Entre as brincadeiras, fomos conversando sobre os relatos que haviam feito sobre atitudes inadequadas que viram no trânsito.

A cooperação entre pares ocorreu no enfrentamento dos desafios corporais e cognitivos. Juntos, elaboraram formas de solucionar os problemas, como a transposição de obstáculos na rua.

A prática lúdica estimulou a capacidade dos educandos de realizar movimentos com equilíbrio, relaxamento e flexibilidade nas articulações. Educandos com menor tônus nos músculos e na postura cansam mais facilmente. O desenvolvimento do tônus, da postura e do equilíbrio envolve exercícios para o fortalecimento muscular postural, o equilíbrio estático e dinâmico e a flexibilidade da coluna.

Os jogos e as brincadeiras que envolvem o movimento, para a maioria dos estudantes, são muito prazerosos. Descubra seus potenciais e crie formas de exercício com os seus educandos. Lembre-se sempre de pesquisar as características de suas deficiências para que as atividades sejam feitas com segurança.

5.6 O corpo, o movimento e o educando com altas habilidades ou superdotação

Existem algumas ideias comuns e equivocadas sobre educandos com altas habilidades ou superdotação em nossa sociedade, entre elas a de que uma pessoa superdotada é capaz de aprender todo o conteúdo e qualquer atividade sem que seja necessário que lhe ensinem, pois suas capacidades cognitivas serão suficientes. É um mito, uma vez que

> atitudes negativas com relação à escola, bem como um currículo e estratégias educacionais que não levam em consideração diferenças individuais, quanto aos interesses, estilos de aprendizagem e habilidades, são alguns dos fatores que podem interferir negativamente no desempenho dos alunos com potencial elevado. (Fleith, 2007a, p. 9)

Para uma melhor compreensão, descrevemos a seguir um relato sobre a inclusão de um estudante com superdotação.

> Henrique estudava numa escola particular e estava matriculado no 6º ano do ensino fundamental. Apesar de ser um menino magro e franzino, já tinha 13 anos de idade e, por isso, seus colegas nem percebiam que era um pouco mais velho. Suas falas sobre o Henrique se referiam ao seu comportamento. O achavam diferente, mal-humorado e, às vezes, um pouco agressivo com seus professores.

Seu rendimento escolar não era dos melhores e estava repetindo a série. Passados dois meses de aula, a coordenadora veio a saber, por meio de seus pais, que o estudante havia sido avaliado com superdotação, então, a pedagoga da escola tratou de conversar com os professores sobre a avaliação do estudante.

Alguns de seus educadores afirmaram, então, compreender seu comportamento, declarando que já haviam percebido algumas características desse diagnóstico, como o maior interesse por determinados assuntos, geralmente ligados às ciências, e o seu desinteresse por outros, como a prática esportiva. Com efeito, o desafio agora, era como trabalhar com o Henrique de forma a atender suas expectativas de aprendizagem numa escola que, mesmo fazendo parte de um sistema de ensino privilegiado, não estava preparada para lidar com tanta diversidade.

Foi aí que a pedagoga resolveu convidar seus professores para formarem um grupo de estudos sobre a inclusão de estudantes com altas habilidades ou superdotação na escola. A maioria dos professores concordou e achou interessante a proposta. As reuniões aconteciam quinzenalmente aos sábados. Os professores que já tinham formação em educação especial ficaram encarregados de trazer os materiais para o estudo.

O primeiro material a ser abordado foi *a construção de práticas educacionais para alunos com altas habilidades ou superdotação: atividades de estimulação de alunos*, publicado em 2007 pelo Ministério da Educação (MEC), por meio da Secretaria de Educação Especial (Seesp). O primeiro capítulo, escolhido para o início dos estudos, aborda o trabalho com a criatividade. Assim, iniciaram a leitura do material, o que motivou a discussão sobre as vivências e práticas pedagógicas em relação às atividades desenvolvidas com o Henrique e que, bem observado pelos docentes, nem sempre proporcionaram um trabalho significativo para o estudante.

Muitas vezes o aprendizado entre os professores ocorre por meio de interações com seus colegas, pois a troca de experiências e saberes é relevante na formação do professor. Você poderá começar um grupo de estudos na sua escola sobre esse assunto, convidando colegas de curso e profissionais da educação e da saúde para participar. Será uma ótima experiência e ampliará sua reflexão sobre a educação especial.

Agora, vamos voltar ao relato dos professores. Um dos docentes, que ministrava as aulas de Educação Física na turma do educando contou como vinha enfrentando dificuldades no processo de ensino e aprendizagem nas suas aulas. O professor descreveu: "Logo que comecei a trabalhar com a turma do Henrique, observei que ele não gostava muito de atividade física. Realizava com pouco empenho a prática de exercícios de alongamento e sempre tinha uma desculpa para não participar das atividades em grupo, como os jogos, as brincadeiras e os esportes coletivos".

É comum que os educandos com altas habilidades ou superdotação se interessem mais por atividades que envolvam a leitura, o cálculo matemático e as ciências, porém isso não deve ser considerado uma regra. Caberá aos professores conhecerem os interesses de seus estudantes e elaborar algumas propostas que possam estimular os educandos com altas habilidades ou superdotação a se interessarem por diferentes tipos de atividades, desenvolvendo, assim, outras formas de linguagem.

A pedagoga perguntou ao professor como ele estava lidando com a situação e se tinha tido algum avanço, no que ele respondeu: "O Henrique tem dificuldades com a coordenação motora global e fina, mas compreende bem as regras e as cobra de maneira rígida. Em algumas vezes, ele é mais rigoroso que eu durante a prática de jogos. Eu uso de flexibilidade nas aulas, pois considero mais construtivo o desenvolvimento das potencialidades dos educandos do que enfatizar as suas dificuldades. Observo que, às vezes, o atendimento a determinadas regras torna a prática do movimento difícil para eles". Outro professor respondeu: "Sim, também observei essa característica no Henrique. Certo dia, elaboramos um jogo chamado Trilha da Pontuação para trabalhar com a pontuação. Confeccionamos os materiais, após trabalhar com o conteúdo, e utilizamos um texto produzido pelos próprios estudantes em sala. Cada grupo deveria fazer a correção da pontuação do próprio texto e, assim, os erros possibilitariam a elaboração das perguntas para o jogo".

"Que ótimo! Dessa forma eles desenvolvem a criatividade no exercício dos conteúdos" – comentou a professora de Artes, que estava cursando uma pós-graduação em Educação Especial.

A criatividade vem sendo pesquisada por diversos autores na educação. Entre eles, retomamos os estudos de Vygotsky (2014). O autor destaca que a percepção da criatividade existe de modo potencial em todos os seres humanos. "Chamamos de atividade criativa a atividade humana criadora de algo novo, seja ela uma representação de um objeto do mundo exterior, seja uma construção da mente ou do sentimento característico do ser humano." (Vygotsky, 2014, p. 1). Desenvolver a capacidade criativa dos educandos com altas habilidades ou superdotação é importante para que possam buscar formas de superar suas dificuldades e ampliar suas potencialidades de aprendizagem. Dessa forma, a realidade atual da educação remete às estratégias pedagógicas que possibilitem aos educandos desenvolver a criticidade e a autonomia na solução de problemas. Assim, os educandos com altas habilidades ou superdotação precisam estar envolvidos em práticas pedagógicas que favoreçam a criatividade e a construção da autoimagem positiva. A pedagoga concordou com a professora de artes. Sim, observamos que o trabalho com oficinas lúdicas que envolvem a arte, a poesia, a música e o movimento na escola tem favorecido o desenvolvimento do processo criativo dos estudantes desde a educação infantil até o ensino médio, principalmente as oficinas com recursos do teatro e da dramatização. A vivência de papéis possibilita que os educandos expressem seus sentimentos em relação a vários aspectos de sua vida pessoal.

Observamos, no diálogo entre os professores, que eles conseguiram identificar a relação entre as emoções e os sentimentos expressos pelos estudantes e a relevância das práticas lúdicas. Essas atividades, como são apontadas em outros capítulos, estimulam a imaginação. "Toda a atividade humana que não se restringe à reprodução de fatos e impressões vividas, mas que cria novas imagens e ações pertence a essa segunda função criadora ou combinatória" (Vygotsky, 2014, p. 1).

O professor continuou: "A atividade foi mesmo muito produtiva, mas, num certo momento da prática do jogo, quando os educandos deveriam analisar as normas de acentuação e se depararam com as regras do jogo que não estavam bem claras, o Henrique ficou muito nervoso, alterou a voz e eu tive de contê-lo para que não se exacerbasse com os colegas do seu grupo. Expressou, claramente, raiva e falta de controle emocional. Pareceu-me que, às vezes, lhe falta um pouco de habilidades intra e interpessoais".

A pedagoga leu para os professores uma parte do material que estavam estudando:

Criatividade investigada em uma perspectiva intrapessoal vai enfatizar aspectos constituintes do fenômeno, como a dimensão cognitiva, o processo criativo e alguns traços de personalidade. Tais dimensões ampliam nosso conhecimento sobre a criatividade e seus processos, mas ofertam uma visão ainda limitada da dinâmica e funcionamento da ação criativa inserida em um contexto ambiental e cultural. (Neves-Pereira, 2007, p. 21)

A professora de Artes continuou a leitura:

Ao considerar a perspectiva interpessoal, as pesquisas sobre o fenômeno criativo privilegiam tópicos como:

a) as barreiras sociais presentes no ato de criar;

b) as dimensões social e cultural que outorgam a chancela de "criativo" para determinados produtos e/ou ideias e

c) a relevância do suporte social para que a criatividade se desenvolva. (Neves-Pereira, 2007, p. 21)

O professor de Educação Física afirmou e destacou que geralmente era difícil lidar com os aspectos emocionais e as habilidades intra e interpessoais do Henrique nas aulas. Vejo, no entanto, que poderão ser alguns dos objetivos do meu trabalho de agora em diante" – concluiu ele.

A partir do relato da conversa e de estudo dos professores, pense em como seria a prática lúdica para atender os interesses de um educando com altas habilidades ou superdotação. Quais classificações de jogos poderiam intervir no desenvolvimento emocional desses educandos e também no de seus colegas em sala de aula?

Para refletir sobre essas questões, convidamos você para conhecer um projeto pedagógico e alguns jogos e brincadeiras que poderão atender as expectativas, as potencialidades e as dificuldades de educandos como o Henrique e de seus professores.

A sala de recursos poderá ser um ambiente propício para o desenvolvimento da criatividade dos educandos com altas habilidades ou superdotação. Os professores de Educação Física e Ciências poderão fazer a mediação do trabalho nas aulas e os profissionais da sala de recursos darão continuidade, possibilitando que educandos como o Henrique aprofundem a pesquisa. O professor de Educação Física do Henrique poderá contar com esses profissionais na escola para auxiliá-lo em sua prática pedagógica, propiciando pesquisas e estudos desenvolvidos em computadores e *softwares*.

O alongamento, por exemplo, é uma prática da ginástica e, dessa forma, caracteriza-se por uma exercitação individual que tem como um de seus objetivos o aumento da flexibilidade. Crianças e adolescentes com idade próxima aos alunos dos anos finais do ensino fundamental precisam desse tipo de atividade, uma vez que estão em desenvolvimento e a musculatura nem sempre acompanha o ritmo do crescimento corporal. As atividades de alongamento influenciam na postura correta do corpo. Pessoas que ficam muito tempo em frente ao computador poderão desenvolver desvios posturais e sofrer com dores na coluna, dores de cabeça e cansaço físico.

Que tal desenvolver um projeto pedagógico sobre o assunto?

Tema:

Os exercícios de alongamento, que contribuem para a saúde do corpo.

Objetivos:

- Pesquisar a função dos exercícios de alongamento para promoção da saúde corporal de crianças e adolescentes na escola.
- Conhecer os tipos de alongamentos e seus objetivos.
- Elaborar uma série de exercícios de alongamento envolvendo as diferentes partes do corpo.

Problematização:

Praticar exercícios de alongamento com os alunos do 6º ano do ensino fundamental. Para isso, veja o quadro a seguir.

Figura 5.15 – Alongamentos

Inspiring/Shutterstock

Mostre para os estudantes esse quadro de exercícios de alongamento para os braços, a coluna e as pernas. Em seguida, questione os estudantes sobre quais partes do corpo identificaram, se conhecem os nomes dos músculos que fizeram parte do exercício e quais dificuldades encontraram para a realização da prática. Os estudantes também farão perguntas, aproveite para inseri-las no projeto.

Problematizar os conteúdos das aulas de Educação Física e Ciências poderá motivar os educandos com altas habilidades ou superdotação como o Henrique, pois estes se sentirão desafiados a conhecer mais sobre o corpo em movimento e a importância da atividade física.

Contextualização:
É importante lembrar os estudantes que os exercícios de alongamento deverão ser orientados por um profissional da área, um educador físico, um fisioterapeuta ou um terapeuta ocupacional, pois estes têm conhecimento sobre a postura correta, a duração do exercício e a fisiologia corporal. Porém, com algumas dicas, esses exercícios poderão ser praticados diariamente.

Cuidado!
As pessoas têm graus de flexibilidade diferentes, então, nunca force ou empurre as partes do corpo para nenhum dos lados ou sentidos, pois o alongamento deverá ser prazeroso e não doloroso. A respiração também é importante durante os exercícios.

Mais dicas? A seguir, apresentamos algumas indicações de profissionais da área.

Figura 5.16 – Dicas para a prática de exercícios físicos

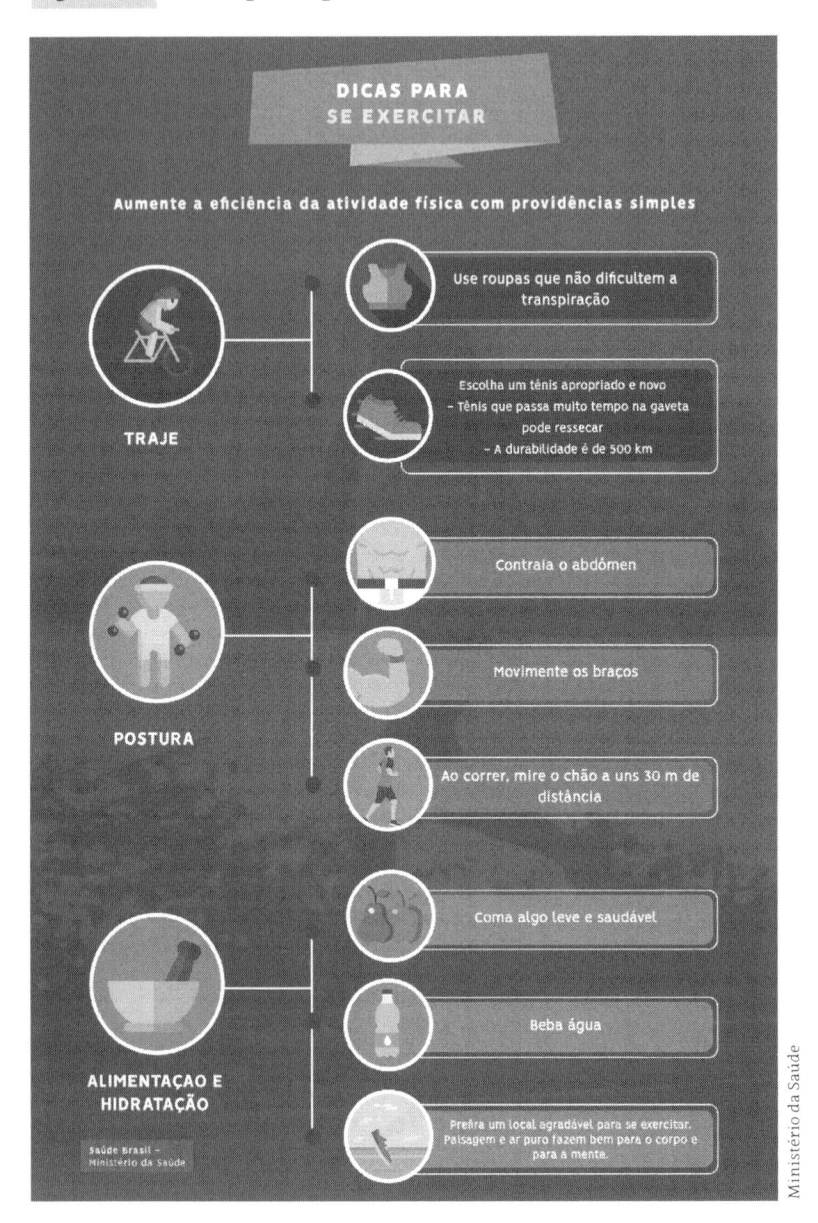

Fonte: Brasil, 2017b.

A continuidade do projeto poderá ser feita mediante pesquisas na internet. Para isso, convide-os a formarem duplas e investigarem sobre o assunto.

Levantamento de dados

Com a pesquisa, deixe que os estudantes imprimam alguns materiais e depois faça uma roda de conversa para apresentarem o que consideraram importante sobre o assunto. Auxilie-os na categorização do material pesquisado, separando as informações para que novos grupos possam ser formados de acordo com seus interesses. Por exemplo, um grupo tratará sobre os músculos e articulações envolvidas no alongamento, outro sobre os benefícios dessa atividade, e outro sobre os tipos de alongamentos para cada parte do corpo, e assim sucessivamente, até que se forme um número de categorias que possibilite a cada grupo trabalhar com um tópico diferente.

Elaboração de portfólio

Cada grupo deverá organizar um portfólio sobre o processo de pesquisas e estudos sobre o tema.

Portfólios são trabalhos ilustrativos dos alunos. Representam o seu pensamento, sentimento, a sua maneira de agir; as suas competências e habilidades e a maneira como colocou em prática o seu trabalho acadêmico. Essa ferramenta a serviço da educação tem como finalidade primordial proporcionar uma visão integral do conhecimento formal do educando e sua atuação na aprendizagem das diferentes áreas curriculares, assim como o seu desenvolvimento no campo comportamental e sua evolução na área pessoal e educacional. (Hamze, 2019)

Figura 5.17 – Modelos de portfólio

O portfólio poderá ser virtual, caracterizando o instrumento que melhor atender ao estudo, como um webfólio, por meio de *CD-ROMS*, que "servirá como processo de ressignificação de suas aprendizagens e colaboração no processo de avaliação tanto formativa como somativa dos procedimentos escolares"

(Hamze, 2019). Assim, seria um instrumento interessante para os estudantes que gostam de utilizar as ferramentas tecnológicas. Provavelmente o Henrique se encaixaria nesse grupo.

Proposta metodológica

Com base categorias elencadas e a nova divisão dos grupos, proponha que façam a leitura do material, a seleção das informações, a forma de registro, o número de páginas, no caso de produções escritas, e o grupo de exercícios, no caso de produções práticas. Auxilie-os também na definição e na elaboração dos instrumentos para a sistematização dos dados, como a criação de *blogs*, uso de *softwares*, textos, cartazes, cartilhas, *folders*, desenhos e séries de exercícios de alongamento. Explique que cada grupo deverá escolher um instrumento para ser apresentado aos demais colegas da turma. Conforme Budel e Meier (2012, p. 95): "Quando o professor propõe atividades desafiadoras a seus alunos, eles tendem a realizá-las, pois estão motivados. Esse esforço em conquistar o desafio faz com que o aluno se sinta gratificado pela vitória, o que lhe dá prazer".

Recursos

Podem ser utilizadas estratégias de desenvolvimento da criatividade, uso de *softwares*, música, computadores, internet, impressora, papel sulfite, papel almaço, cadernos, lápis, borracha, canetas e lápis coloridos, papelão, réguas, materiais didáticos da Educação Física (colchonetes, elásticos, bastões), materiais didáticos do laboratório de ciências (modelos anatômicos), livros, revistas, entre outros que considerar úteis.

Avaliação

Um projeto pedagógico possibilita uma enorme variedade de instrumentos de avaliação, porém, sugerimos que você os elabore de acordo com o processo da pesquisa e estudos, considerando as interações dos educandos com altas habilidades ou superdotação e de seus colegas com o conteúdo, acompanhando a qualidade do ensino e da aprendizagem. Assim, o próprio portfólio poderá ser um instrumento significativo de avaliação, pelo qual cada estudante explicitará o que aprendeu.

Sugestões de referências

HAMZE, A. Os portfólios e os processos de ensinagem. **Brasil Escola**. Disponível em: <https://educador.brasilescola.uol.com.br/trabalho-docente/portfolios.htm>. Acesso em: 15 jun. 2019.

PORTAL EDUCAÇÃO. **Exercícios de alongamento**. Disponível em: <https://www.portaleducacao.com.br/conteudo/artigos/educacao-fisica/exercicios-de-alongamento/50617>. Acesso em: 15 jun. 2019.

SCAPATICIO, M. Como ensinar sobre o corpo humano? **Nova Escola**, 27 ago. 2016. Disponível em: <https://novaescola.org.br/conteudo/76/como-ensinar-o-funcionamento-do-corpo-humano>. Acesso em: 15 jun. 2019.

Agora que você conheceu um projeto para o trabalho com o movimento, vamos apresentar jogos e brincadeiras que poderão ser desenvolvidos como práticas lúdicas com base no projeto descrito.

Jogos de mesa

Jogo da memória

Objetivo:

- Vivenciar exercícios de alongamento para diferentes partes corporais.
- Estimular a percepção sobre o próprio corpo para o desenvolvimento da consciência corporal.

Como confeccionar:

Escolha três partes do corpo e quatro exercícios de alongamento para cada uma e busque imagens que demonstrem claramente a postura correta do exercício; o uso de vídeos também poderá auxiliar, apenas fique atento à fonte das informações – dê preferência aos profissionais da Educação Física na escola, pois são os mais indicados para orientar as práticas. Os exercícios deverão contemplar movimentos para os braços, a coluna e as pernas. Para cada imagem do movimento os educandos poderão fazer uma breve descrição do exercício, imprimir e colar as imagens e as explicações separadas em pequenas fichas feitas de papelão recortados de caixas.

Como jogar:

Jogar em duplas. Coloque as peças misturadas sobre uma mesa, com a imagem e a descrição viradas para baixo. Os estudantes tentarão formar os pares e, a cada vez que acertarem, deverão realizar um novo movimento.

Olhos velozes

Objetivos:

- Estimular a discriminação visual.
- Reconhecer as partes do corpo.

Como confeccionar:

Pesquise imagens de diferentes partes do corpo na internet, em revistas ou *folders*. Recorte duas imagens iguais em forma de círculo, por exemplo: dois olhos, duas pernas, duas mãos e outras partes corporais iguais; as imagens deverão ter, no máximo, dois centímetros. Faça um tabuleiro de 50 cm × 50 cm e colar uma imagem dos olhos no tabuleiro e a outra num círculo de 2 cm de diâmetro, recortado em papelão.

Como jogar:

Jogar em trios. Distribua três fichas por rodada a cada educando, que não poderá ver as imagens ao recebê-las. Ao seu sinal, todos poderão virar as imagens e, o mais rápido possível, visualizar a figura que faz par no tabuleiro e colocar a sua em cima. Quem identificar as três imagens primeiro falará: olhos velozes! Todos deverão parar de procurar as imagens nesse momento. Verifique as partes do corpo que foram reconhecidas; ficará com todas as imagens identificadas quem terminou primeiro, vencendo a rodada. Distribua mais três imagens, repetindo a ação até que terminem todas as imagens ou sobre um número insuficiente para realizar uma rodada. Vencerá o jogo quem tiver recolhido mais imagens.

Jogos cooperativos

Objetivo:

- Perceber os movimentos corporais para o desenvolvimento da organização espacial.
- Promover a cooperação entre os estudantes na realização de tarefas coletivas.

Como jogar:

Convide os estudantes para organizar duas equipes na turma e peça que cada equipe escolha uma fruta. Por exemplo, uma equipe será produtora de maçãs e a outra será produtora de uvas. Cada equipe deverá ocupar um espaço marcado na quadra pelos professores, distantes uma da outra aproximadamente dois metros. Entregue cinco folhas de jornal para cada equipe e, então, explique que participarão de uma barganha. Pergunte quem sabe o significado da palavra e, caso não conheçam, explique que *barganha* significa "troca". Peça que cada equipe pense que é uma produtora da fruta escolhida (ou sorteada) e que, para comer da outra fruta, deverá encontrar uma maneira de chegar à outra equipe. Porém, cada grupo estará numa ilha e, dessa forma, não poderá ir nadando. Proponha, além disso, que criem uma maneira de chegar à outra equipe utilizando as folhas de jornal, pois não deverão pisar no chão, já que este representará o mar.

Você deve ter percebido os verbos que fazem parte desse encaminhamento: convidar, explicar, perguntar, pedir, propor. Essas ações são importantes quando se trata do trabalho com educandos com altas habilidades ou superdotação, pois eles se sentirão desafiados a aprender e, para isso, utilizarão suas potencialidades.

Observe o diálogo entre os estudantes: quem lidera, quem ouve e respeita o outro na hora de falar e quem considera as ideias. Esses aspectos são fundamentais para a formação humana: ética, respeito, cooperação, solidariedade.

Ao final da brincadeira, converse com a turma sobre as relações de cooperação entre os colegas e as potencialidades de cada um. Quais sentimentos vivenciaram ao participar da atividade? Como lidaram com esses sentimentos? Quais partes do corpo e movimentos precisaram praticar para realizar a barganha? Retome as pesquisas sobre os exercícios de alongamento e medeie as relações entre o que aprenderam nas pesquisas e o que praticaram na brincadeira. Motive os educandos com altas habilidades ou superdotação e seus colegas a encontrarem formas de superarem desafios por meio do diálogo e da troca de ideias.

Síntese

O desenvolvimento infantil precisa da estimulação rica e desafiadora e de um ambiente que favoreça a aprendizagem, a socialização e a intencionalidade nas ações dos estudantes na escola. Os estímulos cognitivos permitem que as ações entre o pensamento e a linguagem enriqueçam o senso crítico, tornando possível o desenvolvimento de novas ideias. Nesse sentido, os jogos e as brincadeiras favorecem a construção da memória, a percepção, o raciocínio lógico matemático, a linguagem, a atenção e, consequentemente, o aprendizado. Os estudantes com deficiências, transtornos globais do desenvolvimento, altas habilidades ou superdotação apresentam ritmo próprio, mas também são ativos e gostam de brincar. Por essa razão, não basta oferecer atividades de estimulação – é preciso que a interação entre os estudantes ocorra de forma contínua. A mediação do adulto, então, terá papel fundamental na interação entre os estudantes e a prática lúdica.

As interações entre os educandos nas brincadeiras estão relacionadas à expressão dos sentimentos e desejos e facilitam a socialização. A estimulação sensorial é fundamental para que os educandos representem a informação que será sistematizada na forma de conteúdos escolares.

Os jogos sensoriais estimulam a audição, a visão, o olfato, o tato e o paladar, o que desenvolve as sensações internas e externas. Em relação à aprendizagem dos educandos com deficiências, transtornos globais do desenvolvimento e altas habilidades ou superdotação, é preciso que haja ainda mais atenção às suas necessidades e interesses, pois o estímulo é essencial para a sua adaptação e interação com o meio. O movimento na prática lúdica oportuniza o conhecimento do corpo, seus limites, suas potencialidades e sua consciência corporal, por meio de jogos e brincadeiras que envolvem a imagem corporal, o equilíbrio, a coordenação motora, a lateralidade e as relações espaçotemporais. A imagem corporal é construída pelas sensações, pelas mobilidades e pelos deslocamentos, o que ocorre a partir dos três anos. Inicialmente, a criança identifica seu corpo como ponto de referência para se localizar e localizar objetos, depois, as noções de sentido e direção, sucessão de acontecimentos e ordem começam a surgir.

O educando com deficiência que possui dificuldade em desenvolver suas habilidades deverá fazer uma minuciosa observação dos seus movimentos desde seu nascimento, para que o atraso em seu desenvolvimento não afete toda sua vida. Os educandos com deficiências, transtornos globais do desenvolvimento e altas habilidades ou superdotação são ativos em suas ações, sentem, pensam e criam. O brincar expressa essa ideia, já que os estudantes brincantes demonstram claramente suas opções e opiniões, e são eles que nos ensinam sobre o direito à igualdade. Os estudantes com deficiência física neuromotora participam ativamente das práticas lúdicas com algumas modificações no espaço e nos materiais utilizados para as atividades na escola. Algumas dicas são importantes para a organização das oficinas lúdicas, entre as quais está a seleção dos recursos, a organização do ambiente e do espaço e a mediação do adulto nas práticas para a inclusão dos educandos com deficiências, transtornos globais do desenvolvimento, altas habilidades ou superdotação.

Os educandos com altas habilidades ou superdotação também requerem a mediação no processo de ensino e aprendizagem dos conteúdos escolares, pois suas capacidades cognitivas devem ser estimuladas de forma a promover desafios em encaminhamentos que promovam a pesquisa. Os desafios propostos aos educandos com altas habilidades ou superdotação buscam atender suas expectativas de aprendizagem.

Muitas vezes, o aprendizado entre os professores ocorre por meio de interações com seus colegas. Por isso, é importante a troca de experiências em reuniões pedagógicas e capacitações na formação docente. É comum que os estudantes com altas habilidades ou superdotação se interessem mais por atividades que envolvam a leitura, o cálculo matemático e as ciências. Caberá aos professores conhecer os interesses de seus estudantes e elaborar algumas propostas que possam estimular esses educandos a se interessarem por diferentes tipos de atividades, como as que envolvem o movimento e as interações sociais, desenvolvendo, dessa maneira, outras formas de linguagem. Atividades que propiciam o desenvolvimento da criatividade são necessárias para todos os estudantes. Vygotsky (2014) destaca que a percepção da criatividade existe de modo potencial em todos os seres humanos. Então, desenvolver a capacidade criativa dos educandos é fundamental para que estes aprimorem iniciativas próprias, a fim de superarem suas dificuldades e ampliarem suas potencialidades de aprendizagem. A realidade atual da educação remete às estratégias pedagógicas que possibilitam aos educandos desenvolver a criticidade e a autonomia na solução de problemas.

Educandos com altas habilidades ou superdotação podem apresentar emoções, como a raiva e a falta de controle emocional ao lidar com regras, individualmente ou em grupo. Dessa forma, o trabalho pedagógico deverá envolver a construção de habilidades intra e interpessoais. A sala de recursos poderá ser um ambiente propício para o desenvolvimento da criatividade dos educandos com altas habilidades ou superdotação. Os jogos motores devem ser atividades constantes na prática pedagógica do professor, pois estimulam o desenvolvimento psicomotor dos educandos com deficiências, transtornos globais do desenvolvimento e altas habilidades ou superdotação.

Indicações culturais

Documentário

CARAMBA, carambola: o brincar tá na escola! Plataforma do Letramento. Disponível em: <https://www.youtube.com/watch?v=oJSKrU-CKys>. Acesso em: 15 jun. 2019.

Site

PLATAFORMA DO LETRAMENTO. Disponível em: <http://www.plataformadoletramento.org.br/>. Acesso em: 15 jun. 2019.

O documentário é inspirado no projeto Brincar e aborda o brincar na educação infantil. Estimula a reflexão sobre a prática de brincadeiras para estudantes com deficiências.

Vídeo

BRINCANDO de papel – boneco de mola. Programa ABZ do Ziraldo. Disponível em: <https://www.youtube.com/watch?v=IBreJ6ZXBBo>. Acesso em: 18 dez. 2019.

O cartunista e autor de histórias infantis estimula as crianças a gostar da leitura. Para isso, a cada episódio do programa ABZ do Ziraldo apresenta uma série de diálogos sobre o tema com autores, além de trazer contadores de histórias e um coral infantil. Nesse episódio, apresenta a dupla "Brincando de Papel" com a música *Boneco de mola*.

Atividades de autoavaliação

Leia o Capítulo 5 para responder às questões que seguem. Faça anotações individuais e questionamentos que o auxiliarão na compreensão do tema abordado

1. Conhecer a psicomotricidade e sua importância no processo de desenvolvimento e aprendizagem do educando com deficiência é fundamental para a estimulação das capacidades básicas sensoriais e cognitivas destes. A psicomotricidade objetiva o estudo da relação entre o pensamento e a ação, envolvendo também a emoção. Sobre isso, assinale a alternativa correta:

   a) Os estímulos cognitivos restringem as ações entre o pensamento e as linguagens, enriquecendo o senso crítico e tornando possível o desenvolvimento de novas ideias.

   b) O desenvolvimento infantil ocorre de forma natural, mas a estimulação rica e desafiadora de um ambiente favorece a aprendizagem, a socialização e a intencionalidade nas ações dos estudantes com deficiências.

   c) Independente da hereditariedade, o cérebro humano não necessita de estímulos que ampliem funções cognitivas, como a memória, a percepção, o raciocínio lógico-matemático, a linguagem, a atenção e, consequentemente, o aprendizado, pois é autossuficiente.

   d) O desenvolvimento psicomotor se caracteriza por uma maturação que integra o movimento, o ritmo, a dança, a construção espacial e civil e, também, o reconhecimento dos objetos.

e) O esquema corporal é a organização dos sentidos relativos ao seu próprio corpo em relação aos dados do mundo interior.

2. As brincadeiras com o corpo são muito divertidas. "A reeducação por meio da música ocorre quando se utiliza metodicamente o poder dos ritmos e dos sons que justamente e juntamente com a reeducação psicomotora é dirigida às crianças que sofrem perturbações instrumentais (dificuldades ou atrasos psicomotores)" (Alves, 2007, p. 136). Em relação à afirmação anterior, indique se as alternativas a seguir são verdadeiras (V) ou falsas (F).

( ) Os jogos musicais têm objetivos educacionais e representam um instrumento prático para ser aplicado com os educandos na escola.

( ) Os jogos musicais são importantes para as crianças na educação infantil e, dessa forma, deverão estar presentes apenas nesse nível de ensino.

( ) O fazer musical, a exploração sonora e a expressão corporal são essenciais para as descobertas psicomotoras e culturais dos estudantes.

( ) O escutar e a percepção do significado possibilitam a prática lúdica com os jogos musicais de maneira prazerosa para os educandos na escola.

( ) Pelo fato de representar uma atividade natural na infância, a música não contribui para o desenvolvimento infantil.

Agora, assinale a alternativa que corresponde à sequência correta:

a) F, V, F, F, V.
b) F, F, V, F, V.
c) V, F, V, V, F.
d) V, V, F, V, F.
e) F, V, V, F, V.

3. A educação inclusiva objetiva atender a todos os estudantes, independentemente de características culturais e sociais. Os educandos com deficiências e transtornos globais do desenvolvimento apresentam ritmo próprio, mas também são ativos e gostam de brincar. Nesse sentido, avalie as afirmativas a seguir:

I) A estimulação psicomotora inclui atividades lúdicas que possibilitam o desenvolvimento dos sentidos.

II) Basta oferecer atividades de estimulação, sem que haja interação entre os estudantes com deficiências.

III) As interações entre os estudantes com deficiências nas brincadeiras estão relacionadas à expressão dos sentimentos e desejos e, quando desenvolvidos, facilitam a socialização.

IV) Sendo a música uma arte, ela deve ser imposta à criança, pois os sons e ritmos facilitam a organização visual e espacial, o raciocínio lógico e a expressão – e essas atividades incentivam os estudantes com deficiências a cantar, a dançar e, depois, a tocar instrumentos.

v) Os jogos sensoriais estimulam a audição, a visão, o olfato, o tato e o paladar, o que desenvolve as sensações internas e externas.

Estão corretas as afirmativas:

a) I, II e III.
b) II, III e IV.
c) III, IV e V.
d) I, III e V.
e) I, II e IV.

4. O processo de desenvolvimento dos educandos ocorre em etapas sucessivas e complexidades crescentes. Alves (2007) destaca como primeira fase de desenvolvimento da criança a fase oral (0 a 18 meses), na qual a criança é significativamente dependente e o toque e a massagem são as formas de comunicação, pois propiciam maior flexibilidade, tonificação dos músculos e estimulação sensorial. Dito que o toque é importante para o fortalecimento do vínculo entre a criança e o adulto, é correto afirmar:

a) A rotina de crianças pequenas deverá envolver atividades de desenho e pintura, pois já estão na fase de domínio da preensão.

b) É propício realizar atividades no canto pedagógico da contação de histórias para que os bebês possam estar próximos do adulto, enquanto este cria uma história com fantoches de tecidos e favorece a afetividade.

c) O espaço da sala de um berçário precisa conter berços para que os bebês fiquem deitados e não tenham contato uns com os outros, a fim de evitar o toque e possíveis contaminações.

d) Os professores que atuam em berçários não devem ficar com os bebês no colo em nenhum momento do dia, pois eles podem acostumar-se ao contato físico, o que não seria adequado à rotina.

e) As crianças maiores não devem ter contato com os bebês, pois podem causar acidentes. Assim, as oficinas lúdicas devem ser feitas apenas com crianças de mesma idade.

5. É comum que os estudantes com altas habilidades ou superdotação se interessem mais por atividades que envolvam a leitura, o cálculo matemático e as ciências. Os professores poderão desenvolver propostas lúdicas em sua prática, que estimulem todas as áreas de desenvolvimento e aprendizagem dos educandos. A seguir, marque a alternativa que corresponde a essa ideia:

a) Caberá aos professores estimular os educandos com altas habilidades ou superdotação a se interessarem por atividades que envolvem o movimento e as interações sociais.

b) Os professores precisarão propor atividades que considerem as habilidades cognitivas dos educandos com altas habilidades ou superdotação, pois certamente estas atenderão também ao desenvolvimento motor.

c) Práticas pedagógicas com a ludicidade desenvolvem outras formas de linguagem, contudo, os educandos com altas habilidades ou superdotação requerem especificamente o trabalho com o desenvolvimento do raciocínio lógico.

d) Práticas pedagógicas com a ludicidade desenvolvem outras formas de linguagem, contudo, os educandos com altas habilidades ou superdotação requerem especificamente o trabalho com o desenvolvimento da atenção e da linguagem oral e escrita.

e) Os educandos com altas habilidades ou superdotação têm em suas maiores potencialidades a socialização e, assim, atividades com o movimento não são necessárias no seu cotidiano.

Atividades de aprendizagem

Questões para reflexão

1. A educação inclusiva objetiva atender a todos os estudantes na escola, independentemente de suas características culturais e sociais. Os jogos sensoriais na estimulação psicomotora estimulam a audição, a visão, o olfato, o tato e o paladar, o que desenvolve as sensações internas e externas. Reflita sobre a prática lúdica para o desenvolvimento psicomotor dos estudantes com deficiências na escola.

   a) Como é o ritmo de desenvolvimento e aprendizagem dos estudantes com deficiências e qual o papel da mediação dos adultos na estimulação psicomotora?

   b) Por que a estimulação sensorial é importante para o processo de desenvolvimento e aprendizagem dos estudantes com deficiências, transtornos globais do desenvolvimento e altas habilidades ou superdotação?

2. Para um bebê, o olhar e o sorriso do adulto estimulam o desenvolvimento da afetividade, e mesmo uma criança

com deficiência visual encontra na fala e no toque formas expressivas importantes. Reflita sobre essa ideia e aponte sua reflexão sobre os seguintes aspectos:

a) O brincar facilita a representação dos estímulos sensoriais, motores e da linguagem e deve ocorrer de forma variada. Qual a importância do toque para a criança com deficiência?

b) Como as atividades com música podem estimular os bebês, considerando seus desenvolvimentos?

Atividades aplicadas: prática

1. A prática de jogos e brincadeiras na escola têm a função de desenvolver a espontaneidade do movimento e a consciência corporal ao permitir diferentes formas de expressão. Reflita sobre essa afirmação e escreva um texto sobre seu entendimento.

2. Pesquise atividades que envolvam a psicomotricidade para estudantes com deficiências, transtornos globais do desenvolvimento e altas habilidades ou superdotação. Descreva as práticas e justifique com uma citação do texto deste capítulo.

3. Considerando que os educandos com deficiências, transtornos globais do desenvolvimento e altas habilidades ou superdotação podem apresentar dificuldades psicomotoras que se refletirão na vivência de jogos e brincadeiras, como você trabalharia uma situação de erro ou insucesso na prática?

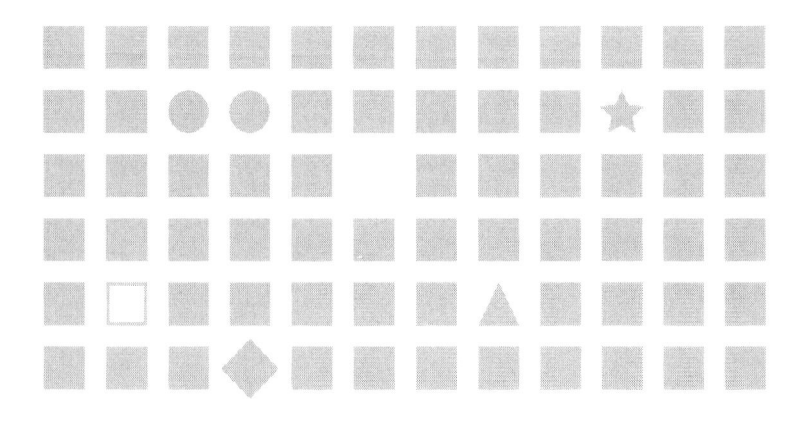

Capítulo 6

Oficinas: jogos de faz de conta

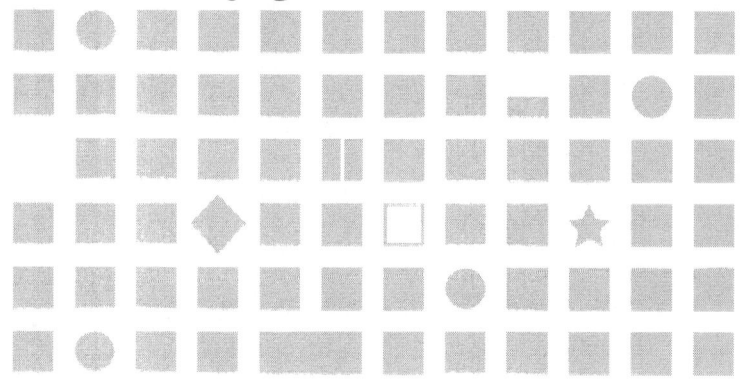

Nesse capítulo, abordaremos o lugar da imaginação no processo de desenvolvimento e aprendizagem dos estudantes na escola, que poderá envolver a inclusão dos educandos com deficiências e transtorno global do desenvolvimento. Os jogos de faz de conta envolvem a imaginação, a expressão de sentimentos e as sensações e, no que se refere à criatividade e à espontaneidade da criança, nas vivências de jogos e brincadeiras.

6.1 O faz de conta e a imaginação

Esse tipo de atividade propicia a formação da identidade e da socialização, a vivência de papéis sociais, o contato com as regras e a resolução de conflitos. Essas brincadeiras são interessantes para os educandos com deficiências nas áreas visual, auditiva, física e intelectual, com transtorno global de desenvolvimento e com altas habilidades ou superdotação, pois nelas representam seus desejos, seus medos, sua ansiedade e também resolvem problemas do cotidiano por meio da imaginação.

Nesses exercícios, o educando representa as ações dos adultos, colegas de escola e familiares, o que possibilita a expressão de forma clara de como realiza a leitura de mundo. O papel do adulto, do educador e de familiares é fundamental para o desenvolvimento infantil, uma vez que organizam espaços e ambientes lúdicos e estão presentes em diferentes momentos da vida da criança. A observação das emoções nas brincadeiras de casinha e de médico, por exemplo, é uma importante aliada na elaboração de práticas lúdicas na escola. Brincando, os estudantes demonstram seus saberes sobre conhecimentos específicos que fazem parte de diferentes áreas de conhecimento, como a organização espacial e temporal na matemática, na geografia e na história; as diferentes formas de linguagem para a aprendizagem das línguas, bem como na educação física, nas artes e na interação social na escola. Brincando, a criança demonstra, cria e recria, aprende a imitar e a representar, simbolizando o mundo a sua volta. "Chamamos de atividade criativa a atividade humana criadora de algo novo, seja ela uma representação de um objeto do mundo exterior, seja uma construção da mente ou do sentimento característico do ser humano" (Vygotsky, 2014, p. 2). A imaginação nas brincadeiras permite que a criança explore as relações com o outro, consigo e com o mundo, desenvolvendo o pensamento e a formação cognitiva, afetiva e social.

O brincar de faz de conta facilita a transposição entre o mundo adulto e o infantil; ora a criança se comporta expressando o pensamento infantil, ora expressando a interpretação que faz sobre o mundo adulto. Dessa maneira, como protagonistas das brincadeiras, realizando seus desejos, imitando, elaborando regras e refletindo sobre elas, desenvolve-se e aprende. "A imaginação como todas as funções do conhecimento, surge da ação" (Negrine, 2014, p. 46 In: Santos, 2014).

Ao imaginar e representar ações e tomar suas próprias decisões nas brincadeiras, o educando aprimora o processo criativo, mesmo com a imposição do adulto. A prática lúdica que envolve a imaginação leva os educandos a elaborar sentidos para as brincadeiras. Brougère (2001) destaca os aspectos culturais e sociais presentes nas ações lúdicas dos educandos como um limite à concepção de que a brincadeira seja uma ação natural da criança. O estudante, desde seus primeiros meses de vida, está inserido num contexto social e seus gestos, suas escolhas e suas atitudes estão tatuados pela cultura. Compreender o estudante como protagonista do seu processo de desenvolvimento e aprendizagem social é, portanto, considerar o ambiente em que ele está presente e que, em parte, é formado por seu meio. A brincadeira pressupõe uma aprendizagem social. "O substrato fisiológico dessa atividade reprodutora ou da formação da memória é a plasticidade de nosso sistema nervoso, entendendo-se por plasticidade a propriedade de adaptação e conservação dessa alteração adquirida" (Vygotsky, 2014, p. 2).

Os objetos, os brinquedos e as pessoas com quem o estudante convive diariamente são base para os temas das brincadeiras de faz de conta, pois nelas imitam seus comportamentos e formas de comunicação oral e gestual e, com os objetos e brinquedos, encontram a liberdade de criar e imaginar, representar o que considerarem necessário e realizar suas vontades e seus desejos. As experiências prévias, trazidas pelos estudantes de diversos contextos, facilitam a sua interação com o meio, já que, no brincar, eles vivenciam situações imaginárias nas quais os objetos permitem diferentes usos, de acordo com suas decisões e representações. Além das circunstâncias reais presentes na sua vida, as quais expressa, também reconstrói ações vivenciadas no passado e antecipa suas ações futuras pela representação verbal. "É justamente a atividade criadora humana que faz do homem um ser que se projeta pra o futuro, um ser que cria e modifica o seu presente" (Vygotsky, 2014, p. 2). Considerando que a imaginação faz parte do sujeito, que também é biológico, o jogo é sociocultural e ocorre quando a ação está ligada ao significado.

6.2 O faz de conta: comunicação e autonomia na resolução de conflitos

Os jogos de faz de conta são fundamentais para a vida dos educandos, pois "no sonho, na fantasia, na brincadeira de faz de conta, desejos que pareciam irrealizáveis podem ser realizados" (Bomtempo, 2001, p. 70). A realidade da infância e da adolescência nem sempre lhes proporciona experiências positivas e construtivas para a formação pessoal e, desde muito cedo, algumas crianças e jovens vivem em contextos sociais e econômicos que favorecem a exclusão e limitam seu desenvolvimento. Sendo assim, as situações imaginárias possibilitam o desenvolvimento da inteligência e da criatividade. Para os estudantes, o brincar evoca elementos da realidade e, em suas ações, demonstram quando vivenciam situações que envolvem a violência verbal ou física por parte dos adultos. Cunha (2007) menciona que, nesses jogos, os educandos elaboram uma relação entre a fantasia e a realidade, sendo que na primeira utilizam a imaginação na representação de papéis e na segunda demonstram em suas brincadeiras conflitos familiares, muitas vezes internalizados em seus gestos. Contudo, planejar espaços e ambientes que favoreçam a expressão de conflitos, a vivência de papéis e a resolução de problemas poderá contribuir para a formação dos educandos com deficiências, transtornos globais do desenvolvimento e altas habilidades ou superdotação, visando à superação dos desafios cognitivos e afetivos.

A organização do espaço lúdico para o faz de conta em cantos temáticos, como da casa, do teatro e da escola, oportuniza a manifestação de relações, sentimentos e emoções, dentro e fora da escola. Brincando, os educandos refazem situações que não gostariam de ter vivenciado e, dessa forma, criam novas maneiras de superar as frustrações na própria vida. "A fantasia se constrói sempre a partir dos materiais captados do mundo real" (Vygotsky, 2014, p. 2). Acreditamos que, sendo o brincar um elo entre a fantasia e a realidade, a atividade gere efeitos construtivos na formação da personalidade dos educandos.

A afetividade é fundamental na relação do estudante com o processo de aprendizagem e na construção do humor saudável; a empatia nas atitudes e nos gestos para consigo e para com o outro são importantes para a formação pessoal harmônica e equilibrada.

A imitação nas brincadeiras desenvolve o pensamento do educando. "É evidente que, nos seus jogos, as crianças reproduzem muito do que vêem, mas sabemos qual a importância do papel desempenhado pela imitação na atividade lúdica" (Vygotsky, 2014, p. 6). Ao brincar, imitam ações que, se fossem reais, poderiam trazer risco, como acender um fogão para o preparo da alimentação ou voar como super-heróis. Porém, nos jogos de faz de conta, elas interagem com o meio, imaginando que objetos, como caixas de papelão, são o fogão, por exemplo, e imitam os gestos dos adultos lidando com a água, com o fogo, com a louça e com o café. Nessa prática, a criança fará o café, oferecerá a outra pessoa, fará perguntas, ouvirá respostas – e tudo isso favorecerá o desenvolvimento da linguagem, da memória, da atenção e do raciocínio. "A atividade criadora da imaginação está relacionada diretamente com a riqueza e a variedade da experiência acumulada pelo homem, uma vez que essa experiência é a matéria-prima a partir da qual se elaboram as construções da fantasia (Vygotsky, 2014, p. 12). Esse tipo de jogo incentiva as diversas formas de expressão dos educandos, pois a imaginação nas brincadeiras atende aos seus desejos e suas vontades. A inclusão de educandos com deficiências, transtorno global de desenvolvimento e com altas habilidades ou superdotação poderá contribuir para o desenvolvimento, nos alunos, da autoimagem, da criatividade e da interação social.

Apontamos, contudo, que o olhar adulto sobre o brincar infantil por vezes considera que suas representações lúdicas não sejam refletidas e não se atribui sentido a elas, o que não condiz com a verdade. Caberá ao adulto identificar o que a imitação expressa e mediar a reflexão sobre o meio mediante o diálogo. "Os jogos das crianças não são uma simples recordação de experiências vividas, mas uma reelaboração criativa dessas experiências, combinando-as e construindo novas realidades segundo seus interesses e necessidades" (Vygotsky, 2014, p. 6). Esse poderá ser um ponto de partida para incluir os jogos e as brincadeiras de faz de conta no processo de ensino e aprendizagem, considerando a formação pessoal e social dos educandos com deficiências, transtorno global do desenvolvimento e altas habilidades ou superdotação.

6.3 O olhar adulto sobre o faz de conta

A brincadeira ocorre em diversos momentos: na escola, na rua e em todos os espaços em que a criança e o adolescente se sintam livres para imaginar e criar. Assim, a observação dos estudantes nas brincadeiras deve acontecer em diferentes momentos, e não apenas em recreios escolares. Os adultos se encantam ao ver as crianças brincando, imitando e representando ações do seu cotidiano. Quando desenha, finge conversar com seus objetos e brinquedos, imita os professores, os pais, os avós, os primos e os amigos e expressam como veem o mundo que as cerca, o que é importante para o conhecimento da realidade da criança. "Quanto mais rica for a experiência humana, mais abundante será o material disponível para a imaginação" (Vygotsky, 2014, p. 12).

A brinquedoteca, como já foi destacado anteriormente, e seu espaço e ambiente lúdico, ao abordarem diferentes temas, brinquedos e recursos, torna o faz de conta uma proposta educativa relevante para o desenvolvimento infantil. Quando brinca em espaços contextualizados com a sua realidade, o educando desenvolve maior compreensão das vivências ao explorar de forma concreta os brinquedos, os jogos e as bonecas. "A capacidade de elaboração e construção a partir de elementos, de fazer novas combinações com elementos conhecidos, constitui o fundamento do processo criativo" (Vygotsky, 2014, p. 7). Assim, o papel dos professores e adultos envolvidos no processo de construção do conhecimento na escola se trata da organização de atividades lúdicas que promovam as interações entre as crianças e o mundo material e social. Como verificamos no Capítulo 2, sobre o espaço e o tempo de brincar, o adulto organizará a prática lúdica, problematizando os ambientes e as relações dos educandos, indo além da mediação de conflitos e brigas por brinquedos, mas incentivando a reflexão das perguntas e respostas na imaginação e na criatividade dos estudantes. Para Vygotsky (2014), a ligação entre a atividade imaginativa e a imaginação não significa que o brincar seja um capricho da criança, mas algo necessário para o seu desenvolvimento. Quando explora objetos, por exemplo, a criança realiza uma atividade imaginativa; quando movimenta uma caixinha no ar como se fosse um avião, o faz de conta está presente e, dessa forma, desenvolve a imaginação.

Ao observar as brincadeiras entre os estudantes, você perceberá que, no decorrer das atividades, eles demonstram significativas transformações na relação consigo e com o outro, ampliam o seu vocabulário, desenvolvem a criatividade na elaboração de estratégias, a reflexão sobre as regras sociais e a organização do pensamento. As interações afetivas e sociais dizem muito a respeito das interações e do modo como os educandos veem o mundo, as pessoas e os objetos. Conhecer o sentido do brincar de faz de conta permite identificar as diferentes relações que se estabelecem entre o educando e o seu cotidiano, pois reflete ações de acordo com suas fantasias elaboradas no seu imaginário, fortalecidas pela realidade. Dessa maneira, os educandos se desenvolvem e aprendem. "A primeira forma de fantasia com a realidade consiste no fato de que qualquer ato imaginativo se compõe sempre de elementos tomados da realidade e extraídos da experiência humana pregressa" (Vygotsky, 2014, p. 9). Esse jogo nas atividades lúdicas está interligado, por meio da imaginação, à compreensão da realidade e ao estabelecimento da harmonia do pensamento e da ação em situações de conflitos. Considerando os estudantes como sujeitos do seu próprio desenvolvimento social, a atividade lúdica desenvolve a capacidade de autoexpressão.

6.4 Ambientes, práticas e recursos lúdicos para o faz de conta

Até o momento, falamos sobre a imaginação, a criatividade, a fantasia e a realidade no brincar. Mas você já sabe o que é o jogo de faz de conta? Sabia que existem outras denominações para esse tipo de jogo? "Quando vemos uma criança brincando de faz-de-conta [sic], sentimo-nos atraídos pelas representações que ela desenvolve. A primeira impressão que nos causa é que as cenas se desenrolam de maneira a não deixar dúvida do significado que os objetos assumem dentro de um contexto" (Bomtempo, 2001, p. 57). A esse tipo de ação chamamos de *jogo de faz de conta*, *jogo imaginativo*, *jogo de papéis* ou *jogo sociodramático*.

A organização dos ambientes para o faz de conta amplia a vivência cultural e social dos educandos por meio de suas interações, da imaginação e da criatividade. É na escola que temos a oportunidade de atender a esse objetivo, considerando a diversidade cultural e social que os educandos trazem consigo. No entanto, planejar o ambiente para a atividade lúdica requer alguns questionamentos por parte dos educadores. Quais aprendizagens serão oportunizadas aos educandos pela organização de espaços temáticos para o jogo de papéis? Quais recursos e brinquedos poderão ser utilizados para o desenvolvimento da imaginação e da autonomia dos estudantes no processo de ensino e aprendizagem? Essas questões poderão nortear o trabalho pedagógico com o jogo sociodramático na escola, envolvendo todos os estudantes com deficiências, transtorno global do desenvolvimento e altas habilidades ou superdotação.

Os cantos pedagógicos são um ótimo espaço para organizar essa prática, pois as brincadeiras nesses ambientes estimulam a estruturação da personalidade dos educandos de forma prazerosa para a aprendizagem. O contato com brinquedos, fantasias e recursos lúdicos nesses espaços poderá ser a única oportunidade do educando de manifestar suas emoções e seus sentimentos, devido a diferenças culturais e sociais de que fazem parte. "O espaço é um acúmulo de recursos de aprendizagem e desenvolvimento pessoal. Justamente por isso é tão importante a organização dos espaços de forma tal que constituam [sic] um ambiente rico e estimulante de aprendizagem" (Zabalza, 2007, p. 241). A qualidade da aprendizagem encontra um grande aliado na organização do espaço e do ambiente, uma vez que estimula a interação, a motivação, o trabalho com as sensações, a descontração e as vivências construtivas.

Observe a imagem a seguir.

Figura 6.1 – Brinquedoteca escolar

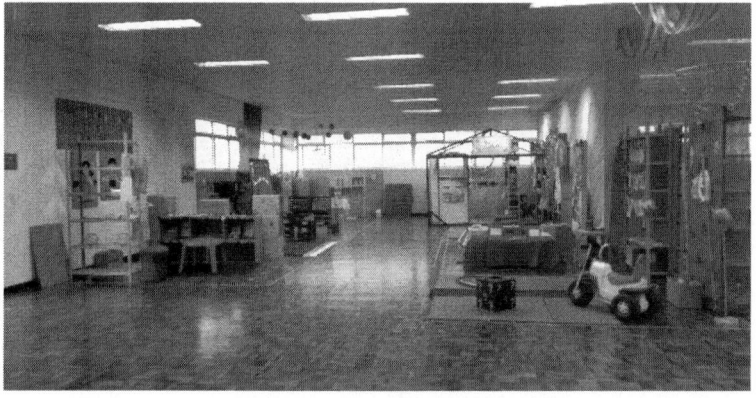

Maria Cristina Trois Dorneles Rau

A brinquedoteca na escola é um exemplo dessa organização, já que geralmente é organizada em cantos temáticos, o que instiga os estudantes, porque traz consigo desafios cognitivos, afetivos e motores. Lembrando que muitos estudantes passam grande parte do dia dentro do ambiente escolar, o que requer planejamentos, espaços, ambientes e recursos que chamem a atenção dos educandos com deficiências, transtornos globais do desenvolvimento, altas habilidades ou superdotação, de forma que se sintam parte do processo de ensino e aprendizagem.

Entre os desafios está o de organizar um espaço que possibilite a movimentação dos estudantes e a descentralização do adulto. Por ser um espaço de convivência, as regras da brinquedoteca poderão ser pensadas também com os educandos, o que intervém de forma positiva na formação social. Nesse sentido, o ambiente da brinquedoteca poderá tornar-se um espaço de "estrutura de oportunidades e contexto de aprendizagem e de significados" (Zabalza, 2007, p. 236), no qual a criança tem a possibilidade de explorar e interpretar o conhecimento, estabelecendo relações significativas de aprendizagem.

6.4.1 Cantos temáticos na brinquedoteca

A partir de agora, vamos exemplificar como os cantos pedagógicos da brinquedoteca poderão servir de ambientes propícios para a imaginação, a criatividade, a autonomia e a aprendizagem dos estudantes com deficiências, transtorno global do desenvolvimento, altas habilidades ou superdotação. É importante saber que, para a organização dos cantos, não é necessário investir um alto custo financeiro, pois, como vimos no

Capítulo 3, a sucata e os recursos da natureza podem ser utilizados para esse fim. Porém, os jogos educativos produzidos pelo mercado, dos quais fazem parte alguns brinquedos, são importantes para o processo de ensino e aprendizagem.

Cantinho do teatro

O espaço do canto do teatro poderá ser organizado com cortinas, tapetes e almofadas. Deve ser bem colorido e alegre, já que o tema pede criatividade, imaginação e diversão. Poderá conter fantasias e acessórios, como sapatos, chapéus e perucas.

Figura 6.2 - Canto da fantasia

Maria Cristina Trois Dorneles Rau

O que acham de pensarmos numa turma de 4º ano dos anos iniciais do ensino fundamental com 25 alunos, na qual, entre os estudantes, há um educando com Transtorno do Espectro Autista (TEA) e trabalharmos com o canto do teatro? Mas antes vamos conhecer alguns conceitos que envolvem o TEA.

O que são os Transtornos Espectro Autista (TEA)?

"São transtornos complexos, de início precoce (antes dos 3 anos), que se mantém ao longo da vida e que frequentemente ocasionam muitos prejuízos à pessoa com TEA e aos familiares" (Bordini; Bruni, 2014, p. 219).

O que é o autismo?

"É uma condição que reflete alterações no neurodesenvolvimento de uma pessoa, determinando quadros muito distintos, que têm em comum um grande prejuízo na sociabilidade" (Bordini; Bruni, 2014, p. 219). O espectro autista possibilita a compreensão sobre o quadro de gravidade do transtorno, com quadros mais graves (com maior dependência de outras pessoas/autismo de baixo funcionamento) e quadros mais leves (autismo de alto funcionamento). "O autismo é considerado uma síndrome neuropsiquiátrica, pois é caracterizado por um conjunto de sinais clínicos, nem sempre provocados por uma causa comum" (Bordini; Bruni, 2014, p. 219).

A síndrome de Asperger é um quadro do TEA de alto funcionamento, no qual o desenvolvimento da infância é bem próximo ao esperado. "A criança não apresenta atraso para falar e tem inteligência normal. Geralmente, os problemas estão relacionados à dificuldade de fazer amigos, obsessões por alguns assuntos, comportamentos inadequados e um jeito concreto de pensar" (Bordini; Bruni, 2014, p. 221).

Quais são as causas do TEA?

- Depende de diversos fatores, dentre eles genéticos, ambientais, intercorrências no parto e gestação, uso de álcool, substâncias abortivas e idade paterna avançada.

Quais são as características do TEA?

- Problemas de sociabilidade: pouca interação ou interesse por pessoas de mesma idade e dificuldades em fazer e manter amizades.

- Problemas na comunicação: atraso na linguagem verbal, ecolalia, neologismos, falar de maneira estranha, falar de si mesmo na terceira pessoa e falar como um personagem da televisão.

Como essas alterações dificultam o contato com outras pessoas?

- Os estudantes com TEA tem comportamentos e interesses restritos e estereotipados: movimentos repetitivos sem finalidade, como balançar para frente e para trás, andar na ponta dos pés, ficar girando em torno de si mesmo, movimentar os dedos em frente aos olhos e apegar-se a rotinas.

Alguns estudantes poderão apresentar comportamentos associados ao quadro, o que se considera "haver alterações nos sentidos, hipersensibilidade auditiva, hipersensibilidade tátil, alterações do sono, oscilações entre calmaria e agitação entre outros comportamentos" (Bordini; Bruni, 2014, p. 224).

Agora que conhecemos um pouco sobre o TEA, vamos pensar na proposta lúdica com o teatro. Poderemos iniciar a atividade apresentando a proposta aos estudantes e explicando que o teatro é uma forma de arte e que nele um grupo de pessoas, chamadas de *atores*, interpretam uma história para que outras assistam. Por meio do teatro, temos a possibilidade de despertar sentimentos, como a alegria, e, às vezes, o teatro ocorre com um único ator, que interpreta vários personagens. Os educandos com TEA usam pouco o faz de conta e têm menos facilidade com brincadeiras complexas. Assim, a mediação do educador na proposta do teatro será fundamental para que se sintam atraídos e confiantes para participar. Para a atividade, você poderá perguntar quem já foi ao teatro, o que conhecem sobre o teatro, se já assistiram a uma peça e quem os levou. Você verá que, muitas vezes, os estudantes só têm acesso ao teatro e a outras atividades culturais na escola.

Aproveite para ouvir os estudantes sobre suas ideias, experiências e relações fora do contexto escolar. É importante que você considere a possibilidade de que, inicialmente, os educandos com TEA não se sintam à vontade para participar de todo o processo com os colegas. Você deverá ter paciência e, se for o caso, fique próximo a eles e desenvolva as etapas lentamente, até que eles mesmos desejem compartilhar as suas elaborações com os outros. Cuide para que não se sintam acuados, e sim acolhidos. Deixe os recursos disponíveis para eles: organize pequenos espaços, coloque músicas divertidas e não muito barulhentas.

Em seguida, convide-os para realizar a atividade. Você poderá desenvolver o seguinte encaminhamento:

Pensando sobre o tema

O que precisamos fazer para encenar uma peça de teatro? Pesquise e converse com os educandos sobre o que precisam para a encenação, como a história, o espaço, os recursos e de que maneira poderão fazer a escolha dos personagens.

Criando o teatro

Primeiro, com os educandos, escolham uma história que servirá de base para o texto teatral. A história poderá ser conhecida ou criada por eles com a sua ajuda. Em seguida, discuta com o grupo quais as partes da estrutura da narrativa e identifique: como serão a introdução, os personagens, os cenários, quando a história acontece, os diferentes modos de viver e se comunicar, a aventura vivenciada pelos personagens e, claro, como terminará a história.

Finalizando o teatro

Ao final da atividade você poderá aproveitar para trabalhar com o texto na aula de língua portuguesa e fazer alguns questionamentos, como:

Qual a mensagem passada pelo texto do teatro? Quais emoções estiveram presentes ao interpretar os personagens? Como foi a relação em grupo ao criar um trabalho coletivo? Quais formas de comunicação e expressão podem ser utilizadas no desenvolvimento do teatro?

A criança com TEA, inicialmente, brinca com o próprio corpo e é por meio da exploração visual e tátil que ela descobre espaços e recursos. A sua capacidade de comunicação não é facilmente compreendida e, assim, a atividade lúdica deve ser desenvolvida desde o início da sua vida, pois possibilita o desenvolvimento da expressão, da imaginação e da interação social.

Teatro de fantoches

O teatro de fantoches também é uma boa alternativa para trabalhar com os educandos com TEA. Veja a seguir como você poderá desenvolver a ideia.

Escolha uma caixa de sapatos e confeccione, com os estudantes, uma maquete de teatro. Vocês precisarão de uma caixa de sapato, tesoura, cola, papéis coloridos, fantoches, dedoches e miniaturas. Recortem a frente da caixa para que a peça possa ser apresentada. Façam uma cortina de tecido ou TNT e pendurem com um barbante preso às laterais. Se você optar por fazer um teatro de palitoches (fantoches feitos com palitos de madeira), cortem um retângulo na parte inferior da caixa; se a opção for por fazer um teatro de dedoches (fantoches que se prendem aos dedos), o recorte não é necessário. Decorem a caixa com sobras de papéis coloridos. É muito divertido confeccionar os recursos lúdicos com os educandos e, além disso, os estudantes desenvolvem a coordenação motora, a organização espacial, a organização do pensamento, a criatividade e a autonomia, sem falar da imaginação, é claro.

Veja algumas sugestões na sequência.

Figura 6.3 – Maquete: canto do teatro

Figura 6.4 – Teatro de caixa de sapato e dedoche

Figura 6.5 – Teatro de caixa de sapato

Maria Cristina Trois Dorneles Rau

Para a realização da atividade, você poderá organizar pequenos grupos com três ou quatro educandos. Peça a um colega para auxiliar você nessa tarefa, pois juntos poderão confeccionar a caixa e os personagens. Durante a apresentação, estimule os estudantes a criarem vozes para deixar a atividade ainda mais divertida. Não se preocupe com o produto final, mas com o processo, já que a atividade desenvolverá a argumentação na aprendizagem de novas palavras.

O brincar é importante para o estudante com TEA; sendo assim, mesmo que o adulto encontre dificuldades para incluir o educando, não deve desistir de encontrar a forma de brincar que mais o atraia. Os jogos e as brincadeiras serão bem-vindos na estimulação dos estudantes com TEA, porém, por suas características, ela não acontece tão facilmente. Por isso, apresentaremos algumas dicas para a sua realização, baseadas nas seguintes orientações (Bordini; Bruni, 2014):

- Explique os jogos e as brincadeiras claramente e com objetivos bem específicos.
- Lembre-se de verificar se o educando está olhando para você enquanto explica as atividades.
- Promova rotinas, descrevendo em cartazes o horário em que as brincadeiras serão desenvolvidas – para isso, procure ajuda dos colegas de sala para fazer os recursos. Deixe os cartazes próximos ao estudante com TEA.
- Priorize a prática de atividades lúdicas mais curtas para facilitar a realização.
- Utilize os recursos das artes visuais: tintas, lápis coloridos etc., mas não ofereça muitos materiais de uma só vez para a prática de atividades lúdicas.
- Quando o jogo ou a brincadeira terminar, explique de forma clara.
- Facilite a linguagem, conectando palavras com gestos e objetos.
- Estimule a interação entre o aluno com TEA e os outros estudantes, mas respeite sempre seus limites.
- Divida as brincadeiras em partes, pensando sempre em ações que vão da execução mais simples para as mais complexas.
- Deixe que os colegas ajudem, quando se sentirem a vontade de fazê-lo.

Cantinho da leitura

O cantinho da leitura também é um espaço lúdico, já que nele o educando é convidado a imaginar histórias, personagens e suas aventuras. Você poderá organizar o espaço com caixas que contenham livros de vários gêneros textuais, porta-livros em tecidos, tapetes em EVA e almofadas.

Figura 6.6 – Maquete: canto de leitura

Você poderá também enriquecer o canto com algumas ilustrações, pois, mesmo que os educandos ainda não saibam ler, a manipulação dos livros e a leitura das imagens estimularão o prazer pela leitura.

Figura 6.7 – Canto da leitura

Vamos conhecer a história do Matheus?

Matheus, de 10 anos, era da sala da professora Ana. Numa reunião com os pais, a professora explicou que, muitas vezes, ele atrapalhava as aulas e não a deixava explicar os conteúdos sem interromper a sua fala. Algumas características eram observadas com frequência: quando lhe era solicitado para que fizesse a leitura do texto do livro, quase sempre desviava a atenção, pois se perdia na leitura, esquecia o tema do texto lido e, por isso, não gostava desse momento nas aulas. O único momento em que Matheus se interessava pela leitura era quando ela lhe pedia para que a fizesse em voz alta.

Assim como o Gustavo, cuja a história contamos no Capítulo 3, Matheus também é uma criança com TDAH. Ele estuda em uma turma de 5º ano dos anos iniciais do ensino fundamental com 28 estudantes. O que acham de trabalharmos com o canto da leitura?

Convide a turma para conhecer o espaço, explique que poderão escolher os livros livremente e ficar à vontade para escolher o que gostariam de ler. Deixe que explorem o espaço por um tempo, verifique a motivação dos estudantes para esse momento e, assim que considerar suficiente, convide-os para a próxima atividade.

Escolha uma história com poucos personagens e que seja de interesse dos educandos. Conte a história utilizando a mímica e peça para eles identificarem os gestos. Questione sobre as expressões corporais e faciais dos personagens da história e proponha que façam a confecção de máscaras dos personagens.

Como exemplo, sugerimos que você encontre uma história folclórica, como a do *Saci Pererê*, de Monteiro Lobato. O livro é da série Sítio do Pica-pau Amarelo e foi publicado em 1921.

Figura 6.8 – Livro: *O Saci*

Você poderá levar também uma maquete ou um cartaz como recurso para estimular a criatividade dos estudantes. Veja a maquete apresentada a seguir.

Figura 6.9 – Maquete: folclore, a história do Saci

Maria Cristina Trois Dorneles Rau

Para a confecção das máscaras, serão utilizados materiais, como cartolina, canetas e lápis coloridos. Divida a folha de cartolina em quatro partes e entregue uma parte para cada educando. Peça para que os estudantes desenhem o rosto do Saci Pererê na parte da cartolina que receberam. Deixe que interpretem a figura espontaneamente e valorize suas elaborações. Com todas as máscaras confeccionadas, convide-os a criar uma história sobre o personagem. Peça-lhes que formem grupos de 4 a 6 colegas para a atividade.

Cada grupo deverá registrar a história por escrito. Conhecendo o nível de escrita dos educandos, defina um tempo para que escrevam a história. Deixe uma margem de 10 minutos, caso não consigam terminar no tempo proposto.

Certifique-se de que o Matheus seja acolhido pelos colegas, pois provavelmente estará envolvido com a atividade e sua impulsividade motora será canalizada para a participação criativa na proposta.

Seguem algumas dicas para que você experimente com alunos como o Matheus, considerando as características da criança com TDAH (Bordini; Bruni, 2014):

- Defina objetivos claros e comportamentos-alvo de forma específica.
- Divida as tarefas consideradas mais complexas na brincadeira. Uma brincadeira poderá ser dividida em partes a serem executadas até o objetivo final. Analise as ações e verifique como poderá fazer essa divisão.
- Desenvolva um plano com o estudante. Oriente para que ele consiga elaborar estratégias para alcançar os objetivos. Revise-as e modifique-as, se necessário.
- Utilize recursos visuais para a explicação das regras e das ações.
- Explique novamente as brincadeiras e peça para que o estudante as repita.
- Faça contato visual com o educando enquanto explica as brincadeiras.

- Faça modificações nas atividades para que possam atender o educando com TDAH, possibilitando a sua inclusão social.

- Trabalhe de forma cooperativa – as brincadeiras podem ter espaço, regras e desenvolvimento modificados, e isso tudo pode ser feito no coletivo, com os colegas da turma.

Quando todos terminarem, cada grupo apresentará a atividade, lendo a história para a turma. Essas atividades objetivam a identidade, a socialização entre os educandos e também possibilitam ao professor realizar a sondagem dos níveis de escrita e leitura dos alunos. A professora ou o professor anotará as falas e as observações importantes sobre o processo e, ao final da oficina, relatará tudo aos estudantes, conversando sobre as descobertas e os desafios encontrados por todos.

Sugerimos a seguir mais alguns cantos pedagógicos para que você organize oficinas lúdicas com o faz de conta e que poderão favorecer o desenvolvimento da imaginação e da linguagem corporal e oral dos estudantes com deficiências, transtorno global do desenvolvimento e altas habilidades ou superdotação.

Cantinho do médico
Para a organização desse canto, você poderá contar com a colaboração da família para trazer os recursos. Serão utilizadas toucas, máscaras, luvas cirúrgicas, embalagens de remédios, esparadrapo, jalecos e fichas médicas. Você precisará também de algumas bonecas para que sejam os pacientes; se possível, arranje estetoscópios e termômetros de brinquedo. Organize o espaço e o ambiente para os estudantes e deixe que brinquem

livremente. Uma roda de conversa poderá ser feita ao final, para que socializem suas experiências.

Cantinho da casinha

Figura 6.10 – Brinquedoteca de formação de docentes: atividade de organização da casinha

Maria Cristina Trois Dorneles Rau

O canto da casinha deverá conter diferentes objetos, como fogão, panelas, pia, geladeira, mesa, ferro de passar, frutas plásticas, embalagens de alimentos e celulares.

As atividades sugeridas objetivam que os educandos com deficiências, transtornos globais do desenvolvimento e altas habilidades ou superdotação representem suas vivências com a família ou nos lares em que vivem. "A forma de organização do espaço e a dinâmica que for gerada da relação entre os seus diversos componentes irão definir o cenário das aprendizagens" (Zabalza, 2007, p. 237).

Você poderá organizar um espaço inteiro com cantos pedagógicos na sua escola. Os estudantes com deficiências, transtorno global do desenvolvimento e altas habilidades ou superdotação aproveitarão muito e a inclusão, com certeza, acontecerá de forma espontânea e livre de preconceitos.

O faz de conta é fundamental para todos os estudantes na escola, especialmente para estudantes com deficiências, transtorno global do desenvolvimento e altas habilidades ou superdotação, porque será um momento em que desenvolverão suas significações e aprendizagens sobre o mundo. A relação espaço e ambiente estabelece conexões entre si e amplia vivências em que os estudantes aprendem e se desenvolvem. O papel do professor em todas as etapas das oficinas lúdicas, como mediador do processo de socialização dos educandos, fará a diferença para que eles desenvolvam a autonomia e a criatividade. Assim, professores, sejam criativos, disponíveis e abertos à prática lúdica, criando-a e recriando-a com os educandos. Bom trabalho!

Síntese

Neste capítulo, vimos que o faz de conta propicia a formação da identidade, da socialização, a vivência de papéis sociais, o contato com as regras e a resolução de conflitos.

As brincadeiras de faz de conta são interessantes para os educandos com deficiências, transtornos globais do desenvolvimento e altas habilidades ou superdotação, pois nelas representam seus desejos, medos, ansiedades e também resolvem problemas do cotidiano por meio da imaginação. O papel do adulto, do educador e de familiares é fundamental para o desenvolvimento infantil, uma vez que eles organizam espaços e ambientes lúdicos, bem como estão presentes em diferentes momentos da vida da criança. A observação das emoções dos educandos é uma importante aliada na elaboração de encaminhamentos pedagógicos, não apenas com o brincar, mas também com as atividades em sala de aula.

O brincar de faz de conta facilita a transposição entre mundo adulto e infantil: ora a criança se comporta expressando o pensamento infantil, ora expressando a interpretação sobre o mundo adulto. Como protagonistas das brincadeiras, realizam seus desejos, imitando e elaborando regras e, ao refletir sobre elas, desenvolvem-se e aprendem. A brincadeira pressupõe uma aprendizagem social. Os objetos, os brinquedos e as pessoas com quem os educandos com deficiências, transtornos globais do desenvolvimento e altas habilidades ou superdotação convivem diariamente são base para os temas das brincadeiras de faz de conta, pois nelas imitam os comportamentos e formas de comunicação oral e gestual e, com os objetos e os brinquedos, encontram a liberdade de criar e imaginar, representando o que considerarem necessário e realizando suas vontades e seus desejos. A organização do espaço lúdico para o jogo imaginativo deve ser temática, como os cantos da casinha, do teatro e da escola. Os ambientes criados oportunizam aos educandos com deficiências, transtornos globais do desenvolvimento e altas habilidades ou superdotação a manifestação de suas intenções. A imitação nas brincadeiras desenvolve o pensamento. Brincando, os educandos imitam ações observadas no seu cotidiano. E a brincadeira infantil pode ocorrer em diversos momentos: na escola, na rua e em todos os espaços em que a criança se sinta livre para imaginar e criar. Assim, a observação da criança nas brincadeiras deve acontecer em diferentes momentos, não apenas naqueles destinados ao brincar livre. Quando brinca em espaços contextualizados à sua realidade, ela desenvolve maior compreensão das vivências ao explorar, de forma concreta, os brinquedos, os jogos e as bonecas, reflete ações de acordo com as fantasias elaboradas no seu imaginário, fortalecidas pela realidade e, dessa maneira, aprende. As interações afetivas e sociais dizem muito a respeito das interações e do modo como as crianças veem o mundo, as pessoas e os objetos. Conhecer o sentido do brincar de jogo de papéis permite ao educador identificar as diferentes relações que se estabelecem entre a criança e o seu cotidiano.

Os educandos com TEA usam pouco o faz de conta e têm menos facilidade com as brincadeiras complexas. Assim, a mediação do educador, na proposta do teatro, será fundamental para que se sintam atraídos e confiantes para participar. Os educandos com TEA, inicialmente, brincam com o próprio corpo e, pela exploração visual e tátil, descobrem espaços e recursos. Como a capacidade de comunicação desses educandos não é facilmente compreendida, a atividade lúdica deve ser desenvolvida com as crianças desde o início da sua vida, pois possibilita o desenvolvimento da expressão, da imaginação e da interação social.

Indicações culturais

Site

PROJETO PÉS. Disponível em: <https://www.projetopes.com/>. Acesso em: 15 jun. 2019.

> Esse projeto visa apresentar aulas de teatro e dança para pessoas com deficiências. Foi idealizado por Rafael Tursi com base em um projeto de extensão da Universidade de Brasília (UnB).

Documentário

DOCUMENTÁRIO Por que você dança? Projeto PÉS. Disponível em: <https://www.youtube.com/watch?v=xBqrfCvivHg>. Acesso em: 15 jun. 2019.

> Curta-documentário, criado em 2013 com o título Por que você dança? apresenta alunos de dança e outras pessoas que têm como motivação pessoal a dança.

Atividades de autoavaliação

Leia o Capítulo 6 para responder às questões que seguem. Faça anotações individuais e questionamentos que o auxiliarão na compreensão do tema abordado

1. As brincadeiras de faz de conta são interessantes para os educandos com deficiências, transtornos globais do desenvolvimento e altas habilidades ou superdotação, pois nelas eles representam seus desejos, medos, ansiedades

e também resolvem problemas do cotidiano por meio da imaginação. Sendo assim, o jogo:

a) representa as ações dos educandos, numa expressão clara de como realizar a leitura de um livro de conto de fadas.

b) demonstra a criação do imitar e do representar do educando, simbolizando um parque de diversões.

c) propicia a formação da identidade e da socialização, a vivência de papéis sociais, o contato com as regras e a resolução de conflitos.

d) constata que a representação de ações dos estudantes por suas próprias decisões nas brincadeiras cria devaneios estranhos.

e) facilita a interação com o meio, pois o educando vivencia situações imaginárias de inversão dos papéis sociais.

2. A brincadeira infantil ocorre em diversos momentos: na escola, na rua e em todos os espaços em que a criança se sinta livre para imaginar e criar. Assim, a observação da criança nas brincadeiras deve acontecer em diferentes momentos, e não apenas naqueles destinados ao brincar livre. Nesse sentido, indique se as afirmações a seguir são verdadeiras (V) ou falsas (F).

( ) Os jogos de faz de conta são fundamentais para a vida das crianças, pois "no sonho, na fantasia, na brincadeira de faz de conta, desejos que pareciam irrealizáveis não podem ser realizados" (Bomtempo, 2001, p. 70).

( ) A organização do espaço lúdico para o jogo imaginativo, como os cantos pedagógicos da casinha, do teatro e da escola, são ambientes que criam oportunidades para que os educandos manifestem suas emoções.

( ) A imitação nas brincadeiras desenvolve o pensamento da criança. Brincando, ela imita ações que, se fossem reais, poderiam trazer risco, como acender um fogão para o preparo da alimentação ou voar como super heróis.

( ) O jogo de papéis não incentiva as diferentes formas de expressão.

( ) "Os jogos geralmente são apenas reflexos daquilo que a criança viu e ouviu dos mais velhos, no entanto, esses elementos da experiência alheia nunca se reproduzem na brincadeira do mesmo modo como na realidade se apresentam" (Vygotsky, 2014, p. 6).

Agora, assinale a alternativa que corresponde à sequência correta:

a) F, V, F, F, V.
b) F, F, V, F, V.
c) V, F, V, V, F.
d) V, V, F, V, F.
e) F, V, V, F, V.

3. Os educandos com TEA usam pouco o faz de conta e têm menos facilidade com brincadeiras complexas. Assim, numa proposta lúdica de ida ao teatro:

I) Deve-se deixar os recursos disponíveis para eles em espaços amplos, colocando músicas divertidas e barulhentas.

II) A mediação do educador será fundamental para que os educandos se sintam atraídos e confiantes para participar.

III) Pode-se perguntar aos educandos quem já foi ao teatro, o que conhecem sobre o teatro, se já assistiram a uma peça e quem os levou. Muitas vezes, os educandos só têm acesso ao teatro e a outras atividades culturais por meio da escola.

IV) Deve-se considerar a possibilidade de que, inicialmente, os educandos com TEA não se sintam à vontade para participar de todo o processo com os colegas. É necessário, assim, cuidar para que eles não se sintam acuados, e sim acolhidos.

V) Pode-se iniciar a atividade lúdica apresentando a proposta aos educandos com TEA e explicando que o teatro é uma ilusão ótica em forma de arte e que, com ele, um grupo de pessoas, chamadas de *mentores*, interpretam uma história para que outras assistam.

Estão corretas as afirmativas:

a) I, II e III.
b) II, III e IV.
c) III, IV e V.
d) I, III e V.
e) I, II e IV.

4. Quando brincam em espaços contextualizados à sua realidade, os educandos desenvolvem maior compreensão das vivências ao explorar de forma concreta os brinquedos, os jogos e as bonecas. As interações afetivas e sociais dizem

muito a respeito das interações e do modo como veem o mundo, as pessoas e os objetos. Nesse sentido, assinale a alternativa correta:

a) De acordo com as fantasias elaboradas no seu imaginário, fortalecidas pela realidade, a criança não se desenvolve e aprende.

b) Conhecer o sentido do brincar de faz de conta permite identificar as diferentes relações que se estabelecem entre a criança e o seu cotidiano.

c) Questões como organização de espaços temáticos para o jogo imaginativo e quais os recursos e brinquedos poderão ser utilizados para o desenvolvimento da imaginação e da autonomia dos educandos no processo de ensino e aprendizagem poderão nortear o trabalho pedagógico com o brincar de faz de conta nas academias, envolvendo todos estudantes.

d) O brincar é importante para os estudantes com TEA, mas, se o adulto encontrar dificuldades em fazê-lo, deve desistir.

e) Os jogos e as brincadeiras serão bem-vindos na estimulação dos estudantes com TEA e, pelas suas características, esse tipo de atividade acontece facilmente.

5. Os brinquedos e as brincadeiras adotados nos processos de estimulação dos educandos com TEA precisam, antes de tudo, serem adequados ao perfil da criança que se quer estimular. Devem ser prazerosos, agradáveis, desejados e não podem gerar medo, suspeição ou enojamento. Esses educandos são hipersensíveis e costumam ter grande repúdio por determinadas cores, sons, texturas e paladares, e um

brinquedo deve ser sob medida para esta ou aquela criança. Sobre esse assunto, indique se as afirmações a seguir são verdadeiras (V) ou falsas (F).

( ) Explique os jogos e as brincadeiras claramente e com objetivos bem específicos e lembre-se de verificar se a criança está olhando para você enquanto explica as atividades.

( ) Promova rotinas, descrevendo em cartazes o horário em que as brincadeiras serão desenvolvidas e procure ajuda dos colegas de sala para fazer os recursos. Deixe os cartazes próximos ao educando com TEA.

( ) Utilize os recursos das artes visuais, como tintas e lápis coloridos, oferecendo muitos materiais de uma só vez para a prática de atividades lúdicas.

( ) Divida as brincadeiras em partes, pensando sempre em ações que vão de execução mais simples para as mais complexas.

( ) Não permita que os colegas ajudem o educando com TEA.

Agora, assinale a alternativa que corresponde à sequência correta:

a) F, V, F, F, V.
b) F, F, V, F, V.
c) V, F, V, V, F.
d) V, V, F, V, F.
e) F, V, V, F, V.

Atividades de aprendizagem

Questões para reflexão

1. As experiências prévias dos educandos com deficiências, transtornos globais do desenvolvimento e altas habilidades ou superdotação facilitam a sua interação com o meio. No brincar, o educando vivencia situações imaginárias, nas quais os objetos permitem diferentes usos, de acordo com suas decisões e representações. Analise sobre como as situações reais da vida do educando refletem-se no processo de imaginação.

   a) Qual a função dos objetos, dos brinquedos e das pessoas para a representação nas brincadeiras?

   b) A representação do real nas brincadeiras contribui para a criatividade na resolução de problemas em ações futuras?

2. O jogo de faz de conta incentiva a expressão. Quando em situações de imaginação, atende aos desejos e às vontades dos estudantes, mas, na representação, os educandos com deficiências, transtornos globais do desenvolvimento e altas habilidades ou superdotação imitam também as pessoas e os estímulos com os quais têm contato visual, auditivo e sinestésico. Nesse sentido, estabeleça alguns aspectos sobre o brincar de faz de conta voltados:

   a) ao papel da mídia na representação do real.

   b) à função do adulto sobre a mediação das representações do brincar infantil.

Atividades aplicadas: prática

1. Organize um quadro-resumo indicando as principais funções dos jogos de faz de conta abordados no capítulo.

2. Pesquise imagens de crianças e adultos que demonstrem a expressão corporal e facial. Tente interpretá-las e cole-as em uma cartolina, criando um cartaz. você poderá escrever palavras que identifiquem os sentimentos e as emoções expressos nas imagens. Apresente-as aos seus colegas e façam um debate sobre o assunto.

3. Escolha algumas práticas lúdicas descritas ao longo do capítulo. Realize-as com os estudantes na escola, se tiver oportunidade, ou com crianças da sua família ou de amigos. Reflita sobre os conceitos apontados na primeira questão. Estão de acordo ou diferem em algum aspecto? Justifique.

Considerações finais

Chegamos ao fim da escrita desta obra, na qual objetivamos apresentar a você, estudante do curso de graduação em educação especial ou leitor interessado nessa área, a prática de oficinas lúdicas para a inclusão na escola. Buscamos contribuir para a formação de profissionais e sua atuação por meio da sugestão de jogos e brincadeiras para estimular os educandos com deficiências, transtornos globais do desenvolvimento e altas habilidades ou superdotação a aprenderem e se desenvolver a partir de suas vivências individuais e coletivas. Esperamos ter esclarecido alguns conceitos e algumas propostas lúdicas mediante as sugestões de atividades práticas. Porém, ainda há um longo caminho a ser percorrido por você nessa aprendizagem.

A escola, sozinha, não conseguirá transformar a realidade quanto à inclusão dos educandos com deficiências, transtornos globais do desenvolvimento e altas habilidades ou superdotação, e, para isso, precisa de educadores comprometidos com esse processo. No decorrer da escrita dos textos que fundamentam este livro, também recriamos nosso olhar sobre a inclusão desses educandos e nos fortalecemos para a busca de uma educação melhor, em que todos são considerados parte de uma equipe.

Contudo, esperamos que os estudos sobre a ludicidade aqui apresentados tenham lhe proporcionado reflexões sobre o processo de ensino e aprendizagem, considerando a inclusão dos educandos com deficiências, transtornos globais do desenvolvimento e altas habilidades ou superdotação na escola. Compartilhamos experiências com o intuito de abordar as bases teóricas da educação lúdica no desenvolvimento do ser humano e suas implicações para a prática educativa inclusiva. Tivemos ainda intenção de trazer a reflexão de que o brincar e o brincar para aprender são desafios a serem superados na atuação pedagógica dos professores e seus estudantes e enfatizar, também, que a inclusão precisa ir além da adaptação das atividades, do espaço e dos recursos didáticos, mas considerar os estudantes e suas características e ouvi-los em seus questionamentos e suas sugestões para tornar a ação destes voluntária, autônoma, crítica e criativa no processo de ensino e aprendizagem.

A inclusão não é apenas uma realidade no ensino público e privado, mas uma vitória da humanidade, e encontra no brincar um companheiro que une os educandos, a escola e a família. Como verificamos, aprender a brincar envolve o ato de conhecer-se e conhecer o outro, do cuidado, de experimentações e desenvolvimento de atitudes colaborativas para a formação social dos educandos com deficiências, transtornos globais do desenvolvimento e altas habilidades ou superdotação. Aprender a brincar é ser, antes de tudo, uma pessoa brincante.

Contudo, buscamos esclarecer alguns conceitos e ideias que fujam das relações de poder, do preconceito sobre as pessoas com deficiências, transtornos globais do desenvolvimento e altas habilidades ou superdotação. Acreditamos que todos os estudantes são especiais e, por isso, têm um potencial de aprendizagem bem maior do que conhecemos. Com efeito, o papel dos professores na educação inclusiva é essencial para que o projeto político-pedagógico da escola vise à formação humana integral e reforce as relações de convivência e a autoestima de todos.

Lembre-se de que o primeiro capítulo objetivou apontar fundamentos teóricos sobre o brincar e o brincar para aprender, que não se esgotam em seus escritos, cabendo, assim, a você tornar-se um professor pesquisador para que novas propostas lúdicas sejam também novas conquistas da educação inclusiva na escola e em outros segmentos da sociedade.

A sugestão de organização de uma oficina lúdica poderá auxiliar em suas primeiras práticas com o brincar, porém, outras formas de planejamento também serão importantes para a atuação educativa e criativa na escola. Lembrando que, ao compartilhar neste livro as oficinas lúdicas desenvolvidas na brinquedoteca escolar com os educandos com deficiências, transtornos globais do desenvolvimento e altas habilidades ou superdotação, descrevemos uma realidade, a qual você poderá adaptar e modificar de acordo com os interesses e as necessidades de cada grupo.

O brincar ensina também a refletir sobre o fazer pedagógico. Os recursos lúdicos são fundamentais, mas, além de quantidade, precisa-se de qualidade, o que pressupõe sua dedicação ao confrontá-los à realidade dos educandos.

As características dos educandos com deficiências, transtornos globais do desenvolvimento e altas habilidades ou superdotação serviram de apoio às sugestões de práticas lúdicas, mas você deverá ampliar esse conhecimento com o abordado nas outras disciplinas do curso, pois o estudo sobre as patologias possibilita a qualidade na intervenção e no desenvolvimento dos educandos.

Destacamos aqui as diferentes classificações dos jogos e brincadeiras de acordo com grandes pesquisadores na área, conhecimento que favoreceu a elaboração de oficinas lúdicas. No entanto, como foi esse processo e por quê ir além da prática com jogos e brincadeiras e desenvolver as oficinas lúdicas? Porque acreditamos ser esta uma das mais afetivas e efetivas práticas pedagógicas para o trabalho com a diversidade, sem discriminação ou exclusão. Porque acreditamos também que a função dos professores é educar para a diversidade e para a autonomia e que a escola precisa se modificar para atender à inclusão dos educandos com deficiências, transtornos globais do desenvolvimento e altas habilidades ou superdotação, não o contrário.

A experiência com os estudantes na educação especial e no ensino regular nos incentivou a encontrar outras formas de comunicação, a olhar de maneira diferente para o outro e a compreender que todos têm muito a aprender juntos: aprender a conviver, a respeitar e a ser mais feliz. Voltamos da prática lúdica nas oficinas com os estudantes infinitamente mais fortalecidos e alegres, pessoalmente e profissionalmente. Aprendemos com as diferenças. A eles somos muito gratos pelas vivências alegres e pelos desafios superados no coletivo e desejamos a todos os estudantes e suas famílias que suas contribuições à educação lhes voltem em forma de realizações e felicidade.

É importante que você considere esses aspectos e compreenda que a prática lúdica descrita aqui não é definitiva, mas que descubra diariamente formas criativas no trabalho pedagógico na escola, olhando atentamente todos os estudantes e que, conjuntamente, encontrem caminhos para o respeito à diversidade, por meio do brincar e do brincar para aprender.

Por fim, as discussões por nós apresentadas objetivaram refletir sobre o olhar adulto nas atividades lúdicas e sobre a escola como um ambiente socializador, sendo, assim, um espaço educativo e de cuidado. Como apontamos no início deste livro, muitas perguntas inquietarão a sua mente. Acreditamos que as respostas serão temas problematizadores de sua prática e apenas serão respondidas pelo constante processo de pesquisa e estudo na área e também pela sua sensibilidade ao educar. Divirta-se!

Referências

ALESSANDRINI, C. D. **Oficina criativa e psicopedagógica**. São Paulo: Casa do Psicólogo, 2000.

ALFANO, A.; SCARPATO, B. S.; ESTANISLAU, G. M. Manejo do transtorno de déficit de atenção/hiperatividade em sala de aula. In: BRESSAN, R. A.; ESTANISLAU, G. M. (Org.). **Saúde mental na escola**: o que os educadores devem saber. Porto Alegre: Artmed, 2014. p. 165-174.

ALVES, F. **Como aplicar a psicomotricidade**. 3. ed. Rio de Janeiro: Wak, 2007.

ARIÈS, P. **História social da criança e da família**. Tradução de Dora Flaksman. 2. ed. Rio de Janeiro: J. Zahar, 1981.

ARROYO, M. G.; SILVA, M. R. da (Org.). **Corpo-infância**: exercícios tensos de ser criança – por outras pedagogias dos corpos. Petrópolis: Vozes, 2012.

AZEVEDO, G. H. T. de. Classificações de objetos lúdicos: Sistema COL na brinquedoteca. In: KISHIMOTO, T. M.; SANTOS, M. W. dos (Org.). **Jogos e brincadeiras**: tempos, espaços e diversidade (pesquisas em educação). São Paulo: Cortez, 2016. p. 239-257.

BOBATH, B.; BOBATH, K. **Desenvolvimento motor nos diferentes tipos de paralisia cerebral**. São Paulo: Manole, 1989.

BOMTEMPO, E. A brincadeira de faz de conta: lugar do simbolismo, da representação, do imaginário. In: KISHIMOTO, M. T. (Org.). **Jogo, brinquedo, brincadeira e a educação**. 5. ed. São Paulo: Cortez, 2001. p. 57-71.

BORDINI, D.; BRUNI, A. R. Transtornos do espectro autista. In: BRESSAN, R. A.; ESTANISLAU, G. M. (Org.). **Saúde mental na escola**: o que os educadores devem saber. Porto Alegre: Artmed, 2014. p. 219-230.

BRASIL. Constituição (1988). **Diário Oficial da União**, Brasília, DF, 5 out. 1988. Disponível em: <http://www.planalto.gov.br/ccivil_03/constituicao/constituicao.htm>. Acesso em: 18 dez. 2019.

BRASIL. Lei n. 8.069, de 13 de julho de 1990. **Diário Oficial da União**, Poder Legislativo, Brasília, DF, 16 jul. 1990. Disponível em: <http://www.planalto.gov.br/ccivil_03/leis/l8069.htm>. Acesso em: 16 dez. 2019.

_____. Lei n. 12.796, de 4 de abril de 2013. **Diário Oficial da União**, Poder Legislativo, Brasília, DF, 5 abr. 2013a. Disponível em: <http://www.planalto.gov.br/ccivil_03/_Ato2011-2014/2013/Lei/L12796.htm>. Acesso em: 16 dez. 2019.

_____. Lei n. 13.146, de 6 de julho de 2015. **Diário Oficial da União**, Poder Legislativo, Brasília, DF, 7 jul. 2015. Disponível em: <http://www.planalto.gov.br/ccivil_03/_ato2015-20 18/2015/lei/l13146.htm>. Acesso em: 15 jun. 2019.

_____. Lei n. 13.257, de 8 de março de 2016. **Diário Oficial da União**, Poder Legislativo, Brasília, DF, 9 mar. 2016a. Disponível em: <http://www.planalto.gov.br/ccivil_03/_Ato2015-2018/2016/Lei/L13257.htm>. Acesso em: 15 jun. 2019.

BRASIL. Ministério da Educação. **Política Nacional de Educação Especial na Perspectiva da Educação Inclusiva**. Brasília, 2008. Disponível em: <http://portal.mec.gov.br/arquivos/pdf/politica educespecial.pdf>. Acesso em: 15 jun. 2019.

BRASIL. Ministério da Educação. Conselho Nacional de Educação. Parecer n. 20, de 11 de novembro de 2009. Relator: Raimundo Moacir Mendes Feitosa. **Diário Oficial da União**, Brasília, DF, 9 dez. 2009a. Disponível em: <http://portal.mec.gov.br/dm documents/pceb020_09.pdf>. Acesso em: 15 jun. 2019.

BRASIL. Ministério da Educação. Conselho Nacional de Secretários de Educação. União Nacional dos Dirigentes Municipais de Educação. **Base Nacional Comum Curricular**: educação é a base. Brasília, 2017a. Disponível em: <http://basenacionalcomum.mec.gov.br/images/BNCC_EI_EF_110518_versaofinal_site.pdf>. Acesso em: 18 dez. 2019.

BRASIL. Ministério da Educação. Secretaria de Educação Básica. Secretaria de Educação Continuada, Alfabetização, Diversidade e Inclusão. Conselho Nacional da Educação. **Diretrizes Curriculares Nacionais para Educação Básica**. Brasília, 2013b. Disponível em: <http://portal.mec.gov.br/docman/julho-2013-pdf/13677-diretrizes-educacao-basica-2013-pdf/file>. Acesso em: 15 jun. 2019.

BRASIL. Ministério da Educação. Secretaria de Educação Continuada, Alfabetização, Diversidade e Inclusão. Diretoria de Políticas de Educação Especial. Nota técnica n. 29, de 14 de abril de 2014. Disponível em: <http://portal.mec.gov.br/index.php?option=com_docman&view=download&alias=15899-nott29-secadi-dpee-140 42014&category_slug=julho-2014-pdf&Itemid=30192>. Acesso em: 15 jun. 2019.

BRASIL. Ministério da Educação. Secretaria de Educação Especial. **Saberes e práticas da inclusão**: desenvolvendo competências para o atendimento às necessidades educacionais especiais de alunos com deficiência física/neuromotora. 2. ed. Brasília, 2006. (Série Saberes e Práticas da Inclusão). Disponível em: <http://portal.mec. gov.br/seesp/arquivos/pdf/alunosdeficienciafisica.pdf>. Acesso em: 15 jun. 2019.

BRASIL. Ministério da Saúde. Cuidados básicos que devemos seguir antes e depois das atividades físicas. **Saúde Brasil**, 20 jun. 2017b. Disponível em: <http://saudebrasil.saude.gov.br/ eu-quero-me-exercitar-mais/cuidados-basicos-que-devemos-seguir-antes-e-depois-das-atividades-fisicas>. Acesso em: 18 dez. 2019.

BRASIL. Ministério da Saúde. Secretaria de Atenção à Saúde. **Diretrizes de estimulação precoce**: crianças de zero a 3 anos com atraso no desenvolvimento neuropsicomotor decorrente de microcefalia. Brasília, 2016b. Disponível em: <http://portal arquivos.saude.gov.br/images/pdf/2016/janeiro/13/Diretrizes-de-Estimulacao-Precoce.pdf>. Acesso em: 15 jun. 2019.

BRASIL. Ministério do Meio Ambiente. Projeto Construindo o futuro da Agricultura Familiar. **Reencantando a infância com cantigas, brincadeiras e diversão**. Viçosa, jun. 2009b. Disponível em: <http://www.mma.gov.br/estruturas/pda/_arquivos/cartilha_ reencantando_a_infncia_com_cantigas_51.pdf>. Acesso em: 15 jun. 2019.

BRESSAN, R. A.; ESTANISLAU, G. M. (Org.). **Saúde mental na escola**: o que os educadores devem saber. Porto Alegre: Artmed, 2014.

BROTTO, F. O. **Jogos cooperativos**: se o importante é competir, o fundamental é cooperar. 2. ed. São Paulo: Re-Novada, 2002.

BROUGÈRE, G. **Brinquedo e cultura**. Trad. Gisela Wajskop. 4. ed. São Paulo: Cortez, 2001.

_____. **Jogo e educação**. Tradução de Patrícia Chittoni Ramos. Porto Alegre: Artes Médicas, 1998.

_____. Lúdico e educação: novas perspectivas. **Linhas Críticas**, Brasília, v. 8, n. 14, p. 5-20, jan./jun. 2002. Disponível em: <http://periodicos. unb.br/index.php/linhascriticas/article/view/2985>. Acesso em: 15 jun. 2019.

BROWN, G. **Jogos cooperativos**: teoria e prática. 2. ed. São Leopoldo: Sinodal, 1995.

BUDEL, G. C.; MEIER, M. **Mediação da aprendizagem na educação especial**. Curitiba: InterSaberes, 2012.

CARVALHO, A. T. S.; MANSUR, S. S. Desenvolvimento neuropsicomotor de lactentes de risco social em um programa de estimulação precoce. In: CONGRESSO INTERNACIONAL DE ESPECIALIDADES PEDIÁTRICAS/CRIANÇA, 2.; CONGRESSO BRASILEIRO DE URO-LOGIA PEDIÁTRICA, 8., 2005, Curitiba.

CAVALCANTE, M. A base da escrita. **Revista Educação**, 21 mar. 2018. Disponível em: <http://www.revistaeducacao.com.br/letra mento/>. Acesso em: 15 jun. 2019.

CHAZAUD, J. **Introdução à psicomotricidade**: síntese dos enfoques e dos métodos. Tradução de Urias Corrêa Arantes. Rio de Janeiro: Manole, 1987.

COSTA, S. A. da; MELLO, S. A. **Teoria histórico-cultural na educação infantil**: conversando com professoras e professores. Curitiba: CRV, 2017.

CUNHA, N. H. S. Brinquedoteca: definição, histórico no Brasil e no mundo. In: FRIEDMANN, A. et al. **O direito de brincar**: a brin-quedoteca. São Paulo: Scritta/Abrinq, 1992. p. 37-52.

_____. **Brinquedoteca**: um mergulho no brincar. São Paulo: Aquariana, 2007.

CURTIS, A. O brincar em diferentes culturas e em diferentes infâncias. In: MOYLES, J. R. et al. **A excelência do brincar**: a importância da brincadeira na transição entre educação infantil e anos iniciais. Porto Alegre: Artmed, 2006.

CUSTÓDIO, J. M. Benefícios do atendimento de educação física no meio líquido para as crianças do programa de estimulação precoce. **EFDeportes**, Buenos Aires, ano 14, n. 136, set. 2009. Disponível em: <http://www.efdeportes.com/efd136/meio-liquido-do-programa-de-estimulacao-precoce.htm>. Acesso em: 15 jun. 2019.

DÍAZ, F. et al. (Org.). **Educação inclusiva, deficiência e contexto social**: questões contemporâneas. Salvador: EDUFBA, 2009.

ESTANISLAU, G. M.; MATTOS, P. Transtorno de déficit de atenção. In: BRESSAN, R. A.; ESTANISLAU, G. M. (Org.). **Saúde mental na escola**: o que os educadores devem saber. Porto Alegre: Artmed, 2014. p. 153-163.

FERRAZ, M. H. C. de T.; FUSARI, M. F. de R. e. **Metodologia do ensino da arte**: fundamentos e proposições. 2. ed. São Paulo: Cortez, 2009.

FIGUEIRA, M. M. A. Assistência fisioterápica à criança com cegueira congênita. In: PASCHOAL, C. L. L. (Org.). **Conversando com o autor 2013**. Rio de Janeiro: Instituto Benjamin Constant, 2013. p. 8-23.

FLEITH, D. de S. (Org.). **A construção de práticas educacionais para alunos com altas habilidades/superdotação**. Brasília: MEC/SEESP, 2007a. v. 1: Orientação a professores. Disponível em: <http://portal.mec.gov.br/seesp/arquivos/pdf/altashab3.pdf>. Acesso em: 15 jun. 2019.

_____. _____. Brasília: MEC/SEESP, 2007b. v. 2: Atividades de estimulação de alunos. Disponível em: <http://portal.mec.gov.br/seesp/arquivos/pdf/altashab3.pdf>. Acesso em: 15 jun. 2019.

FONSECA, A. de C.; FARIA, E. do C. G. V. e. Práticas corporais infantis e currículo: ludicidade e ação no cotidiano escolar. In: ARROYO, M. G.; SILVA, M. R. da (Org.). **Corpo-infância**: exercícios tensos de ser criança – por outras pedagogias dos corpos. Petrópolis: Vozes, 2012. p. 280-330.

FORTUNA, T. R. **A formação lúdica docente e a universidade**: contribuições da ludobiografia e da hermenêutica filosófica. 425 f. Tese (Doutorado em Educação) – Universidade Federal do Rio Grande do Sul, Porto Alegre, 2011. Disponível em: <http://www.lume.ufrgs.br/bitstream/handle/10183/35091/000793590.pdf>. Acesso em: 15 jun. 2019.

_____. Brincar é aprender: a brincadeira e a escola. **Marista Sul – Revista da Província Marista do Rio Grande do Sul**, Porto Alegre, ano 7, n. 31, p. 20-21, maio/ago. 2007.

_____. O jogo e a educação: uma experiência na formação do educador. In: SANTOS, S. M. P. dos. (Org.). **Brinquedoteca**: a criança, o adulto e o lúdico. Petrópolis: Vozes, 2010. p. 73-85.

FREIRE, P. **Pedagogia da autonomia**: saberes necessários à prática educativa. São Paulo: Paz e Terra, 1996.

FRIEDMANN, A. **Brincar**: crescer e aprender – o resgate da cultura infantil. São Paulo: Moderna, 2010.

FRIEDMANN, A. **Brincar**: crescer e aprender – o resgate do jogo infantil. São Paulo: Moderna, 1996.

HAMZE, A. Os portfólios e os processos de ensinagem. **Brasil Escola**. Disponível em: <https://educador.brasilescola.uol.com.br/trabalho-docente/portfolios.htm>. Acesso em: 15 jun. 2019.

JACOWSKI, A. P. et al. Desenvolvimento normal no período escolar. In: BRESSAN, R. A.; ESTANISLAU, G. M. (Org.). **Saúde mental na escola**: o que os educadores devem saber. Porto Alegre: Artmed, 2014. p. 81-98.

KISHIMOTO, T. M. Brinquedo e brincadeira: usos e significações dentro de contextos culturais. In: SANTOS, S. M. P. dos. (Org.). **Brinquedoteca**: o lúdico em diferentes contextos. 15. ed. Petrópolis: Vozes, 2013. p. 23-40.

KISHIMOTO, T. M. Brinquedos e brincadeiras na educação infantil. In: SEMINÁRIO NACIONAL: CURRÍCULO EM MOVIMENTO – PERSPECTIVAS ATUAIS, 1., 2010a, Belo Horizonte. **Anais**... Disponível em: <http://portal.mec.gov.br/docman/dezembro-2010-pdf/7155-2-3-brinquedos-brincadeiras-tizuko-morchida/file>. Acesso em: 15 jun. 2019.

_____. (Org.). **Jogo, brinquedo, brincadeira e a educação**. 5. ed. São Paulo: Cortez, 2001.

_____._____. 14. ed. São Paulo: Cortez, 2010b.

_____. **O jogo e a educação infantil**. São Paulo: Pioneira, 2000.

KISHIMOTO, T. M.; SANTOS, M. W. dos (Org.). **Jogos e brincadeiras**: tempos, espaços e diversidade (pesquisas em educação). São Paulo: Cortez, 2016.

LE BOULCH, J. **O desenvolvimento psicomotor**: do nascimento até 6 anos – a psicocinética na idade pré-escolar. 4. ed. Tradução de Ana Guardiola Brizolara. Porto Alegre: Artes Médicas, 1986.

LOBATO, M. **O saci Pererê**. São Paulo: Brasiliense/Globo, 1921. (Coleção Sítio do Picapau Amarelo).

LOMBARDI, L. M. S. dos S. O brincar na formação inicial de pedagogos. In: KISHIMOTO, T. M.; SANTOS, M. W. dos (Org.). **Jogos e brincadeiras**: tempos, espaços e diversidade (pesquisas em educação). São Paulo: Cortez, 2016. p. 125-150.

MAGALHÃES, C. et al. Planejando a ação docente para o máximo desenvolvimento da infância. In: MELLO, S. A.; COSTA, S. A. da (Org.). **Teoria histórico-cultural na educação infantil**: conversando com professoras e professores. Curitiba: CRV, 2017. (p. 219-230)

MANTOAN, M. T. E. **Inclusão escolar**: O que é? Por quê? Como fazer? 2. ed. São Paulo: Moderna, 2006.

MANTOAN, M. T. E. O direito de ser, sendo diferente, na escola. **Revista CEJ**, Brasília, n. 26. p. 36-44, 2004. Disponível em: <http://www.jf.jus.br/ojs2/index.php/revcej/article/viewFile/622/802>. Acesso em: 13 out 2018.

MANZINI, E. J.; DELIBERATO, D. **Portal de ajudas técnicas para educação**: equipamento e material pedagógico especial para educação, capacitação e recreação da pessoa com deficiência física – recursos para comunicação alternativa. 2. ed. Brasília: MEC/SEESP, 2006. Disponível em: <http://portal.mec.gov.br/seesp/arquivos/pdf/ajudas_tec.pdf>. Acesso em: 18 dez. 2019.

MARTINS, P. L. O. **A didática e as contradições da prática**. Campinas: Papirus, 1998.

_____. **Didática**. Curitiba: InterSaberes, 2012.

_____. **Didática teórica, didática prática**: para além do confronto. São Paulo: Loyola, 1993.

MATOS, E. L. M.; MUGIATTI, M. M. T. de F. **Pedagogia hospitalar**: a humanização integrando educação e saúde. 2. ed. Petrópolis: Vozes, 2010.

MOYLES, J. R. et al. **A excelência do brincar**: a importância da brincadeira na transição entre educação infantil e anos iniciais. Porto Alegre: Artmed, 2006.

NEVES-PEREIRA, M. S. Estratégias de promoção da criatividade. In: FLEITH, D. de S. (Org.). **A construção de práticas educacionais para alunos com altas habilidades/superdotação.** Brasília: MEC/SEESP, 2007. v. 2: atividades de estimulação de alunos. p. 13-33. Disponível em: <http://portal.mec.gov.br/seesp/arquivos/pdf/altashab3.pdf>. Acesso em: 15 jun. 2019.

NOVA ESCOLA. **Conheça as brincadeiras da Região Centro-Oeste.** 30 nov. 2012. Disponível em: <https://novaescola.org.br/conteudo/4069/conheca-as-brincadeiras-da-regiao-centro-oeste>. Acesso em: 15 jun. 2019.

OLIVEIRA, P. de S. **O que é brinquedo.** 3. ed. São Paulo: Brasiliense, 2010.

ORLICK, T. **Vencendo a competição.** Tradução de Fernando José Guimarães Martins. São Paulo: Círculo do Livro, 1989.

PIAGET, J. **A formação do símbolo na criança:** imitação, jogo e sonho, imagem e representação. Tradução de Álvaro Cabral. Rio de Janeiro: LTC, 1990.

_____. **Seis estudos de psicologia.** Tradução de Maria Alice Magalhães D'Amorim e Pailo Sérgio Lima Silva. 24. ed. Rio de Janeiro: Forense, 2003.

PORTAL EDUCAÇÃO. **Exercícios de alongamento.** Disponível em: <https://www.portaleducacao.com.br/conteudo/artigos/educacao-fisica/exercicios-de-alongamento/50617>. Acesso em: 15 jun. 2019.

RAU, M. C. T. D. **Educação infantil:** práticas pedagógicas de ensino e aprendizagem. Curitiba: Ibpex, 2011a.

_____. **A ludicidade na educação:** uma atitude pedagógica. 2. ed. Curitiba: Ibpex, 2011b.

RIBEIRO, P. S. Jogos e brinquedos tradicionais. In: SANTOS, S. M. P. dos. (Org.). **Brinquedoteca:** o lúdico em diferentes contextos. 15. ed. Petrópolis: Vozes, 2013. p. 55-61.

RIECHI, T. I. J. de S.; VALIATI, M. R. M. S.; ANTONIUK, S. A. **Práticas em neurodesenvolvimento infantil**: fundamentos e evidências científicas. Curitiba: Íthala, 2017.

ROCHA, M. L. G. M. Brincar: oportunidade lúdica nos tempos livres das crianças? In: KISHIMOTO, T. M.; SANTOS, M. W. dos (Org.). **Jogos e brincadeiras**: tempos, espaços e diversidade (pesquisas em educação). São Paulo: Cortez, 2016. p. 151-172.

RODRIGUES, K. L. Q. O brincar inclusivo e o desenvolvimento infantil. **Portal Vila Sésamo**, Pais e Educadores, 4 abr. 2014. Disponível em: <http://cmais.com.br/vilasesamo/pais-e-educadores/o-brincar-inclusivo-e-o-desenvolvimento-infantil>. Acesso em: 15 jun. 2019.

ROSOT, N.; RIECHI, T. I. J. Características cognitivo-comportamental nas síndromes genéticas com déficit intelectual: Síndrome de Down e Síndrome do X Frágil. In: RIECHI, T. I. J. de S.: VALIATI, M. R. M. S.; ANTONIUK, S. A. **Práticas em neurodesenvolvimento infantil**: fundamentos e evidências científicas. Curitiba: Íthala, 2017. p. 119.

SÁ, E. D. de; CAMPOS, I. M. de; SILVA, M. B. C. **Atendimento educacional especializado**: deficiência visual. Brasília: MEC/SEESP/SEED, 2007. Disponível em: <http://portal.mec.gov.br/seesp/arquivos/pdf/aee_dv.pdf>. Acesso em: 15 jun. 2019.

SANTOS, S. M. P. dos S. (Org.). **Brinquedoteca**: a criança, o adulto e o lúdico. Petrópolis: Vozes, 2010.

_____. **O lúdico na formação do educador**. 7. ed. Petrópolis: Vozes, 2007.

SANTOS, S. M. P. dos et al. **Brinquedoteca**: sucata vira brinquedo. Porto Alegre: Artmed, 1995.

SCAPATICIO, M. Como ensinar sobre o corpo humano? **Nova Escola**, 27 ago. 2016. Disponível em: <https://novaescola.org.br/conteudo/76/como-ensinar-o-funcionamento-do-corpo-humano>. Acesso em: 15 jun. 2019.

SCHIRMER, C. R. et al. **Atendimento educacional especializado**: deficiência física. Brasília: MEC/SEESP/SEED, 2007. Disponível em: <http://portal.mec.gov.br/seesp/arquivos/pdf/aee_df.pdf>. Acesso em: 18 dez. 2019.

SCHLEE, A. R. Brinquedoteca: uma alternativa espacial. In: SANTOS, S. M. P. dos. (Org.). **Brinquedoteca**: a criança, o adulto e o lúdico. Petrópolis: Vozes, 2010. p. 62-65.

SIAULYS, M. O. de C. **Brincar para todos**. Brasília: MEC/SEESP, 2005. Disponível em: <http://portal.mec.gov.br/seesp/arquivos/pdf/brincartodos.pdf>. Acesso em: 18 dez. 2019.

SILVA, A. B. B.; GAIATO, M. B.; REVELES, L. T. **Mundo singular**: entenda o autismo. Rio de Janeiro: Fontanar, 2012.

SOEJIMA, C. S. **Atenção e estimulação precoce relacionadas ao desenvolvimento da criança de zero a três anos de idade no ambiente da creche**. 134 f. Tese (Doutorado em Educação) – Universidade Federal do Paraná, Curitiba, 2008. Disponível em: <http://www.ppge.ufpr.br/teses/D08_soejima.pdf>. Acesso em: 15 jun. 2019.

SOLER, R. **Educação física inclusiva na escola**: em busca de uma escola plural. 2. ed. Rio de Janeiro: Sprint, 2009.

SOMMERHALDER, A.; ALVES, F. D. **Jogo e a educação da infância**: muito prazer em aprender. Curitiba: CRV, 2011.

SOUSA, P. M. de et al. Transtornos de ansiedade (transtorno de ansiedade generalizada, ansiedade de separação e fobia social). In: BRESSAN, R. A.; ESTANISLAU, G. M. (Org.). **Saúde mental na escola**: o que os educadores devem saber. Porto Alegre: Artmed, 2014. p. 101-118.

TECKLIN, J. S. **Fisioterapia pediátrica**. Tradução de Adriana Martins Barros Alves. 3. ed. São Paulo: Artmed. 2002.

USP – Universidade de São Paulo. Biblioteca Virtual de Direitos Humanos. **Declaração dos Direitos da Criança**. 1959. Disponível em: <http://www.direitoshumanos.usp.br/index.php/Crian%C3%A7a/declaracao-dos-direitos-da-crianca.html>. Acesso em: 18 dez. 2019.

VALIATI, M. R. M. S.; ANTONIUK, S. A. Marcos do desenvolvimento infantil. In: RIECHI, T. I. J. de S.: VALIATI, M. R. M. S.; ANTONIUK, S. A. **Práticas em neurodesenvolvimento infantil**: fundamentos e evidências científicas. Curitiba: Íthala, 2017. p. 33-45.

VASCONCELLOS, C. dos S. **Construção do conhecimento em sala de aula**. 2. ed. São Paulo: Libertad, 1994.

VIEIRA, E.; VOLQUIND, L. **Oficinas de ensino**: O quê? Por quê? Como? 4. ed. Porto Alegre. EDIPUCRS, 2002. (Coleção Cadernos EDIPUCRS, v. 11).

VYGOTSKY, L. S. **A formação social da mente**. Tradução de José Cipolla Neto, Luís Silveira Menna Afeche e Solange Castro Afeche. São Paulo: M. Fontes, 2001.

_____. **Imaginação e criatividade na infância**. Tradução de João Pedro Fróis. São Paulo: WMF Martins Fontes, 2014.

WALLON, H. Psicologia e educação da criança. Tradução de Ana Rabaça e Calado Trindade. Lisboa: Editorial Veja, 1979.

WILSON, M. Crianças com deficiências físicas e neurológicas. In: DUNN, L. M. **Crianças excepcionais**: seus problemas, sua educação. Rio de Janeiro: Ao Livro Técnico, 1971. p. 346-361.

Bibliografia comentada

ALVES, F. **Como aplicar a psicomotricidade**. 3. ed. Rio de Janeiro: Wak, 2007.

Esse livro trata a psicomotricidade como um saber e fala da sabedoria humana que leva ao aprendizado do conhecimento, do comportamento e das atitudes de cada ser, tornando-o integral, relacionado com o trabalho docente na área do movimento. Estuda a dimensão de cada ação e expressão corporal da criança para ela perceber e se conscientizar de que é de fundamental importância trabalhar com o corpo na escola, sem ser necessariamente na aula de Educação Física; sugere textos de importância para o educador físico junto com o educador de sala de aula que, por meio da psicomotricidade, levará a criança a se desenvolver com mais precisão e, dessa forma, construir meios, resultando na organização de pensamento e raciocínio. Ao final, apresenta uma vasta bibliografia a respeito da psicomotricidade. A linguagem é bastante clara e, aos conceitos, segue-se boa exemplificação.

BRESSAN, R. A.; ESTANISLAU, G. M. (Org.). **Saúde mental na escola**: o que os educadores devem saber. Porto Alegre: Artmed, 2014.

Esse livro aborda a saúde mental na escola e trata dos diferentes assuntos relacionados ao modo como os educadores e os familiares dos alunos podem atuar para prevenção e promoção da saúde mental no contexto escolar. Sugere também textos sobre a falta de conhecimento sobre saúde mental nas escolas brasileiras, o que resulta nas tendências sobre a supervalorização de doenças, da discriminação e da medicação. Aborda a diferença entre transtorno e problema mental, definindo o que seriam quadros de Transtornos Mentais (TM) já instalados e dificuldades mentais intermediárias e/ou mais amenas, em que não se configura um TM. Trata ainda do neurodesenvolvimento e suas principais etapas, dos Transtornos de Espectro Autista (TEAs), dos critérios diagnósticos do TDAH e seus subtipos e outros assuntos relacionados à saúde mental. Ao final, apresenta bibliografia a respeito da saúde mental que compõe as pesquisas desenvolvidas na área.

CUNHA, N. H. da S. Brinquedoteca: definição, histórico no Brasil e no mundo. In: FRIEDMANN, A. et al. **O direito de brincar**: a brinquedoteca. São Paulo: Scritta/Abrinq, 1992. p. 37-52.

Esse livro trata dos diferentes assuntos relacionados à brinquedoteca. Apresenta a história da brinquedoteca desde os fundamentos iniciais aos mais contemporâneos. Sugere textos para compor o conhecimento sobre como organizar um espaço lúdico e as relações entre o adulto, como mediador das atividades lúdicas, e os educandos. Ao final, apresenta uma vasta bibliografia a respeito do brincar infantil.

FRIEDMANN, A. **Brincar**: crescer e aprender – o resgate do jogo infantil. São Paulo: Moderna, 1996.

Esse livro trata de diferentes assuntos. Estuda os jogos tradicionais e o resgate da infância e sugere textos para a pesquisa sobre a abordagem de Piaget e Vygotsky sobre o brincar, a classificação dos jogos e das brincadeiras tradicionais e analisa as brincadeiras mais conhecidas e as áreas de desenvolvimento. Ao final, apresenta uma vasta bibliografia a respeito da área e boa exemplificação sobre o brincar.

RAU, M. C. T. D. **A ludicidade na educação**: uma atitude pedagógica. 2. ed. Curitiba: Ibpex, 2011.

Esse livro pertence à série Dimensões da Educação e trata dos diferentes assuntos relacionados com o trabalho docente na área da ludicidade na educação. Estuda o brincar e a atitude pedagógica dos professores, apontando encaminhamentos para a prática lúdica consciente, e sugere textos para compor um estudo sobre as classificações do brincar. Ao final, apresenta uma vasta bibliografia a respeito do jogo, do brinquedo e da brincadeira na educação. A linguagem é bastante clara e, aos conceitos, segue-se boa exemplificação.

RAU, M. C. T. D. **Educação infantil**: práticas pedagógicas de ensino e aprendizagem. Curitiba: Ibpex, 2011.

Esse livro pertence à série Metodologias e trata dos diferentes assuntos relacionados com o trabalho docente na área da educação infantil. Estuda a história da educação infantil e os encaminhamentos para a formação docente e sugere atividades para compor a prática pedagógica na educação infantil, alternando as informações e discussões sobre o trabalho pedagógico com a criança de 0 a 5 anos. Ao final, apresenta uma vasta bibliografia a respeito da educação infantil, do brincar e de autores que fundamentam a área. A linguagem é bastante clara e, aos conceitos, segue-se boa exemplificação.

RIECHI, T. I. J. de S.; VALIATI, M. R. M. S.; ANTONIUK, S. A. **Práticas em neurodesenvolvimento infantil**: fundamentos e evidências científicas. Curitiba: Íthala, 2017.

Esse livro aborda a produção de profissionais da equipe de neuropediatria do Centro de Neuropediatria (Cenep) do Hospital das Clínicas da Universidade Federal do Paraná (UFPR) em Curitiba – PR e colaboradores e trata dos diferentes assuntos relacionados aos fatores biopsicossociais de risco e de proteção que impactam o neurodesenvolvimento humano. Estuda a abordagem atual com relevância científica e sugere textos de diversas áreas do conhecimento e pesquisas em neurodesenvolvimento. Ao final, apresenta uma vasta bibliografia a respeito do neurodesenvolvimento infantil, assim como práticas diárias dos diversos profissionais, visando o bem-estar e a qualidade de vida das crianças. A linguagem é bastante clara e, aos conceitos, segue-se boa exemplificação.

SANTOS, S. M. P. dos (Org.). **O lúdico na formação do educador.** 7. ed. Petrópolis: Vozes, 2007.

Esse livro trata dos diferentes assuntos relacionados à importância do brincar e suas contribuições no processo de ensino e aprendizagem. Estuda a ludicidade na formação do educador, o qual é o mediador para a construção do conhecimento, e sugere textos para compor o conhecimento sobre a brincadeira que ajuda a criança no seu desenvolvimento físico, afetivo, intelectual e social. Ao final, apresenta uma vasta bibliografia a respeito. A linguagem é bastante clara e, aos conceitos, segue-se boa exemplificação.

SOLER, R. **Educação física inclusiva na escola**: em busca de uma escola plural. 2. ed. Rio de Janeiro: Sprint, 2009.

Esse livro aborda diferentes assuntos relacionados ao trabalho docente e traz propostas de intervenção no sentido de inclusão de alunos com deficiência na educação física escolar. Trata sobre as atitudes de exclusão e de preconceitos, sugerindo textos sobre a educação especial, como o processo de desenvolvimento global das potencialidades de pessoas com deficiência, de condutas típicas e de altas habilidades, e que abrange os diferentes níveis e graus do sistema de ensino. Ao final, apresenta uma vasta bibliografia a respeito da área. A linguagem é bastante clara e, aos conceitos, segue-se boa exemplificação.

SOMMERHALDER, A.; ALVES, F. D. **Jogo e a educação da infância**: muito prazer em aprender. Curitiba: CRV, 2011.

Esse livro trata dos diferentes assuntos relacionados ao trabalho docente na área do jogo e da educação da infância, sustentados pelas contribuições da psicanálise, num movimento que parte da nossa identidade de educadores. Estuda a relação entre o ensinar e o aprender e a brincadeira, que inspira paciência, curiosidade, descoberta, parceria, partilha, prazer, desejo, fantasia, criação e conhecimento. Ao final, apresenta uma vasta bibliografia a respeito do assunto. A linguagem é bastante clara.

VYGOTSKY, L. S. **A formação social da mente**. São Paulo: M. Fontes, 2001.

Esse livro trata da cognição e suas implicações na aprendizagem da criança. Ao final, apresenta uma vasta bibliografia a respeito. A linguagem é bastante clara e, aos conceitos, segue-se boa exemplificação.

Respostas

Capítulo 1

Atividades de autoavaliação

1. a
2. c
3. d
4. c
5. d

Atividades de aprendizagem

Questões para reflexão

1. a) A infância é construída por elementos culturais e constitui-se por meio de sua natureza lúdica. No que diz respeito ao atendimento da infância em suas necessidades e produção de bens culturais, o professor deve oferecer aos educandos brinquedos que valorizem a cultura lúdica. A qualidade dos brinquedos está nas inserções culturais e vivências que estes propiciam à criança.

   b) Quando o brincar infantil é desvinculado da cultura, reforça uma contradição que atualmente acontece, quando reproduz ideias deformadas pela mídia sobre as representações lúdicas do mundo adulto, a aquisição dos brinquedos caros, a música que fortalece o preconceito, entre outros aspectos que subordinam a infância ao apelo econômico capitalista.

2. a) Lev Semenovich Vygotsky (2001) em seus estudos abordou que o desenvolvimento

intelectual das crianças ocorre em função de suas interações sociais e de suas condições de vida. Assim, a estimulação oferecida à criança possibilita que ela relacione suas experiências de vida ao brincar por meio da imaginação.

b) Ao descrever o papel do brinquedo no desenvolvimento infantil o autor destaca como incorreta a definição de brinquedo como atividade prazerosa à criança, já que outras ações fazem essa função de forma mais intensa e significativa. O desprazer também é uma característica de alguns jogos para os pequenos, uma vez que seus resultados podem não ser interessantes, como naqueles em que a criança não tem sucesso e perde ao final do jogo.

Capítulo 2

Atividades de autoavaliação

1. c
2. d
3. c
4. d
5. a

Atividades de aprendizagem

Questões para reflexão

1. a) Podemos dizer que a oficina lúdica é uma forma de trabalho pedagógico organizado em etapas, no qual os educandos poderão expressar aspectos afetivos e cognitivos de maneira espontânea e criativa, o que auxilia na representação das informações e, consequentemente, influi no processo de construção do conhecimento positivamente.

b) A prática da oficina é um trabalho coletivo e prevê momentos individuais e em grupo entre os estudantes, multiplicando as formas de expressão e favorecendo a comunicação, oral e verbal. Com efeito, participando de vivências nas oficinas lúdicas, os educandos têm maior possibilidade de comunicar-se, socializar-se e aprender.

2. a) A prática lúdica na brinquedoteca favorece a brincadeira dos educandos com deficiências livremente, estimulando a interiorização e a expressão de vivências lúdicas, podendo fazer a criança com deficiências participar de todo tipo de brincadeira em que vê seus amigos participarem, socializando-se no ambiente escolar.

b) Os jogos sensoriais e motores favorecem a percepção corporal, inicialmente de si e depois do outro, e os jogos cooperativos estimulam o respeito às individualidades. O brincar pode ser considerado uma ação livre da criança, que age sobre os objetos ou os brinquedos usando a imaginação, mas também poderá ser utilizado na função educacional como recurso voltado à aprendizagem.

Capítulo 3

Atividades de autoavaliação

1. a
2. c
3. c
4. d
5. e

Atividades de aprendizagem

Questões para reflexão

1. a) No contexto escolar inclusivo, é importante resgatar a cultura lúdica, pois esta possibilita relacionar o ensino, a aprendizagem e o desenvolvimento,

conciliando a prática educativa à formação cultural da criança, por meio da qual ela aprende a competir, cooperar, antecipar, imaginar, planejar e executar como aspectos básicos do processo de construção e aquisição do conhecimento.

b) Observando como os estudantes brincam atualmente, os educadores preocupam-se com o pouco tempo que dedicam às brincadeiras que envolvem o movimento. O crescimento urbano e a redução de espaços físicos para o lazer, a mídia que estimula a criança a ocupar seu tempo com a televisão, a forte influência das propagandas sobre o desejo de adquirir brinquedos industrializados e a mudança dos papéis na família, entre os quais o da mulher, consistem em fatores significativos para as transformações sociais e influenciam no tempo que é permitido às crianças para focarem nesse tipo de brincadeira.

2. a) Sem desqualificar a relevância da evolução tecnológica para a humanidade ou a formação pessoal familiar para os educandos, acredita-se que o movimento e a prática lúdica nos jogos e brincadeiras tradicionais nas ruas, nos parques e em outros espaços possibilitam a expressão de emoções, sentimentos, desejos, frustrações e o diálogo aberto e espontâneo, favorecendo as formas de comunicação e interação social.

b) A prática dos jogos tradicionais para a inclusão oportuniza a escola se transformar e estimular aprendizagens multidisciplinares para lidar com a diversidade. Dessa forma, estimula o desenvolvimento das relações sociais dentro e fora da escola.

Capítulo 4

Atividades de autoavaliação

1. c
2. d
3. c
4. c
5. a

Atividades de aprendizagem

Questões para reflexão

1. a) Os jogos cooperativos desenvolvem a união, a coragem para o enfrentamento de riscos e têm, no sucesso coletivo, mais ênfase do que no fracasso individual. Na escola, proporcionam alegria, satisfação e vontade mútua de solucionar os problemas na prática das atividades.

b) Na escola, a Educação Física escolar desenvolve propostas de socialização dos educandos por meio de práticas lúdicas e cooperativas, superando a visão de que sempre se entra em um jogo para vencer, dando lugar à ideia de que jogando podemos ganhar: ganhar amigos, ganhar juntos, ganhar em criatividade, solidariedade e convivência.

2. a) A cooperação nos jogos estimula a autonomia e a reflexão dos educandos em vivências de jogos e brincadeiras na escola quando propicia que todos participem ativamente da construção coletiva das regras, da organização do espaço e do ambiente, da utilização cuidadosa dos jogos e dos brinquedos, estimulando, dessa forma, a autonomia e a criatividade.

b) A agressividade não é um aspecto negativo do desenvolvimento humano, pois sentimentos de raiva, medo e ansiedade em situações de perigo fazem parte da vida. Porém, a competição não deve levar a atitudes de exacerbação nos jogos. É necessário compreender as emoções de forma a aprender a controlar os sentimentos de raiva para que não se transformem em agressões físicas e verbais ao outro. As agressões são negativas também para a própria pessoa que as expressa, pois geralmente levam à culpa após o descontrole emocional. Assim, defender a competição ou a cooperação na prática lúdica contempla a formação humana, em que estão inseridos os estudantes com deficiências na escola, na família, na comunidade e na sociedade.

Capítulo 5

Atividades de autoavaliação

1. b
2. c
3. d
4. b
5. a

Atividades de aprendizagem

Questões para reflexão

1. Os estudantes com deficiências apresentam ritmo próprio, mas também são ativos e gostam de brincar. A estimulação psicomotora inclui atividades lúdicas que possibilitam o desenvolvimento dos sentidos. No entanto, não basta oferecer atividades de estimulação, é preciso que a interação entre a criança e os outros estudantes com deficiências

ocorra de forma contínua. A mediação do adulto e do meio em que estão inseridos também favorecerá seu desenvolvimento, pois as interações entre os estudantes com deficiências nas brincadeiras estão relacionadas à expressão dos sentimentos e desejos e, quando desenvolvidas, facilitam a socialização.

b) A prática lúdica como estimulação da área sensorial coloca a criança em contato com os objetos e, por meio destes, ela explora texturas, temperaturas e ouve, pela primeira vez, o nome das cores e formas. A estimulação sensorial é fundamental para que, mais tarde, a criança represente a informação, que será sistematizada na forma de conteúdos escolares.

2. a) Carvalho e Mansur (2005) esclarecem que os primeiros anos de vida do ser humano são marcados por importantes formações motoras, físicas, mentais e sociais, sendo o período em que a criança possui especial sensibilidade aos estímulos vindos do ambiente, que chegam a ela por meio de seus sentidos. Contudo, o brincar facilita a representação dos estímulos e deve ocorrer de forma variada. Desde o toque no bebê até os estímulos mais elaborados levam à formação das sinapses, aspecto fundamental para o processo de desenvolvimento e aprendizagem da criança com deficiência.

b) As brincadeiras com música estimulam diferentes áreas cerebrais, portanto, a sua prática precisa ocorrer desde os primeiros anos de vida da criança. Os sons e ritmos facilitam a organização visual e espacial, o raciocínio lógico e a expressão e as atividades incentivam os estudantes com deficiências a cantar, a dançar e, depois, a tocar instrumentos. A música é uma arte e não deve ser imposta à criança.

Capítulo 6

Atividades de autoavaliação

1. c
2. e
3. b
4. b
5. d

Atividades de aprendizagem

Questões para reflexão

1. a) Todos os segmentos que envolvem o cotidiano do educando são base para os temas das brincadeiras de faz de conta, pois nelas imitam os comportamentos e as formas de comunicação oral e gestual de pessoas dos seus cotidianos e, com os objetos e brinquedos, encontram a liberdade de criar, imaginar e representar o que considerarem necessário, realizando suas vontades e seus desejos.

b) Além das situações reais presentes na sua vida as quais a criança expressa, ela também reconstrói ações vivenciadas no passado e antecipa suas ações futuras por meio da representação verbal. "É justamente a atividade criadora humana que faz do homem um ser que se projeta pra o futuro, um ser que cria e modifica o seu presente" (Vygotsky, 2014, p. 2). Considerando que a imaginação faz parte do sujeito, que também é biológico, o jogo é socio-cultural e ocorre quando a ação está ligada ao significado.

2. a) A mídia poderá despertar a imitação de comportamentos adultos em relação ao consumo, ao trabalho e à sexualidade, que são internalizados como respostas à interação com o meio. "Os jogos geralmente são apenas reflexos daquilo que a criança viu e ouviu dos mais velhos, no entanto, esses elementos da experiência alheia nunca se reproduzem na brincadeira do mesmo modo como na realidade se apresentam" (Vygotsky, 2014, p. 6).

b) O olhar adulto sobre o brincar infantil por vezes considera que suas ações não tenham reflexão ou sentido, mas, quando brinca, o educando expressa sua emoção e a percepção que tem sobre o mundo. Caberá ao adulto, identificar o que a imitação expressa e mediar a reflexão sobre o meio mediante o diálogo.

Sobre a autora

Maria Cristina Trois Dorneles Rau é doutoranda em Educação pela Pontifícia Universidade Católica do Paraná (PUCPR), na linha de pesquisa "Teoria e prática pedagógica na formação de professores"; mestra em Educação pela PUCPR, também na linha de pesquisa "Teoria e prática pedagógica na formação de professores"; especialista em Psicopedagogia: Clínica e Institucional, em Educação Especial, em Magistério da Educação Básica e em Magistério do Ensino Superior, todos pelo Instituto Brasileiro de Pós-Graduação e Extensão (Ibpex); e licenciada em Educação Física pela Universidade Católica de Brasília (UCB-DF). Participa do grupo de pesquisa Práxis Educativa – Dimensões e Processos, da PUCPR, e da Rede Interinstitucional de Pesquisas sobre a Formação e as Práticas Docentes (Ripefor). Atualmente, leciona disciplinas relacionadas ao ensino e aprendizagem em cursos de graduação em Pedagogia, Educação Infantil, Alfabetização e Letramento, Psicomotricidade, Educação Especial, Neuropsicologia, Psicopedagogia e Educação Física, nas modalidades presencial e a distância (EaD). É professora de Educação Física da educação básica (Secretaria de Estado da Educação do Paraná – SEED-PR); professora do curso de formação de docentes em educação infantil e anos iniciais do ensino fundamental (SEED-PR); professora brinquedista e pesquisadora sobre a ludicidade na educação. Desenvolve projetos de estudos, pesquisa e implantação de brinquedotecas para formação de docentes e brinquedotecas escolares. Atua como consultora na área da educação em prefeituras municipais. É autora dos livros *Educação infantil: práticas pedagógicas de ensino e aprendizagem* (2011) e *A ludicidade na educação: uma atitude pedagógica* (2011), ambos pela Editora Intersaberes.

Impressão:
Dezembro/2019